1.50

Russian for the Scientist

by

JOHN TURKEVICH, Ph.D.

Eugene Higgins Professor of Chemistry
Princeton University

AND

LUDMILLA B. TURKEVICH, Ph.D.

Lecturer in Russian
Princeton University

D. VAN NOSTRAND COMPANY, INC.
PRINCETON, NEW JERSEY

TORONTO   NEW YORK   LONDON

D. VAN NOSTRAND COMPANY, INC.
120 Alexander St., Princeton, New Jersey (*Principal office*)
24 West 40th Street, New York 18, New York

D. VAN NOSTRAND COMPANY, LTD.
358, Kensington High Street, London, W.14, England

D. VAN NOSTRAND COMPANY (Canada), LTD.
25 Hollinger Road, Toronto 16, Canada

COPYRIGHT © 1959 BY
D. VAN NOSTRAND COMPANY, INC.

Published simultaneously in Canada by
D. VAN NOSTRAND COMPANY (Canada), LTD.

Library of Congress Catalogue Card No. 59-11060

No reproduction in any form of this book, in whole or in part (except for brief quotation in critical articles or reviews), may be made without written authorization from the publishers.

First Published May 1959

Reprinted August 1959, April 1960, September 1961

PRINTED IN THE UNITED STATES OF AMERICA

Preface

This book is designed for the English-speaking scientist. Its aim is to furnish this scientist with a tool with which he may go to Russian scientific literature and extract the particular information that he seeks, be it a mere deciphering of titles, a reading of graphs, or a thorough study of articles. Accordingly, the material is presented in such a way as to develop a knack for recognition as well as familiarity with the basic points of grammar. While most essentials of Russian are included here, features of the language that play no great part in scientific usage have been passed over lightly or even omitted. Our idea is to exploit what the scientist already knows—his English terminology; then, as we initiate him into noun, adjective, and verb construction, we will show him how to recognize scientific cognates, of which there are many in Russian. This is vital in vocabulary building, which at best can be tedious and unpredictable. Halfway through our grammar exposition we shall start introducing the student to unsimplified scientific texts so that he may grow accustomed to the face of Russian scientific literature as he will meet it in journals and textbooks. At first he may find his teacher's guidance necessary, but he must learn to develop self-reliance and sufficiency as soon as possible.

The first section of this Grammar goes at a fairly leisurely pace, giving the student a chance to learn to pronounce correctly, to develop a recognition knowledge of cognates, and to orient himself in the various novelties confronting him. In the early lessons we supply him with a list of new words for each lesson and exercises both from Russian and into Russian. We start with chemistry because it is a subject common or basic to so many sciences. Then as we feel that the student is ready to start to fend for himself, we continue with explanations of new grammatical material and introduce Russian scientific texts from different fields. Space does not permit selections from all the sciences. We feature aeronautical engineering, biology, chemistry, and physics; however, highly suitable supplementary material in specific areas may be found in the four-page scientific reports in the *Doklady* of the USSR Academy of Sciences. These are very succinct and up to date scientifically.

The texts for aeronautics were drawn from the *Bol'shaya sovietskaya entsiklopediia*, Vol. I (Moscow, 1949), pp. 80–81, 87–8, and Vol. III (Moscow, 1950), p. 593. Biology texts were taken from *ibid.*, Vol. V (Moscow, 1950), pp. 190–1; R. B. Garibyan and N. G. Markov, *Anatomiia i fiziologiia cheloveka* (Moscow, 1950), pp. 15–18; B. V. Vsesvyatsky *Botanika* (Moscow, 1944), pp. 17–20. For texts in chemistry we used the *Entsiklopediia*, Vol. XLVI (Moscow, 1957), pp. 168–9 and modifications of texts from B. V. Nekrassov's *Kurs obshchei khimii* on material with headings similar to ours. The texts for physics have been drawn from I. I. Sobolev's *Kurs fiziki, uchebnik dlya srednei shkoly,* Part 3 (Moscow, 1944), pp. 79–94. Chapter IV of J. W. Perry's *Chemical Russian Self-Taught* (Easton, 1948), was very useful in our formulation of our chapter on "Word Building."

We wish to express our sincere appreciation to Dr. A. H. Sommer of R.C.A. Research Laboratory in Princeton for his very painstaking review and criticism of these lessons from the point of view of a scientist. Furthermore we wish to thank Dr. James Amick and Mr. Pierre Sidamon-Eristoff for their many helpful suggestions.

J. T.
L. B. T.

Princeton, New Jersey
March 1959

Table of Contents

Preface	iii
The Russian Alphabet with Transliteration and Letter Names	viii
GRAMMATICAL INTRODUCTION	1
RUSSIAN LETTERS: CURSIVE AND SCRIPT	5

First Lesson

    THE RUSSIAN ALPHABET AND PRONUNCIATION   9

Second Lesson

    VOWELS AND CONSONANTS   13
        The Vowels, 13—The Consonants, 13—Consonant-Vowel Sequences, 13—Stress Accent, 14—Syllabification, 14—Transliterations, 16

Third Lesson

    NOMINATIVE CASE OF SINGULAR OF NOUNS, PRONOUNS; CONJUNCTIONS   19
        The Nominative Case of Nouns: Forms and Uses, 20—The Nominative of the Personal and Demonstrative Pronouns, 21—The Conjunctions *and, but, both . . . and, or, either . . . or, neither . . . nor,* 22—The Negative, 23

Fourth Lesson

    NOUNS: NOMINATIVE PLURAL. ACCUSATIVE SINGULAR AND PLURAL   26
        The Nominative Case Plural of Nouns: Forms, 27—The Accusative Case of Nouns: Forms and Uses, 27—The Impersonal Expressions of Necessity, Permissibility, and Prohibition, 28—The Infinitive, 28

Fifth Lesson

THE GENITIVE CASE: ITS SINGULAR FORMS AND SOME OF ITS USES   31
Forms, 31—Uses of the Genitive Case, 32—The Possessive Adjective of the 3rd Person Singular and Plural, 33—The Uses of **что**, 33

Sixth Lesson

THE GENITIVE CASE: PLURAL FORMS AND THEIR USES   38
The Plural Forms, 38—The Uses of the Genitive Case Continued, 39
CHEMISTRY, 44

Seventh Lesson

THE PERSONAL PRONOUN AND VERB   45
The Nominative and Genitive Forms of the Personal Pronoun, 45—у + the Genitive Meaning *to have*, 46—Present Tense of Regular Verbs, 47—Uses of Verbs, 48—Special Verbs *to set* and *to stand*, 49—A Note for Chemists: The Nomenclature of Oxides, 49
AERONAUTICAL ENGINEERING, 53; BIOLOGY, 54; CHEMISTRY, 55; PHYSICS, 56

Eighth Lesson

THE INSTRUMENTAL CASE   57
The Instrumental Case of Nouns: Forms and Uses, 57—Special Verbs *to be able* and *to wish*, 60
AERONAUTICAL ENGINEERING, 62; BIOLOGY, 63; CHEMISTRY, 63; PHYSICS, 64

Ninth Lesson

THE DATIVE CASE; ITS FORMS AND USES. THE PAST IMPERFECTIVE TENSE OF VERBS   66
The Dative Case of Nouns: Forms and Uses, 66—The Past Imperfective Tense of Regular Verbs: Form, 67—The Imperfective of Some Irregular Verbs, 68—The Uses of the Past Imperfective, 69
AERONAUTICAL ENGINEERING, 71; CHEMISTRY, 72; PHYSICS, 73

TABLE OF CONTENTS vii

Tenth Lesson
> REFLEXIVE VERBS AND VERBS OF LOCOMOTION 74
>> The Reflexive Verbs: Forms and Uses, 74—Verbs of Learning, 75—The Reflexive Pronoun, 76—The Emphatic Pronoun, 77—The Reciprocal Pronoun, 80—Verbs of Locomotion, 80
>> AERONAUTICAL ENGINEERING, 82; BIOLOGY, 83; CHEMISTRY, 85; PHYSICS, 86

Eleventh Lesson
> THE PREPOSITIONAL CASE: ITS FORMS AND USES. THE FUTURE TENSE. PERSONAL PRONOUNS 87
>> The Prepositional Case: Forms and Uses, 87—Review of the Regular Noun Declensions, 89—Interrogative and Responding Adverbs of Place; *Where? Where to? here,* and *there,* 91—The Future Tense of *to be,* 92—Future Imperfective Form, 92—The Future of *to have,* 93—Complete Declension of the Personal Pronouns, 93
>> AERONAUTICAL ENGINEERING, 94; BIOLOGY, 95; CHEMISTRY, 96; PHYSICS, 98

Twelfth Lesson
> ADJECTIVE FORMS: NOMINATIVE AND ACCUSATIVE, SINGULAR AND PLURAL 100
>> Agreement of Adjectives, 100—Forms of the Attributive Adjective in the Nominative and Accusative of the Singular and Plural, 101
>> AERONAUTICAL ENGINEERING, 104; BIOLOGY, 105; CHEMISTRY, 106; PHYSICS, 108

Thirteenth Lesson
> THE PERFECTIVE ASPECT. ADJECTIVE DECLENSION OF POSSESSIVE PRONOUN ADJECTIVES 112
>> The Perfective of the Special Verbs of Conveyance, 110—The Imperfective Aspect of the Verb: Forms and Uses, 112—The Adjectives: Long and Short Forms, 115—Declension of Ordinal Numerals, 116—

TABLE OF CONTENTS

    Declension of the Possessive Pronominal Adjectives, 117
    AERONAUTICAL ENGINEERING, 119; BIOLOGY, 121; CHEMISTRY, 122; PHYSICS, 122

Fourteenth Lesson
    THE SUBJUNCTIVE MOOD AND ITS USES. ORDINALS AND CARDINALS   125
        The Subjunctive Mood: Form and Uses, 125—The Conditional Mood: Form and Uses, 126—Tense and Aspect Review of the Regular Verbs, 128—Cardinal and Ordinal Numerals, 131—Declension of Numerals, 133
    AERONAUTICAL ENGINEERING, 136; BIOLOGY, 136; CHEMISTRY, 137; PHYSICS, 138

Fifteenth Lesson
    THE IMPERATIVE MOOD AND THE HORTATORY   141
        The Imperative Mood: Form and Uses, 141—The Hortatory Mood: Form and Uses, 143—The Relative and Interrogative Pronouns, 144—The Negative Pronouns, 145
    AERONAUTICAL ENGINEERING, 146; BIOLOGY, 146; CHEMISTRY, 147; PHYSICS, 148

Sixteenth Lesson
    PARTICIPLES. PRONOUNS   150
        The General Pattern for Participle and Gerund Formation, 150—The Participle: Form and Uses, 151—The Gerund: Form and Uses, 155—The Pronoun *who* and *whose*, 156—The Indefinite Pronouns, 157—A Review of the Demonstrative Pronoun Declensions, 157—Declension of *all, everything*, 157—The Reflexive Pronoun, 158—The Relative Pronoun, 159
    AERONAUTICAL ENGINEERING, 160; BIOLOGY, 160; CHEMISTRY, 162; PHYSICS, 163

Seventeenth Lesson
    NUMERALS. COLLECTIVES. FRACTIONS   165
        Patterns for Case, Usage with Numerals, 165—Declension and Use of *both*, 166—Collective Numerals: Forms and Uses, 167—Fractions, 168

TABLE OF CONTENTS ix

Aeronautical Engineering, 169; Biology, 170; Chemistry, 171; Physics, 172

Eighteenth Lesson

THE PASSIVE VOICE. COMPARISON OF ADJECTIVES AND ADVERBS. ... 174
The Passive Voice, 174—Alternative Ways for Expressing the Passive, 176—The Comparison of Adjectives, 177—The Adverb: Formation and Comparison, 178—Irregular Comparisons, 179—The Adverbial Participle or Gerund: Form and Uses, 179
Aeronautical Engineering, 182; Biology, 183; Chemistry, 184; Physics, 185

Nineteenth Lesson

TIME ... 187
The Months of the Year, 187—The Days of the Week, 187—Temporal Expressions, 188—Dates, 188—Time of the Day, 189
Aeronautical Engineering, 190; Biology, 191; Chemistry, 192; Physics, 193

Twentieth Lesson

WORD-BUILDING ... 196
Prefixes, 196—Noun Suffixes, 199—Adjective Suffixes, 201—Other Methods of Word-Building, 202
Aeronautical Engineering, 203; Biology, 204; Chemistry, 205

Appendices

I. Regular Noun Declensions	207
II. Irregular Nouns	209
III. Regular Declension of Attributive Adjectives	213
IV. Declension of Pronoun Forms	214
V. Numerals	217
VI. Conjugations of Verbs	221
VII. Verbs with Irregularities	226
VIII. Prepositions	232
Glossary of Russian Words	235
Glossary of English Words	247
Index	253

The Russian Alphabet with Transliteration and Letter Names

А а	a	ah	**Р р**	r		er
Б б	b	beh	**С с**	s		ess
В в	v	veh	**Т т**	t		teh
Г г	g	geh	**У у**	u		oo
Д д	d	deh	**Ф ф**	f		ef
Е е	e	yeh	**Х х**	kh		khah
Ж ж	zh	zheh	**Ц ц**	ts		tseh
З з	z	zeh	**Ч ч**	ch		cheh
И и	i	ee	**Ш ш**	sh		shah
Й й	i	ee kratkoye	**Щ щ**	shch		shchah
К к	k	kah	**Ъ ъ**	mute hard sign		tvyordy znak
Л л	l	el	**Ы ы**	y or yiri		oui
М м	m	em	**Ь ь**	mute soft sign		myakhky znak
Н н	n	en	**Э э**	e		eh
О о	o	oh	**Ю ю**	iu		you
П п	p	peh	**Я я**	ia		yah

Grammatical Introduction

Russian words are classified under the following parts of speech: nouns, pronouns, adjectives, adverbs, verbs, prepositions, conjunctions, and numerals. There are no articles, definite or indefinite: i.e., the words *the*, *a*, and *an* have no direct equivalent in Russian.

NOUNS and PRONOUNS have two numbers—singular and plural—and fall into three genders—masculine, feminine, and neuter. Nouns that name animate male and female beings usually fall into the appropriate categories, while objects and things are scattered through the three genders according to a logic of their own. Russian, like German, Latin, and Greek, is a highly inflected language and declines its nouns, pronouns, and adjectives in six cases of the singular and plural.

The cases and their uses, which to a large extent follow the pattern of other inflected languages, are as follows:

NOMINATIVE   Subject of a sentence
Predicate noun (or predicate adjective) after the verb *to be*.
In enumeration
In direct address

GENITIVE   This case generally offers an equivalent to an English noun with the preposition "of." It is used:
To indicate possession
With certain prepositions
With certain numerals
In the predicate after certain instances of negation
After the comparative of adjectives
To indicate the object of certain verbs

DATIVE   Indirect object of the verb, i.e., the recipient or beneficiary of the action of the verb
After certain prepositions
After certain verbs

ACCUSATIVE   Direct object: person, object or thing that is the recipient of the action
With certain prepositions

INSTRUMENTAL Means or agent by which an action is accomplished
For predicate nouns with verbs meaning "to remain," or "to become"
After certain prepositions
For objects of certain verbs

PREPOSITIONAL Only after certain prepositions, especially those indicating location

ADJECTIVES have two forms: short and long. The short form, which is less frequently used, is limited to gender inflections occurring only in the nominative case and agrees with the nouns in number. The long form is fully declined, agreeing in gender, case, and number with the governing noun. Adjectives also have degrees of comparison.

ADVERBS, as in English, have positive, comparative, and superlative degrees. Their form in the positive frequently resembles the short form of the neuter gender of the adjective.

VERBS have two aspects—imperfective and perfective, each derived from its own infinitive form, which has a germane resemblance to its counterpart or mate. In Russian, as in English, French, and Spanish, a distinction is made between an act that is repeated, incomplete, or in progress and an act that is a completed unit. The first is expressed in the *imperfective* aspect and by its nature can exist in a past, a present, or a future context; whereas the second, expressed in the *perfective*, having a finality, can have only a past or a future tense. Each aspect follows the standard conjugation determined by the particular infinitive form on which it is constructed. In Russian there are no compound tenses such as "I have heard," "I had heard," etc.

The most widely used mood is the indicative. The subjunctive, so troublesome to students of Romance languages, is simple in its single form (the same as the past tense) and very limited in its uses. The subjunctive and the conditional as well are indicated by the simple particle **бы**.

PREPOSITIONS govern different cases and occasionally change meaning, depending on the case with which they are employed.

SENTENCE STRUCTURE in Russian is, generally speaking, quite flexible and follows the same logical sequence as does the English. There are, however, several peculiarities with which the student will soon become familiar. They are:

1. Use of the double negative.
2. Predilection in scientific and other writing for using gerunds and gerundives (verbal adverb and adjectives, or participles) rather than clauses.

3. Peculiar uses of the instrumental and genitive cases, e.g., the partitive genitive as in Latin.
4. The omission of the verb *to be* in the present tense. Its meaning is occasionally indicated by a dash.
5. Frequent use of reflexive verbs for impersonal expressions, or to denote actions or reactions where the agent or instrument is not explicit; or to indicate existence, occurrence, or location.

The ALPHABET, which is the most formidable looking obstacle, is in fact quite simple, especially for those who know the Greek letters. It is highly phonetic, and in pronouncing the words aloud and accurately the student will often discover the strangest looking symbols yielding exceedingly familiar sounds and words.

Russian Letters: Cursive and Script

	CURSIVE		SCRIPT
А а	*А а*	Атом, *атом*	
Б б	*Б б*	Бор, *бор*	
В в	*В в*	Ванадий, *ванадий*	
Г г	*Г г*	Гелий, *гелий*	
Д д	*Д д*	Доктор, *доктор*	
Е е	*Е е*	Енисей, *ёж*	
Ж ж	*Ж ж*	Железо, *железо*	
З з	*З з*	Зона, *зона*	
И и	*И и*	Иттербий, *иттербий*	
Й й	*Й й*	Нью Йорк	
К к	*К к*	Калий, *калий*	
Л л	*Л л*	Лампа, *лампа*	
М м	*М м*	Марганец, *марганец*	
Н н	*Н н*	Натрий, *натрий*	
О о	*О о*	Олово, *олово*	
П п	*П п*	Платина, *платина*	
Р р	*Р р*	Рутений, *рутений*	
С с	*С с*	Сера, *сера*	
Т т	*Т т*	Тантал, *тантал*	
У у	*У у*	Уран, *уран*	
Ф ф	*Ф ф*	Фосфат, *фосфат*	
Х х	*Х х*	Хром, *хром*	
Ц ц	*Ц ц*	Цинк, *цинк*	
Ч ч	*Ч ч*	Чичибабин, *что*	
Ш ш	*Ш ш*	Шерсть, *шерсть*	
Щ щ	*Щ щ*	Щелочь, *щелочь*	
Ъ ъ	*Ъ ъ*	*объём*	
Ы ы	*Ы ы*	*мышьяк*	
Ь ь	*Ь ь*	*обложить*	
Э э	*Э э*	Эфир, *эфир*	
Ю ю	*Ю ю*	Юность, *юность*	
Я я	*Я я*	Яд, *яд*	

NOTE: Words are printed in cursive type in much the same places as italics are printed in English.

И. И. Петрову
Профессору Ленинградского Университета,
г. Ленинград, С.С.С.Р.

Многоуважаемый Профессор!

В "Журнале экспериментальной и теоретической физики" за октябрь 1957 г. я прочитал статью профессора Кузнецова о результатах Вашей новейшей работы с электронмикроскопом.

Я очень внимательно слежу за Вашей работой и она меня очень интересует. К сожалению Вашей статьи здесь я не могу достать. Не откажите в любезности выслать мне оттиск или полное содержание этой статьи.

Извиняюсь за беспокойство и заранее приношу искреннюю благодарность.

С глубоким почтением к Вам
остаюсь ___

И. И. Петрову
Профессору Ленинградского Университета,
г. Ленинград СССР

Многоуважаемый Профессор!

В „Журнале экспериментальной и теоретической физики" за октябрь 1957 г. я прочитал статью профессора Кузнецова о результатах Вашей новейшей работы с электронмикроскопом.

Я очень внимательно слежу за Вашей ученой работой и она меня очень интересует. К сожалению Вашей статьи здесь я не могу достать. Не откажите в любезности выслать мне оттиск или полное содержание этой статьи.

Извиняюсь за беспокойство и заранее приношу искреннюю благодарность.

С глубоким почтением к Вам остаюсь

I. I. Petrov
Professor of Leningrad University
Leningrad, USSR

Dear Professor:

In the *Journal of Experimental and Theoretical Physics* for October 1957 I read Professor Kuznetsov's article about the results of your most recent work with the electron microscope.

I follow your scientific work with close attention and it interests me greatly. Unfortunately I cannot obtain your article here. Would you be so kind as to send me a reprint or a full résumé of this article?

Forgive me for troubling you. Thanking you in advance,

Very sincerely yours,

ПЕ́РВЫЙ УРО́К*

FIRST LESSON

The Russian Alphabet and Pronunciation

1. The RUSSIAN ALPHABET today consists of thirty-two letters. Two of these are signs: each of the others represents a definite sound. Your ability to pronounce these Russian sounds will of course depend largely upon your ability to imitate the pronounciation of your teacher. Since not all the letters of the Russian alphabet are pronounced exactly like the corresponding English letters, it will be understood that the equivalents given below are only approximate.

А а   *c*ar, *f*ar—**А́том** (atom). In the pronunciation of Russian vowels there is no movement of the tongue. Be careful to avoid the "glide" with which vowels in English frequently end.

Б б   *b*ar, *b*ench—**Бор** (bor) boron

В в   *v*ice, *v*illain—**Вана́дий** (vanadiĭ) vanadium

Г г   *g*et, *g*o—**Ге́лий** (geliĭ) helium

Д д   *d*ay, *d*eep—**До́ктор** (doktor) doctor

Е е   *y*et,—**Евро́па** (Yevropa) Europe; or modified as in **Ге́лий**, above.

Ё ё   *y*ore—**ёж** (yozh) hedgehog

Ж ж   plea*s*ure—**Желе́зо** (zhelezo) iron

З з   *z*ero—**Зона** (zona) zone

И и   m*ee*t—**Ли́тий** (litiĭ) lithium

Й й   is always used with another vowel preceding it. A unique exception is **Нью Йорк** (New York)

К к   *K*ate—**Ка́лий** (kaliĭ) potassium

Л л   *l*amp—**Ла́мпа** (lampa) lamp

М м   *m*at, *m*other—**Ма́рганец** (marganets) manganese

Н н   *n*ine—**На́трий** (natriĭ) sodium

О о   *o*r—**Азо́т** (azot) nitrogen, **О́лово** (olovo) tin

---

* "First Lesson." It is advisable for the student to learn a new ordinal with each new lesson and thus build up his vocabulary of numbers.

First Lesson

П п   *p*ipe—**Пла́тина** (platina) platinum

Р р   *r*ose. This letter is pronounced with one flip of the tongue against the gums of the upper front teeth. It is close in sound to the Spanish *r*. **Ба́рий** (barii) barium, **Руте́ний** (rutenii) ruthenium

С с   *s*ite—**Фо́сфор** (fosfor) phosphorus

Т т   *t*ime—**Танта́л** (tantal) tantalum

У у   p*oo*l—**Ура́н** (ooran) uranium

Ф ф   *f*ine—**Фосфа́т** (fosfat) phosphate

Х х   *h*ard (not voiced)—**Хром** (khrom) chromium

Ц ц   ts, as in German *zu*—**Цинк** (tsink) zinc

Ч ч   *ch*urch—**Чичиба́бин** (Chichibabin)

Ш ш   *sh*ort—**Шафра́н** (shafran) saffron

Щ щ   fre*sh ch*eese—**Щёлочь** (shchyoloch') caustic

Ъ ъ   hard sign. This symbol was used in the old orthography at the end of every word that ended in a hard consonant. Today it is used to separate a consonant from a soft vowel (see Lesson 2) particularly in foreign words and compound words. The symbol is frequently replaced by an apostrophe. **Объясня́ть, об'ясня́ть**, to explain

Ы ы   b*i*t or r*hy*thm—**Мышья́к** (mysh'yak) arsenic. Never used initially

Ь ь   soft sign. This symbol softens the preceding consonant (see Lesson 2)

Э э   m*e*t—**Эфи́р** (efir) ether. It rarely occurs in the middle or at the end of the word. One of the few examples of this usage is aerodynamics **Аэродина́мика**

Ю ю   *u*se—**Алюми́ний** (alyuminii) aluminum

Я я   *ya*rd—**Я́ва** (Yava) Java

These letters form the basis of the new Russian orthography. Prior to the Revolution the Russian alphabet contained four additional letters: **I, Θ, Ѣ,** and **V**. Today their function has been assumed by other letters.

$$I, i \rightarrow И \; и \qquad Ѣ, ѣ \rightarrow E \; e$$
$$Θ, θ \rightarrow Ф \; ф \qquad V \rightarrow и$$

2. Letters *resembling* the English symbols in appearance and sound are the following:

А, Е, К, М, О, Т

Пе́рвый Уро́к

3. Letters resembling the English in appearance but *differing* in sound are the following:

В has the English *v* sound as in *v*at or *v*anadium.
Н has the English *n* sound as in *n*o or *n*ine.
Р is an *r* as in *r*at.
С has the value of *s* in *s*o.
У is pronounced as *oo* in m*oo*t.
Х approximates the *h* in *h*at.

4. Letters peculiar to Russian are **Б, Г, Д, Ж, З, И, Л, П, Ф, Ц, Ч, Ш, Щ, Ы, Э, Ю, Я.**

Russian has a highly phonetic orthography. Every one of its letters has its own sound and value which either stand pure or change according to a set pattern, as in the cases of hard and soft sounds. Correct oral pronunciation is therefore important in learning Russian. Since a great many Russian technical words are fairly faithful transliterations of the English ones, a correct pronunciation of the Russian word will often reveal an English term familiar to the reader.

УПРАЖНЕ́НИЯ — EXERCISES

A. Read the following words carefully and try to guess their meaning. Having read them, take them in dictation.

амальга́ма	изото́п	пота́ш	фено́л
ами́н	катио́н	пробле́ма	фо́рма
асфа́льт	коллои́д	проду́кт	фо́рмула
а́том	ко́мплекс	протон	фосфа́т
ацета́т	конста́нта	проце́сс	хлорофо́рм
бокси́т	малахи́т	секу́нда	цеме́нт
газ	мета́лл	спектроско́п	электро́н
грамм	нона́н	структу́ра	элеме́нт
журна́л	ом	сульфа́т	

B. Read carefully and write the following list of elements.

1.	Водоро́д	H	10.	Нео́н	Ne
2.	Ге́лий	He	11.	На́трий	Na
3.	Ли́тий	Li	12.	Ма́гний	Mg
4.	Бери́ллий	Be	13.	Алюми́ний	Al
5.	Бор	B	14.	Кре́мний	Si
6.	Углеро́д	C	15.	Фо́сфор	P
7.	Азо́т	N	16.	Се́ра	S
8.	Кислоро́д	O	17.	Хлор	Cl
9.	Фтор	F	18.	Арго́н	A

First Lesson

19. Ка́лий	K	61. Проме́тий	Pm
20. Ка́льций	Ca	62. Сама́рий	Sm
21. Ска́ндий	Sc	63. Евро́пий	Eu
22. Тита́н	Ti	64. Гадоли́ний	Gd
23. Вана́дий	V	65. Те́рбий	Tb
24. Хром	Cr	66. Диспро́зий	Dy
25. Ма́рганец	Mn	67. Го́льмий	Ho
26. Желе́зо	Fe	68. Э́рбий	Er
27. Коба́льт	Co	69. Ту́лий	Tm
28. Ни́кель	Ni	70. Итте́рбий	Yb
29. Медь	Cu	71. Люте́ций	Lu
30. Цинк	Zn	72. Га́фний	Hf
31. Га́ллий	Ga	73. Танта́л	Ta
32. Герма́ний	Ge	74. Вольфра́м	W
33. Мышья́к	As	75. Ре́ний	Re
34. Селе́н	Se	76. О́смий	Os
35. Бром	Br	77. Ири́дий	Ir
36. Крипто́н	Kr	78. Пла́тина	Pt
37. Руби́дий	Rb	79. Зо́лото	Au
38. Стро́нций	Sr	80. Ртуть	Hg
39. И́ттрий	Y	81. Та́ллий	Tl
40. Цирко́ний	Zr	82. Свине́ц	Pb
41. Нио́бий	Nb	83. Ви́смут	Bi
42. Молибде́н	Mo	84. Поло́ний	Po
43. Технéций	Tc	85. Аста́тин	At
44. Руте́ний	Ru	86. Эмана́ция	Em
45. Ро́дий	Rh	87. Фра́нций	Fr
46. Палла́дий	Pd	88. Ра́дий	Ra
47. Серебро́	Ag	89. Акти́ний	Ac
48. Ка́дмий	Cd	90. То́рий	Th
49. И́ндий	In	91. Протакти́ний	Pa
50. О́лово	Sn	92. Ура́н	U
51. Сурьма́	Sb	93. Непту́ний	Np
52. Теллу́р	Te	94. Плуто́ний	Pu
53. Иод	I	95. Амери́ций	Am
54. Ксено́н	Xe	96. Кю́рий	Cm
55. Це́зий	Cs	97. Бе́ркелий	Bk
56. Ба́рий	Ba	98. Калифо́рний	Cf
57. Ланта́н	La	99. Эйнште́йний	E
58. Це́рий	Ce	100. Фе́рмий	Fm
59. Празеоди́м	Pr	101. Менделе́вий	Mv
60. Неоди́м	Nd	102. Нобе́лий	—

ВТОРО́Й УРО́К

SECOND LESSON

Vowels and Consonants

5. VOWELS. The ten Russian vowels are divided into two categories:

the hard—а, э, ы, о, у
the soft—я, е, и, ё,* ю

6. CONSONANTS. Most of the consonants have a hard and a soft sound. The *hard* sound is assumed when the consonant is followed by

(1) a hard vowel as in о́лово (tin).
(2) another consonant as in теллу́р (tellurium).
(3) when the consonant stands at the end of the word ксено́н (xenon).

The *soft* sound is assumed when the consonant is followed by

(1) a soft vowel as in декстри́н (dextrin), лигрои́н (ligroin), никоти́н (nicotine).
(2) a soft sign as in альдеги́д (aldehyde), соль (salt), ка́льций (calcium).

7. CONSONANT-VOWEL SEQUENCES. The following rules of mutation will explain many of the apparent irregularities in declensions and conjugations.

RULE 1. The eight consonants г, к, х, ж, ч, ш, щ, ц, (the "locomotive series") are never followed by the soft vowels я and ю but by the hard vowels **a** and **y**.

RULE 2. After the seven consonants г, к, х, ж, ч, ш, щ the hard vowel ы changes to its soft equivalent и. Notice that these consonants are the same as those enumerated in Rule 1 with ц excluded.

---

* The diaeresis (¨) is frequently omitted by Russian writers.

Second Lesson

RULE 3. The consonants ж, ч, ш, щ, ц are never followed by an unstressed hard vowel **о** but rather by **е**, and in stressed syllables by the soft equivalent, **ё**.

Thus there is a pattern in the relationship between the hard and soft vowels. To obtain orally a soft vowel from a hard vowel, prefix the latter with the English semivowel *y*. Take the Russian

    а, combine it with *y*, and you have *y*а = я (cAr → YArd);
    э, combine it with *y* and you have *y*э = е (mEt → YEt);
    о, combine it with *y* and you have *y*о = ё (mOre → YOrk);
    у, combine it with *y* and you have *y*у = ю (fOOd → YOU).

Two hard vowels rarely occur together.

Pronounce the following:

ба	бя	да	дя	ва	вя	на	ня	ма	мя	ра	ря
бэ	бе	дэ	де	вэ	ве	нэ	не	мэ	ме	рэ	ре
бы	би	ды	ди	вы	ви	ны	ни	мы	ми	ры	ри
бо	бё	до	дё	во	вё	но	нё	мо	мё	ро	рё
бу	бью	ду	дю	ву	вью	ну	ню	му	мю	ру	рю

8. THE SEMIVOWEL Й. The letter **й** is a semivowel and its sound corresponds to the English *y* or the French *lle* as in *fille*. It is used only after another vowel, the sound of which it modifies with an *eey* sound. This can best be appreciated by *pronouncing the following*:

ба	бай	бо	бой	мо	мой	ма	май	ча	чай
бу	буй	ну	нуй	ни	ний	бы	бый	бе	бей

9. STRESS ACCENT. There are no simple rules for stress. One either knows where the stress falls in a word or avoids it by giving each syllable of the word equal value. The only exception to this uncertain situation is in words with **ё**. Ё always carries the stress. **Весёлость** (gaiety), **лёгкость** (lightness), **солёный** (salty).

CAUTION: A misplaced stress may give the word the wrong meaning: e.g.

    кислоты́ — "of the acid"
    кисло́ты — "the acids"

10. SYLLABIFICATION. When possible a syllable ends in a vowel. When two or more consonants occur together they are split between the two syllables. **А-ро-ма-ти́-чес-ко-е** (aromatic).

Второй Урок

УПРАЖНЕ́НИЯ — EXERCISES

A. Pronounce and syllabify the following:

аппара́т, гидра́т, электронмикроско́п, нео́н, профе́ссор, элеме́нт, эмана́ция, хлорофо́рм, тео́рия, студе́нт, ра́дий

B. Pronounce the following carefully and try to determine the meanings of these cognates without the use of the dictionary.

авиа́ция	гекса́н	констру́кция
Авога́дро	гексахлорэта́н	конти́нуум
автокла́в	гемоглоби́н	ко́нтур
адсо́рбция	гидра́т	координа́т
акселеро́метр	гидрокси́л	кофеи́н
ализари́н	гидро́лиз	креозо́т
алкало́ид	глико́л	крэ́кинг
алкого́ль	глицери́н	ксило́л
альбу́мин	гомоло́г	лигрои́н
альдеги́д	горизо́нт	маргари́н
ами́н	граммоле́кула	матема́тика
аммиа́к	гру́ппа	материа́л
анили́н	декстри́н	мета́н
антраце́н	дибро́мпропан	метано́л
аппара́т	динами́т	мото́р
аспири́н	дисахари́д	нафтали́н
астрона́вт	диск	никоти́н
аэроста́т	диэтилами́н	нитробензо́л
бакели́т	изобута́н	Нью́тон
балла́ст	изоме́р	параксило́л
бензальдеги́д	и́ндиго	Пасте́р
бензи́н	иодофо́рм	пента́н
бензо́л	каби́на	пириди́н
Бойл	казеи́н	полиме́р
бромбензо́л	кандида́т	пропи́л
вазели́н	карби́д	пропили́н
ва́куум	Ке́куле	радика́л
варио́метр	кероси́н	раке́та
витами́н	кето́н	реа́кция
вулканиза́ция	класс	результа́т
газго́льдер	кодеи́н	режи́м
газоли́н	кокаи́н	релье́ф
гва́якол	кокс	репи́тор ко́мпас
Гей-Люсса́к	коллоди́ум	сатура́ция

Second Lesson

сахари́н	трибромфено́л	фукси́н
си́нтез	турби́на	фу́нкция
соль	уротропи́н	фура́н
спирт	фе́линг	хини́н
стеари́н	фенацети́н	хлорвини́л
стратосфе́ра	фено́л	хлорофо́рм
структу́ра	ферме́нт	целлофа́н
сульфирова́ние	Фи́шер	центрофу́га
температу́ра	формали́н	цикл
термо́метр	фосге́н	циклогекса́н
терпи́н	фотоаппара́т	эбони́т
тетри́л	фототриангуля́ция	эта́н
тиоко́л	фрукто́за	эти́л
толуо́л		

Russian has taken over many English terms ending in *-tion*, giving them the ending **-ция**.

agita*tion*	агита́**ция**	classifica*tion*	классифика́**ция**
distilla*tion*	дистилля́**ция**	polymerisa*tion*	полимериза́**ция**
condensa*tion*	конденса́**ция**	radia*tion*	радиа́**ция**

Words designating a field of learning or activity which in English end in *-y* are also transliterated and given the ending **ия**.

bacteriolog*y*	бактериоло́г**ия**	mineralog*y*	минерало́г**ия**.
biolog*y*	биоло́г**ия**	photograph*y*	фотогра́ф**ия**
geolog*y*	геоло́г**ия**		

For further information on word building and derivation see Lesson 20.

11. TRANSLITERATIONS. Careful pronunciation of the vocabulary below shows the phonetic similarity between the Russianized nomenclature and its English counterpart. Note the following peculiarities in Russian transliterations.

(1) Since Russian does not have the *th* sound, the combination is rendered by **т** and infrequently by **ф**.

        me*th*ane   мета́н   ari*th*metic   арифме́тика

(2) English *h* when it is not combined with another consonant is rendered by **г** or infrequently by **х**.

        *h*ypothesis   гипо́теза   *h*enna   хе́нна

(3) *ch* is transliterated by **х**.

        *ch*emistry   хи́мия   *ch*loroform   хлорофо́рм

Второй Урок

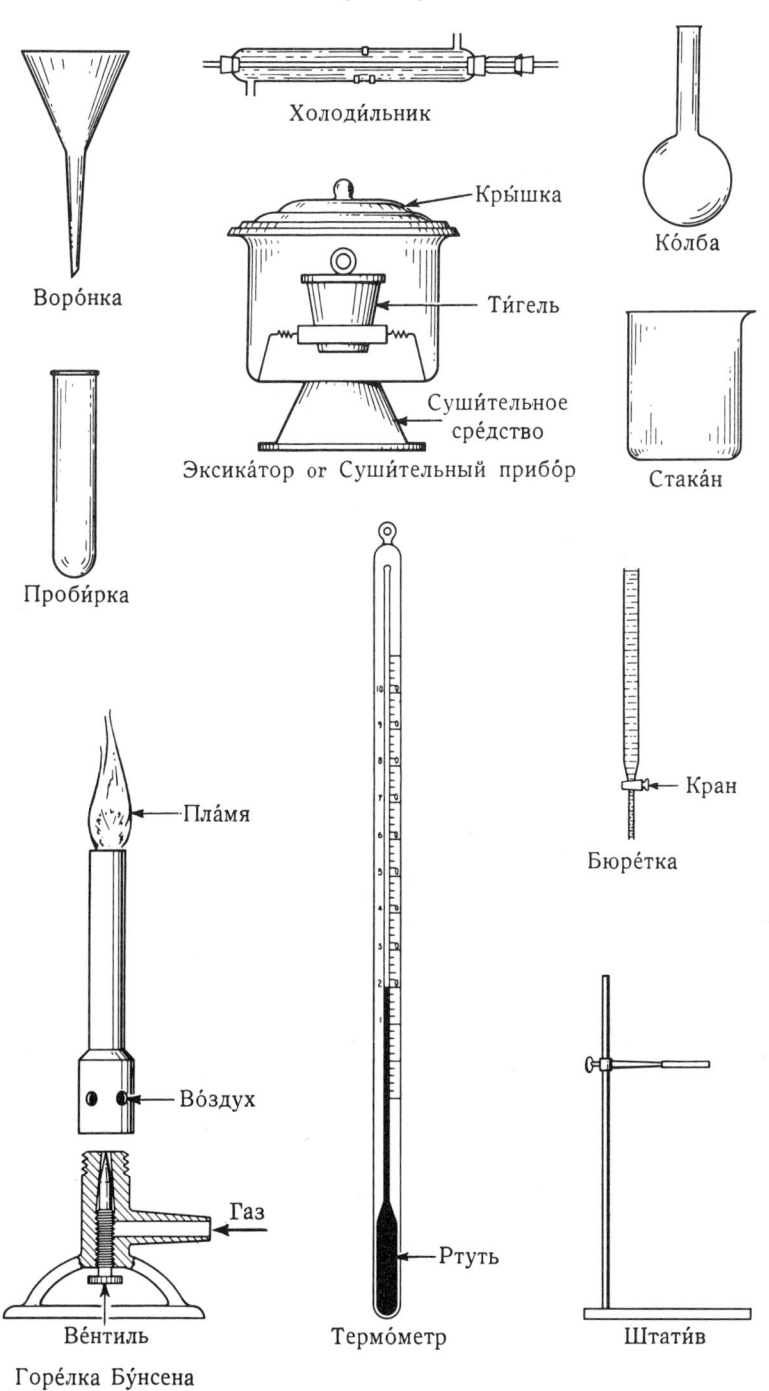

Воронка

Холодильник

Крышка — Тигель — Сушительное средство
Эксикатор or Сушительный прибор

Колба

Стакан

Пробирка

Пламя

Воздух

Газ

Вентиль

Горелка Бунсена

Ртуть

Термометр

Кран

Бюретка

Штатив

(4) *c* becomes **ц** or **к**.

a*c*etate ацета́т pro*c*ess проце́сс *c*alcium ка́льций
*c*ement цеме́нт *c*ellulose целлюло́з *c*omplex ко́мплекс

(5) *y* is rendered by **и**.

*c*yclotron циклотро́н

(6) *qu*, *au*, and *eu* are often transliterated by **кв**, **ав**, **ев**, and **эв**.

*qu*art ква́рта *au*tomatics автома́тика
*eu*calyptus евкали́пт

(7) *x* becomes **кс**, **кз** in Russian.

comple*x* компле́кс bau*x*ite бокси́т
e*x*amination экза́мен

VOCABULARY

NOUNS
амальга́ма amalgam
аппара́т apparatus
бром bromine
газ gas
ге́лий helium
гру́ппа group
лаборато́рия laboratory
ли́тий lithium
магни́т magnet
мета́лл metal
металло́ид metalloid
нео́н neon
ни́кель nickel
ра́дий radium
студе́нт student
температу́ра temperature
тео́рия theory
уро́к lesson
хлорофо́рм chloroform
элеме́нт element
эмана́ция emanation

ADJECTIVES
пе́рвый first
второ́й second

ТРÉТИЙ УРÓК

THIRD LESSON

Nominative Case of Singular of Nouns, Pronouns; Conjunctions

12. RUSSIAN NOUNS have
  (1) gender: masculine, feminine, or neuter.
  (2) two numbers: singular, plural.
  (3) endings that are hard or soft, depending on whether the root of the noun declined ends in a hard or a soft letter. (These were described in Lesson 2.)

Before taking up the various cases individually we set forth here the basic declensions of nouns in the singular number.

MASCULINE SINGULAR

CASE	HARD, cons.	SOFT, -ь	SOFT, -й	SOFT, -ий
Nom.	метáлл	словáрь	слýчай	критéрий
Gen.	метáлла	словаря́	слýчая	критéрия
Dat.	метáллу	словарю́	слýчаю	критéрию
Acc.	метáлл	словáрь	слýчай	критéрий
Instr.	метáллом	словарём	слýчаем	критéрием
Prep.	о метáлле	о словарé	о слýчае	о критéрии

FEMININE SINGULAR

CASE	HARD, -а	SOFT, -ь	SOFT, -я	SOFT, -ия
Nom.	амальгáма	жи́дкость	ми́ля	теóрия
Gen.	амальгáмы	жи́дкости	ми́ли	теóрии
Dat.	амальгáме	жи́дкости	ми́ле	теóрии
Acc.	амальгáму	жи́дкость	ми́лю	теóрию
Instr.	амальгáмой (ою)	жи́дкостью	ми́лей (ею)	теóрией (иею)
Prep.	об амальгáме	о жи́дкости	о ми́ле	о теóрии

NEUTER SINGULAR

CASE	HARD, -о	SOFT, -е	SOFT, -ие
Nom.	сло́во	мо́ре	зна́ние
Gen.	сло́ва	мо́ря	зна́ния
Dat.	сло́ву	мо́рю	зна́нию
Acc.	сло́во	мо́ре	зна́ние
Instr.	сло́вом	мо́рем	зна́нием
Prep.	о сло́ве	о мо́ре	о зна́нии

For a complete table of corresponding plural forms of nouns see Lesson 4.

13. NOMINATIVE SINGULAR OF NOUNS. Forms for the nominative singular are as follows:

(1) *Masculine* gender singular nouns end in:

consonant	мета́лл	metal
-й	слу́чай	occasion, instance
consonant + ь	слова́рь	dictionary

There are only a few masculine nouns ending in a consonant + ь.

(2) *Feminine* gender singular nouns end in

-а	амальга́ма	amalgam
-я	ми́ля	mile
-ия	тео́рия	theory
consonant + ь	жи́дкость	liquid

(3) *Neuter* gender singular nouns end in

-о	сло́во	word
-е	мо́ре	sea
-(и)е	зна́ние	knowledge

Nouns in **-ие** are usually derived from verbs and are very numerous in scientific writings.

Note the correlation between the endings:

The *masculine* has the *consonant* and its soft equivalent—*consonant + soft sign* ь.
The *feminine* has **-а** and its soft equivalents **-я** and **-ия**.
The *neuter* has the hard **-о** and the soft **-е** and **-ие**.

	MASCULINE	FEMININE	NEUTER
HARD	consonant	-а	-о
SOFT	consonant + ь, -й	-я, -ия consonant + ь	-е, -ие

Третий Урок

14. THE NOMINATIVE CASE: USES. The nominative case is used for

(1) The subject of a sentence:

Химик объясняет теорию	The chemist is explaining the theory

(2) A predicate nominative (or predicative adjective if the form is an adjective) after the verb *to be*.

Профéссор **химик**	The professor is a chemist

3) Direct address.

Господин Иванов, где бром?	Mr. Ivanov, where is the bromine?

15. THE ARTICLE. The Russian language does not employ any articles. Context will tell whether the definite article ("the") or the indefinite article ("a," "an") is required in English.

16. THE NOMINATIVE CASE OF PRONOUNS.

(1) *Subject or Personal Pronouns*:

SINGULAR		PLURAL	
я	I	**мы**	we
ты	you (thou)	**вы**	you
он	he	**они**	they (*all genders*)
она́	she		
оно́	it		

In English inanimate nouns are all neuter and therefore are referred to by the neuter pronoun, *it*.

In Russian inanimate nouns appear in any gender—masculine, feminine, or neuter—and consequently may be referred to by any one of the third person pronoun forms. For instance, **газ** (gas), being of masculine gender, is referred to by **он**; **амальгáма** (amalgam), being feminine, is called **онá**; **мóре** (sea), being neuter, is called **онó**.

(2) *Demonstrative Pronouns and Adjectives*

э́тот	this (*m.*)	**э́ти**	these (*m., f., and n.*)
э́та	this (*f.*)		
э́то	this (*n.*)		

тот	that (*m.*)	**те**	those (*m., f., and n.*)
та	that (*f.*)		
то	that (*n.*)		

17. THE VERB "TO BE"—быть. Generally the English verb *to be* is *not translated* into Russian when it is used in the *present tense*.

(1) Sometimes a dash may be used to indicate "is" or "are" in declarative sentences.

Что кислоро́д ? Кислоро́д — газ	What is oxygen ? Oxygen is a gas

(2) *This is, these are, that is,* and *those are* are translated by **э́то**.

Что э́то ? Э́то — кислоро́д	What is this ? This is oxygen

(3) *Where is . . .?* and *where are . . .?* are translated by **где**.

Где жи́дкость ?	Where is the liquid ?

(4) *Here is . . ., here are . . .,* and *there is . . .* are rendered by **вот** in the sense of the French *voici*. You are pointing out the object.

Вот фосфа́т	Here is the phosphate

18. CONJUNCTIONS. The conjunctions most frequently used are the following:

(1) *And* is commonly rendered by **и**.

Ге́лий **и** азо́т элеме́нты.	Helium and nitrogen are elements

(2) *And* is rendered by **а** when it is used to contrast two statements and can be replaced in English by *but*.

Эмана́ция — газ, а желе́зо — мета́лл	Emanation is a gas, and iron is a metal

(3) *But* is also rendered by **а**.

Я хи́мик, а вы астроно́м	I am a chemist, but you are an astronomer

(4) *But*: **но** is used to render a stronger contrast than given by **а**.

Э́тот аппара́т мой, **но** тот не мой	This apparatus is mine, but that one is not

(5) After a negative, however, *but* is always rendered by **а**—never by **но**.

Он не астроно́м, **а** хи́мик	He is not an astronomer, but a chemist

(6) *Both . . . and* is rendered by **и . . . и**.

И нео́н, **и** ни́кель — элеме́нты	Both neon and nickel are elements

Третий Урок

(7) *Or* is rendered by **и́ли**.

| Э́тот микроско́п мой **и́ли** ваш? | Is this microscope mine or yours? |

(8) *Either ... or* is rendered by **и́ли ... и́ли**.

| Пе́тров **и́ли** хи́мик **и́ли** астроно́м | Petrov is either a chemist or an astronomer |

(9) *Neither ... nor* is rendered by **ни ... ни**.

| Э́тот уро́к **ни** пе́рвый, **ни** второ́й, а тре́тий | This lesson is neither the first nor the second, but the third |

19. THE NEGATIVE. (1) In cases where the verb *to be* is omitted between the subject and the predicate nominative or predicative adjective, the negative is rendered by the particle **не** placed immediately before the predicate nominative or predicate adjective.

| Он **не** профе́ссор | He is not a professor |
| Он **не** молодо́й | He is not young |

(2) Otherwise the negative is formed by placing **не** before the verb.

| Хи́мик **не** рабо́тает | The chemist is not working, *or* The chemist does not work |

Note that *do* or *does*, so frequent in English negatives, is not translated into Russian negative sentences.

CAUTION: Do not confuse this particle **не**, meaning "not," with **нет**, which means "no."

| Он хи́мик? | Is he a chemist? |
| **Нет**, он **не** хи́мик | No, he is not a chemist |

УПРАЖНЕ́НИЯ — EXERCISES

A. Give the translation of the following cognates, identify their gender and replace them by appropriate pronouns: e.g., **амальга́ма** — *amalgam — feminine —* **она́**.

адсо́рбция, алкало́ид, альдеги́д, аммиа́к, анили́н, аспири́н, бензи́н, бензо́ил, реа́кция, вазели́н, ва́куум, вулканиза́ция, газоли́н, гекса́н, гемоглоби́н, гекси́л, генера́тор, гидро́ксил, гипо́теза, декстри́н, дина́мо, диокси́д, кали́бр, камфора́, ка́псула, креозо́л, криста́лл, магнити́зм, нейтро́н, стиро́л.

Third Lesson

B. Translate into English:

1. Где на́трий? 2. На́трий там. 3. Там бром. 4. Бром—элеме́нт 5. Бром не газ, а жи́дкость. 6. Азо́т то́же газ. 7. Ртуть жи́дкость. 8. Ртуть элеме́нт. 9. Эмана́ция не жи́дкость, а газ. 10. Где о́лово? 11. Вот о́лово. 12. Желе́зо мета́лл, а не жи́дкость. 13. Оно́ [желе́зо] то́же элеме́нт. 14. Хлорофо́рм не элеме́нт. 15. Господи́н Ивано́в — профе́ссор. 16. Э́то пе́рвый уро́к и́ли второ́й уро́к? 17. Господи́н Ивано́в не хи́мик, а астроно́м. 18. Где нео́н? 19. Ли́тий мета́лл, а ге́лий газ. 20. Что тако́е ртуть? Ртуть — жи́дкость.

C. Translate into Russian:

1. Where is the gas? 2. Here is the gas. 3. Here is the element. 4. Oxygen is not a liquid but a gas. 5. Emanation is also a gas. 6. What is this? 7. This is a metal. 8. Where is the chloroform? It is here. 8. An amalgam is neither a gas nor a liquid. 9. This element is either a gas or a metal. 10. The sea is not a gas. 11. Helium and nitrogen are elements (-ы). 12. What is a gas? Oxygen is a gas. 13. Mr. Ivanov is a chemist but Mr. Petrov is an astronomer. 14. Both nickel and oxygen are elements. 15. This is a microscope. 16. Mr. Petrov is not a professor. 17. Nickel is a metal, iron is also a metal. 18. The apparatus is not a microscope. 19. This is either bromine or mercury. 20. This is not sodium.

VOCABULARY

NOUNS

азо́т nitrogen
астроно́м astronomer
господи́н mister, gentleman
желе́зо iron
зна́ние knowledge; *pl.*, skills
микроско́п microscope
ми́ля mile
мо́ре sea
на́трий sodium
о́лово tin
профе́ссор professor
ртуть mercury
сло́во word
слова́рь dictionary
хи́мик chemist

ADJECTIVE

тре́тий third

ADVERBS

вот here, here is
там there, there is
то́же also
тут here
здесь here

CONJUNCTIONS

а but, and, while
и and
и ... и both ... and
и́ли or
и́ли ... и́ли either ... or

Тре́тий Уро́к

PRONOUNS

он he (it)
она́ she (it)
они́ they
э́тот, э́та, э́то this (*m., f., n. nom. sing.*)
э́ти these (*all genders, nom. plural*)
тот, та, то that (*m., f., n. nom. sing.*)
те those (*all genders, nom. plural*)

INTERROGATIVES

где where? where is/are?
что what is . . . ?
что тако́е . . . ? what is?

NEGATIVES

не not
нет no
ни . . . ни neither . . . nor

ЧЕТВЁРТЫЙ УРО́К
FOURTH LESSON

Nouns: Nominative Plural. Accusative Singular and Plural

20. A COMPLETE PICTURE OF THE PLURAL DECLENSION OF NOUNS.

MASCULINE PLURAL

CASE	HARD, cons.	SOFT, -ь	SOFT, -й	SOFT, -ий
Nom.	мета́ллы	словари́	слу́чаи	крите́рии
Gen.	мета́ллов	словаре́й	слу́чаев	крите́риев
Dat.	мета́ллам	словаря́м	слу́чаям	крите́риям
Acc.	мета́ллы	словари́	слу́чаи	крите́рии
Instr.	мета́ллами	словаря́ми	слу́чаями	крите́риями
Prep.	о мета́ллах	о словаря́х	о слу́чаях	о крите́риях

FEMININE PLURAL

CASE	HARD, -a	SOFT, -ь	SOFT, -я	SOFT, -ия
Nom.	амальга́мы	жи́дкости	ми́ли	тео́рии
Gen.	амальга́м	жи́дкостей	миль	тео́рий
Dat.	амальга́мам	жи́дкостям	ми́лям	тео́риям
Acc.	амальга́мы	жи́дкости	ми́ли	тео́рии
Instr.	амальга́мами	жи́дкостями	ми́лями	тео́риями
Prep.	об амальга́мах	о жи́дкостях	о ми́лях	о тео́риях

NEUTER PLURAL

CASE	HARD, -o	SOFT, -e	SOFT, -ие
Nom.	слова́	моря́	зна́ния
Gen.	слов	море́й	зна́ний
Dat.	слова́м	моря́м	зна́ниям
Acc.	слова́	моря́	зна́ния
Instr.	слова́ми	моря́ми	зна́ниями
Prep.	о слова́х	о моря́х	о зна́ниях

Четвёртый Урок

21. NOMINATIVE CASE OF NOUNS: PLURAL FORMS.

(1) The *masculine* gender *plural* of nouns is formed by, making the following changes:

to the consonant add **ы**	мета́лл → мета́лл**ы** (metals)
-й → -и	слу́чай → слу́ча**и** (instances)
-ь → -и	слова́рь → словар**и́** (dictionaries)

(2) The *feminine* gender *plural* of nouns is formed by changing:

-а → -ы	амальга́м**а** → амальга́м**ы** (amalgams)
{ **-я → -и**	ми́л**я** → ми́л**и** (miles)
{ **-ия → -ии**	тео́р**ия** → тео́р**ии** (theories)
-ь → -и	жи́дкост**ь** → жи́дкост**и** (liquids)

(3) The *neuter* gender *plural* of nouns is formed by changing:

-о → -а	сло́в**о** → слов**а́** (words)
{ **-е → -я**	мо́р**е** → мор**я́** (seas)
{ **-ие → -ия**	зна́н**ие** → зна́н**ия** (skills)

Remember that **г, к, х, ж, ч, ш,** and **щ** are never followed by **ы, я,** and **ю**. These are changed to **и, а,** and **у**. After **ц** the change is also undergone by **я** and **ю**, but *not* by **ы**.

22. ACCUSATIVE CASE OF NOUNS: FORMS.

(1) Accusative endings are the same as the *nominative* endings for *inanimate masculine* and *neuter* nouns in the singular and in the plural.

(2) If the *masculine* noun denotes an *animate* being, its accusative form is the same as the *genitive* (see Lesson 5).

(3) The accusative *singular* of *feminine* nouns is formed by these changes:

	-а → -у	амальга́м**а** → амальга́м**у**
	-я → -ю	ми́л**я** → ми́л**ю**
	-ия → -ию	тео́р**ия** → тео́р**ию**
but	**-ь** remains **-ь**	жи́дкост**ь** → жи́дкост**ь**

(4) *Inanimate feminine* nouns in the *plural* have the same endings in the accusative as in the nominative.

(5) If the feminine noun denotes an *animate* being, in the *plural* its accusative form is the same as the *genitive* form (see Lesson 5).

23. ACCUSATIVE CASE: USES. The accusative case is used:

(1) For the direct object of transitive verbs.

Ну́жно растворя́ть **се́ру**	One must dissolve sulfur

(2) With prepositions denoting designation, or place to which, or place into which: **в** (into), **за** (behind), **на** (on), **под** (under).

Класть **в стака́н**	To put into the beaker
Класть **за кни́гу**	To put behind the book
Класть **на стол**	To place on the table
Класть **под стол**	To place under the table

(3) With the prepositions, **про** (about), **сквозь** (through), **че́рез*** (through).

Говори́ть **про се́ру**	To talk about sulfur
Фильтрова́ть **сквозь бума́гу**	To filter through paper
Смотре́ть **че́рез окно́**	To look through the window

(4) With expressions of duration of time.

Он здесь **год**	He has been here a year

24. IMPERSONAL EXPRESSIONS. Impersonal expressions **ну́жно** (it is necessary), **мо́жно** (one can, *or* it is permissible) and the negative **нельзя́** (it is impossible, it is prohibited) are followed by the *infinitive*.

Ну́жно фильтрова́ть ртуть	It is necessary to filter the mercury, *or* Mercury must be filtered
Мо́жно растворя́ть се́ру	One can dissolve the sulfur
Нельзя́ чита́ть	It is prohibited to read, *or* It is impossible to read

25. THE INFINITIVE. Most Russian infinitives end in **-ть** or **-ти**. No equivalent of the English preposition *to* is required: e.g., **понима́ть**, *to understand*.

---

* На, в, and че́рез also govern the accusative in other time expressions, e.g., я е́ду на час: I am going for an hour. Я е́ду в сре́ду: I am going Wednesday. Я е́ду че́рез час: I am going in an hour.

Четвёртый Урок

УПРАЖНЕ́НИЯ—EXERCISES

A. Give the accusative singular, nominative plural and the accusative plural of the following nouns. Guess their meanings without consulting the vocabulary:

элеме́нт, гру́ппа, металло́ид, жи́дкость, бума́га, стака́н, спирт, соль, радика́л, полиме́р, криста́лл, коэффицие́нт, комбина́ция, коме́та, ко́мпас, метр, минера́л, микро́н, турби́на, мото́р, компре́ссор, термо́метр, стол, кни́га, газ, цикл, фо́рмула, проце́сс, газго́льдер, карби́д, эффе́кт, систе́ма, структу́ра, транспортёр, экспериме́нт.

B. Translate into English:

1. Ну́жно дистилли́ровать азо́т и кислоро́д. 2. Бром нельзя́ фильтрова́ть сквозь бума́гу в ко́лбу (flask). 3. Ртуть мо́жно лить в стака́н. 4. Ну́жно растворя́ть о́лово. 5. Мо́жно лить бром че́рез воро́нку в стака́н. 6. Где желе́зо? Вот оно́. 7. Вот и кислоро́д и азо́т. 8. Ртуть и бром — жи́дкости, а не га́зы. 9. Водоро́д мо́жно окисля́ть, но — не эмана́цию. 10. Где стака́ны? Где бума́ги и воро́нки? 11. Ну́жно фильтрова́ть жи́дкости. 12. Ну́жно бума́гу класть на стол. 13. Где се́ра? А бром? Вот они́. 14. Мо́жно класть термо́метр в стол? 15. Нет. Термо́метр ну́жно класть на стол. 16. Элеме́нты мо́жно дели́ть на 2 гру́ппы — мета́ллы и металло́иды. 17. Что тако́е слова́рь? Слова́рь — кни́га. 18. Что объясня́ет профе́ссор? Он объясня́ет тео́рию. 19. Ну́жно знать и понима́ть тео́рии. 20. Профе́ссор Петро́в здесь одну́ (one) неде́лю.

C. Translate into Russian:

1. What is a metalloid? Metalloids are not metals. 2. One must know the temperature and understand the theory. 3. The professor explains the theory. 4. Here is the thermometer. 5. One can filter the liquid through the papers. 6. Iron is not a liquid but a metal. 7. What is chloroform? Is it a metal or a gas? 8. It is neither a metal nor a gas. 9. Bromine is a liquid, while hydrogen is a gas. 10. Both metals and metalloids are elements. 11. Where is the phosphate? Here it is. 12. One must put the books and the papers into the desk (table). 13. The student has been here a week. 14. It is necessary to go into the laboratory to see the apparatus. 15. One can also see the magnet. 16. One can oxidize hydrogen but not emanation. 17. It is also necessary to dissolve the sulfur. 18. One must put the liquids into the beakers through funnels. 19. One can put the apparatuses under the table. 20. Oxygen, nitrogen, helium, lithium, neon, sodium, bromine, and sulfur are elements.

Fourth Lesson

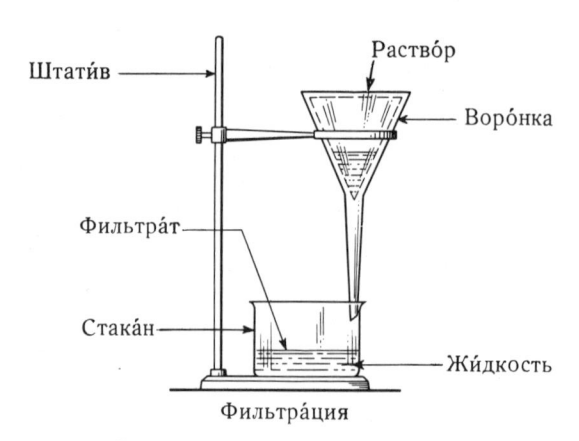

Штатив — ← Раствор
Воронка
Фильтрат
Стакан
Жидкость
Фильтрация

Рис. 1. Прибор для фильтрации.

VOCABULARY

NOUNS

бумага paper
водород hydrogen
воронка funnel
книга book
колба flask, retort
магнит magnet
неделя week
сера sulfur
слово word
стакан glass, beaker
стол table

ADJECTIVE

четвёртый fourth

VERBS

видеть to see
восстановлять to reduce
говорить to say, speak
делить to divide
дистиллировать to distill

знать to know
итти, идти to go
класть to lay, put, place, set
лить to pour
объяснять to explain
окислять to oxidize
растворять to dissolve
фильтровать to filter

PREPOSITIONS

в into
за behind
на on
под under
про about
сквозь through
через through, over, across

VERBAL EXPRESSIONS

можно it is permissible, one can
нельзя it is prohibited, one cannot
нужно it is necessary

ПЯ́ТЫЙ УРО́К

FIFTH LESSON

The Genitive Case: Its Singular Forms and Some of Its Uses

26. GENITIVE CASE OF NOUNS: SINGULAR FORMS. For the *masculine* and *neuter* singular nouns the genitive case endings are **-a** or its soft counterpart **-я** attached to the stem of the noun. If the noun, like **мета́лл**, ends in a consonant, the endings are attached to it directly.

(1) *Masculine* singular nouns in the genitive case are rendered thus:

    to the consonant add **a**   мета́лл → мета́лла
    change **-й → -я**   слу́чай → слу́чая
    change **-ь → -я**   слова́рь → словаря́

(2) *Feminine* singular nouns form the genitive by adding the ending **-ы** or its soft counterpart **-и** to the root.

NOTE: These genitive singular endings for the feminine gender resemble the nominative plural endings of the feminine.

    -a → -ы   амальга́ма → амальга́мы
    { **-я → -и**   ми́ля → ми́ли
    { **-ия → -ии**   тео́рия → тео́рии
    -ь → -и   жи́дкость → жи́дкости

Once more, remember the rule that the letters **г, к, х, ж, ч, ш, щ,** are never followed by **ы, я, ю**. These are changed into **и, а,** and **у**. The same change is undergone by **я** or **ю** (but not **ы**) after **ц**.

(3) *Neuter* singular nouns in the genitive case are rendered thus:

    -о → -а   сло́во → сло́ва
    { **-е → -я**   мо́ре → мо́ря
    { **-ие → -ия**   зна́ние → зна́ния

Note that these forms are similar to the masculine forms.

27. GENITIVE CASE OF NOUNS: USES.

(1) The genitive is generally equivalent to the English preposition *of*:

    (a) Indicating possession:

Вес мета́лла   The weight of the metal

    (b) Indicating chemical compounds.

О́кись углеро́да   Carbon monoxide
Гидра́т о́киси   Hydroxide (hydrate of oxide)

    (c) With **у**, meaning "to have": (also see §36).

У профе́ссора кни́га   The professor has the book

NOTE: Many Russians insist on using the verb "to be," even in the present tense, to denote possession. Otherwise the meaning is "to be at one's place" rather than possession.

(2) The genitive is used in negations:

    (a) For the direct object of negative expressions or verbs:

Мо́жно **не** ста́вить стола́ здесь   It is possible not to place the table here

Профе́ссор **не** ви́дит студе́нта   The professor does not see the student

Студе́нт **не** понима́ет объясне́ния   The student does not understand the explanation.

    (b) In negative constructions, especially those indicating the absence of a person or a thing from a given place. In cases where the verb *to be* is omitted (in the present tense), the verb is implicit in the word **нет**.

Кни́ги здесь **нет**   The book is not here
Профе́ссора здесь **нет**   The professor is not here

    (c) After prepositions with negative meanings like **без** and **кро́ме**.

без ка́льция   without calcium
кро́ме ме́ди   aside from the copper

(3) The genitive indicates position in space or time after appropriate prepositions listed below.

близ near: **близ** лаборато́рии, near the laboratory

вдоль along: **вдоль** стола́, along the table

Пя́тый Уро́к

внутри́ inside:	**внутри́** стола́, in the table
вне outside:	**вне** схе́мы, outside the scheme
во́зле alongside; near	**во́зле** мо́ря, alongside the sea, *or* near the sea
вокру́г around:	**вокру́г** магни́та, around the magnet
до up to:	Я иду́ то́лько **до** лаборато́рии, I am going only up to the laboratory
до before:	**до** рабо́ты, before work (in terms of time)
посреди́ in the middle of:	**посреди́** ко́мнаты, in the middle of the room
позади́ behind:	**позади́** профе́ссора, behind the professor
среди́ amidst:	**среди́** бума́г, amidst the papers, *or* among the papers

NOTE: Do not confuse **среди́** which means *among* and *amidst* with **посреди́** which means *in the middle of*.

28. THE POSSESSIVE ADJECTIVE ЕГО́, ЕЁ. The possessive adjective of the *third person singular* and *plural* is *not declined*. The forms are **его** (his *or* its), **её** (her, hers, its) and **их** (their, theirs). **Его́** is pronounced "ye-váw," and **её** is pronounced "ye-yáw."

(1) **его́** слова́рь—his, its dictionary
    его́ тео́рия—his, its theory
    его́ сло́во—his, its word

(2) **её** слова́рь—her dictionary
    её тео́рия—her theory
    её сло́во—her word

(3) **их** слова́рь—their dictionary
    их тео́рия—their theory
    их сло́во—their word

29. THE USES OF **ЧТО**.

(1) Что is used as an interrogative pronoun:

Что он чита́ет?   What is he reading?

(2) Что serves as a conjunction in the meaning of *that*. It is always preceded by a comma.

| Профе́ссор так хорошо́ объясня́ет уро́к, **что** студе́нт понима́ет его́ | The professor explains the lesson so well that the student understands it |

УПРАЖНЕ́НИЯ — EXERCISES

A. Practice the pronunciation and identification of the following cognates, then give for each the genitive singular and any other forms that you know:

эне́ргия, бери́ллий, эффе́кт, те́хника, фотогра́фия, цили́ндр, радиоакти́вность (*f*), а́льфа, като́д, газ, бэ́та, электри́чество, ма́гний, га́мма, моде́ль (*f*), ка́мера, структу́ра, арго́н, фосфа́т, схе́ма, конфигура́ция, резона́нс, моле́кула, но́мер, гру́ппа, алюми́ний, схе́ма, ка́льций, а́том, гидра́т.

B. Translate into English:

1. Э́то вес мета́лла. 2. Её стол во́зле окна́. 3. Их профе́ссор во́зле магни́та. 4. Здесь нет ни бро́ма ни на́трия. 5. Ну́жно итти́ то́лько до лаборато́рии. 6. Мо́жно итти́ вдоль их лаборато́рии, а не вдоль мо́ря. 7. Нельзя́ фильтрова́ть че́рез бума́гу. 8. Её слова́рь здесь? Нет, её словаря́ здесь нет. 9. Кро́ме ме́ди то́же ну́жно о́лово. Где оно́? 10. Мо́жно класть хлори́д на́трия? 11. Нет, хлори́да на́трия нет. 12. Где бума́га? Бума́га у студе́нта, а студе́нта здесь нет. 13. Он во́зле их аппара́та. 14. Ну́жно фильтрова́ть жи́дкость че́рез бума́гу. 15. Мо́жно ви́деть а́том? Нет, а́тома ви́деть нельзя́. 16. У ра́дия радиоакти́вность. 17. Без электри́чества ничего́ (*nee-che-vaw*, nothing*) нельзя́ ви́деть здесь. 18. Мо́жно понима́ть схе́му моле́кулы и́ли её структу́ру? 19. Без микроско́па рабо́тать нельзя́. 20. Мо́жно де́лать моде́ли моле́кулы и так понима́ть её структу́ру.

C. Write out the translation of the following sentences:

1. His apparatus is not here. 2. It is not necessary to talk but to work. 3. The weight of the metal is 20 and one must know this. 4. One cannot filter fluorine through paper. 5. One must place the aluminum into a glass. 6. One must work carefully (осторо́жно) 7. One can do nothing without carbon monoxide. 8. It is necessary

* Double and even triple negative is the accepted form of negation in Russian. Я никогда́ ничего́ не зна́ю. I never know anything.

Пя́тый Уро́к

to reduce the sulfur and not the fluorine. 9. Without paper one cannot filter. 10. Where are the students? 11. Here are their papers. 12. The student and the professor are not here. 13. To place the funnel in the beaker. 14. Yes, one must filter the elements before the experiment. 15. Silicon and aluminum are metals. 16. One cannot talk and work. 17. The professor of chemistry explains how to reduce, distill, oxidize, dissolve, and filter. 18. Before work one must understand the lesson and the apparatus. 19. One cannot oxidize fluorine, but one can reduce it. 20. What are oxygen, hydrogen, sulfur, iron, sodium, tin, and mercury?

VOCABULARY

NOUNS
- алхи́мия — alchemy
- а́том — atom
- ка́льций — calcium
- ку́бок — beaker
- моде́ль — model
- моле́кула (*f.*) — molecule
- нау́ка — science
- окно́ — window
- рабо́та — work
- ра́дий — radium
- радиоакти́вность — radioactivity
- структу́ра — structure
- схе́ма — scheme, pattern
- те́хника — technique, procedure, practice
- хи́мия — chemistry
- хлори́д на́трия — sodium chloride
- экспериме́нт — experiment
- электри́чество — electricity

ADJECTIVES
- пя́тый — fifth
- его́ (*poss. adj.*) — his, its
- её (*poss. adj.*) — her, its
- их (*poss. adj.*) — their

VERBS
- де́лать — to do, make
- избега́ть — to avoid
- рабо́тать — to work
  - рабо́тает — he works
  - рабо́тают — they work
- ста́вить — to set, to place

PREPOSITIONS
- без — without
- близ — near
- вдоль — along
- вне — outside of
- внутри́ — inside of
- во́зле — alongside, near
- вокру́г — around
- до — up to, until, before
- о́коло — near, about
- позади́ — behind
- посреди́ — in the middle of
- среди́ — among, in the midst of
- у — at, by

NEGATIVE EXPRESSIONS
- нет — no, there is not
- ничего́ (pronounced *nee-che-vaw'*) — nothing

INTERROGATIVES, RELATIVES AND CONJUNCTIONS
- как — how? what, as, like, how
- что — what? that

Fifth Lesson

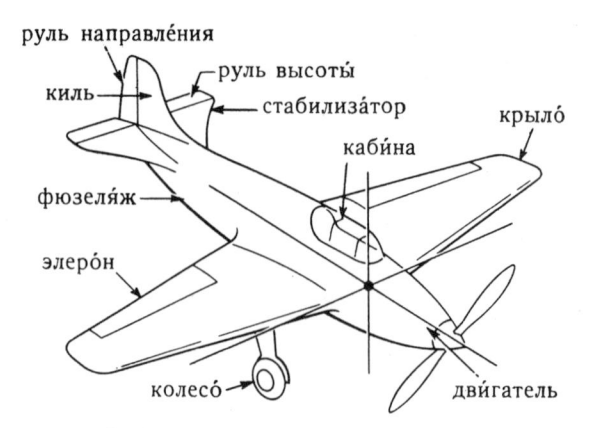

руль направления
киль
руль высоты
стабилизатор
крыло
кабина
фюзеляж
элерон
колесо
двигатель

Рис. 2. Схе́ма устро́йства самолёта.

УПРАЖНЕ́НИЯ — EXERCISES

FOR AERONAUTICAL ENGINEERS

A. Translate into English:

1. Аэродро́мы Бо́стона и Нью Йо́рка о́коло мо́ря. 2. Здесь аэродро́м для лаборато́рии авиа́ции. 3. Тут нет ни бомбово́за, ни дирижа́бля, ни раке́тного самолёта. 4. Пило́ту ну́жно (it is necessary for the pilot) итти́ на аэродро́м. 5. Где инстру́кции для самолёта? Вот они́. 6. У бортте́хника нет инстру́кций. Они́ у пило́та, а он во́зле анга́ра. 7. Пило́та там нет. Он во́зле хвоста́ раке́тного самолёта. 8. Ничего́ нельзя́ де́лать без пило́та. 9. Где мото́р, во́зле пропе́ллера и́ли о́коло крыла́? 10. Ну́жно хорошо́ [well] понима́ть механи́зм самолёта.

B. Translate into Russian:

1. One must understand the apparatuses of the airplane and dirigible. 2. Where are the propeller, fuselage, motor, and tail? 3. The pilot and the mechanic are by the hangar. 4. The airplanes, the bombers, and the jet planes are (стоя́т) along [the length of] the airfield. 5. Where is the propeller? Here it is. 6. Are the propellers near the wing? 7. Where is the motor? The motor is not here but it is by the propeller. 8. Here is the pilot of the jet plane (раке́тного . . .). 9. He is inside the jet plane. 10. The air mechanic is alongside the fuselage of the transport plane (тра́нспортного . . .).

Пя́тый Уро́к

аэродро́м airdrome
анга́р hangar
бомбово́з bomber
бортмеха́ник, бортте́хник air mechanic
дирижа́бль dirigible (*m.*)
инстру́кция instruction
крыло́ wing
мото́р motor

пило́т pilot
пропе́ллер propeller
раке́тный самолёт jet plane
склад бомб bomb storage
склад горю́чего gasoline storage
тра́нспортный самолёт transport plane
фюзеля́ж fuselage
хвост tail
шасси́ chassis

ШЕСТО́Й УРО́К
SIXTH LESSON

The Genitive Case: Plural Forms and Their Uses

30. GENITIVE CASE OF NOUNS: PLURAL FORMS.

(1) The masculine genitive plural is rendered thus:

Consonants:

    Sibilants **ж, ч, ш, щ** add **-ей**   нож → нож**е́й** (knife)
    Most other consonants add **ов**   мета́лл → мета́лл**ов**

    -й → -ев   слу́чай → слу́ча**ев**
    -ь → -ей   слова́рь → словар**е́й**

NOTE: There are a few nouns terminating in a consonant in the nominative singular that have *no* ending for the genitive plural. For instance:

    NOM. SING.   GEN. PL.
    челове́к, man → **челове́к**

This form is used with numbers only. The usual plural form for "man" is **лю́ди, люде́й**, used in the generic sense of "people".

    раз, time → **раз**

The meaning here is like that of the French *fois* or German *mal*.

    глаз, eye → **глаз**

Yet **газ**, "gas," becomes **га́зов** in the genitive plural.

(2) The *feminine genitive plural* is formed thus:

    -а → ——   амальга́ма → амальга́м
    -я → -ь   ми́ля → миль
But: **-ия → ий**   тео́рия → тео́рий
    -ь → -ей   жи́дкость → жи́дкост**ей**

Шестой Урок

(3) The *neuter genitive plural* is formed thus:

-о → ——   слово → слов
-е → -ей   море → морей
But: -ие → -ий   знание → знаний

NOTE: If the genitive plural in any gender results in two consonants at the end of the word, insert **е** if (1) the first of these two consonants is a sibilant or (2) the nominative ends in **я**:

спичка → спичк → спичек   match
число → числ → чисел   date, number

Otherwise insert an **о**:

окно → окн → окон   window

There are exceptions to this, e.g. колба → колб, свойство → свойств.

31. GENITIVE CASE OF NOUNS: USES. The genitive is used

(1) To indicate possession (see Lesson 5, §27 (1), (c)).
(2) In negations (see Lesson 5, §27 (2).
(3) To indicate position in space or time after **близ, вдоль, внутри, вне, возле, вокруг, до, посреди, позади, среди**.
(4) After the following prepositions indicating position, time (duration), source, and some others:

для	for (*purpose or destination*)	это **для** эксперимента, this is for the experiment
из*	out of	**из** комнаты, out of the room
из*	of (*source or material*)	**из** меди, of copper
из за	because of, on account of	**из за** хрома, because of the chromium
из под	from under	**из под** аппарата, from under the apparatus
мимо	past, by	он идёт **мимо** лаборатории, he is going past the laboratory
около*	near, about, by	книга **около** словаря, the book is near the dictionary
около*	about, approximately	вот **около** литра ртути, here you have about a liter of mercury
от	from	эта книга **от** его студентов, this book is from his students
взрыв был **от** окиси, the explosion was from the oxide

по́дле	beside	медь **по́дле** хро́м**а**, the copper is beside the chromium
по́сле	after (*in time*)	По́сле экспериме́нт**а** нельзя́ рабо́тать, one cannot work after the experiment
про́тив*	against	студе́нты **про́тив** рабо́т**ы**, the students are against work
про́тив*	opposite	лаборато́рия **про́тив** па́рк**а**, the laboratory is opposite the park
ра́ди	for the sake of	он рабо́тает **ра́ди** дипло́м**а**, he works for the sake of the diploma
сверх	over, above	**сверх** аппара́т**а**, over the apparatus
с, со*	from	Кни́га упа́ла **со** стол**а́**, The book has fallen from the table
с, со*	since	студе́нт рабо́тает **с** Ма́**я**, the student has been working since May
у*	*to indicate possession*; see Lesson 5, § 1c.	
у*	at the house of	хи́мик **у** астроно́м**а**, the chemist is at the astronomer's home
у*	near, by	профе́ссор рабо́тает **у** стол**а́**, the professor is working near/at the table

(5) After cardinal numbers (except *one* and its compounds, like 21, 31, 41, etc., which are treated *adjectivally* and follow the case of the noun they modify).

(a) The genitive *singular* is used *with numbers ending in 2, 3, and 4* (except 12, 13, and 14)*:

два мета́лл**а**	two metals
три аппара́т**а**	three apparatuses
четы́ре словар**я́**	four dictionaries

Or:

два́дцать **три** студе́нт**а**	twenty-three students
три́дцать **две** спи́чки	thirty-two matches

* The same word, though in a somewhat different meaning, will still govern the genitive case.

Шестой Урок

Note: The numeral *two* has two forms in Russian: one for *masculine* and *neuter* nouns—два—and one for *feminine* nouns—две.

(b) The genitive *plural* is used *with numerals from 5 upwards*, except compounds with 2, 3, and 4.

пять га́зов	five gases
шесть часо́в	six hours
семь а́томов	seven atoms
во́семь элеме́нтов	eight elements
де́вять ко́мнат	nine rooms
де́сять слов	ten words.

(6) To indicate quantity or quality:

  (a) In a partitive sense when the meaning is "some"
    (1) As the direct object:

Ему́ мо́жно дать **воды́**   One can give him *some* water

    (2) After the preposition из:

оди́н **из** элеме́нтов   one of the elements (*implies one out of many*)

  (b) With fractions when used alone

че́тверть ве́с**а**   a quarter of the weight

  (c) After certain adverbs indicating quantity, such as:

	Ско́лько?	how much?
Ско́лько бума́ги?		How much paper?
Ско́лько а́томов?		How many atoms?
	Мно́го	much, many, a great deal
Мно́го бума́ги.		A great deal of paper.
Мно́го а́томов		Many atoms.
	Ма́ло	a little, few
Ма́ло ко́мнат		A few rooms

(7) With comparatives (see Lesson 18, p. 177.)

(8) With certain verbs like **ждать**—"to wait for." "To wait for *a thing*" is rendered by ждать and the *genitive*, but "to wait for *a person*" is rendered by ждать and the *accusative* case.

Sixth Lesson

УПРАЖНÉНИЯ — EXERCISES

A. Give the proper form of the words in parentheses:

1. Один áтом (phosphorus). 2. Два (metal). 3. Пять (books). 4. Óкись (chromium) ни газ, ни жи́дкость. 5. Три (atoms of nitrogen). 6. Здесь (apparatus) нет. 7. Óколо (laboratory). 8. Пóсле (experiment). 9. Без (electricity). 10. Фóрмула (of water). 11. Гидрáт (oxide). 12. Посреди́ (room). 13. Мнóго (work). 14. Рáди (professor). 15. Дéвять (students). 16. Óкись (manganese). 17. Хлори́д (sodium). 18. Вóсемь (o'clock). 19. Два (atoms of iron). 20. Óкись (carbon). 21. Нельзя́ объясня́ть (the lesson).

B. Translate into Russian:

1. How many hours or weeks does he work? 2. He works many weeks. 3. A quarter of a gram of sulfur. 4. Half a gram of iron, copper, and silver. 5. How many students are at the astronomer's? 6. This is his book. 7. It is one (однá) of his books. 8. This apparatus is of iron. 9. Where is the table? 10. The table is by the window. 11. Mr. Ivanov came (пришёл) from the laboratory. 12. How much work does the student have? 13. The chemist has a great deal of work. 14. He has been working about a week. 15. One of the glasses is at the chemist's. 16. He does not explain the lesson. 17. One must avoid oxides. 18. One must avoid carbon monoxide. 19. This is the resonance of the explosion. 20. Vanadium oxide has five atoms of oxygen. 21. One can work only two hours.

C. Translate into English and explain the reasons for the various uses of the genitive:

1. У óкисей азóта два áтома азóта и оди́н áтом, три áтома и́ли пять áтомов кислорóда. 2. У аппарáта мóжно ви́деть хи́миков. 3. Нельзя́ восстановля́ть óкиси мáрганца без алюми́ния. 4. У зáкиси желéза оди́н áтом желéза и оди́н áтом кислорóда, а у óкиси желéза два áтома желéза и три áтома кислорóда. 5. У óкиси ванáдия пять áтомов кислорóда и два áтома ванáдия. 6. Нýжно знать энéргию и конфигурáцию áтома. 7. Гидрáт óкиси металлóида — кислотá. 8. Поляризáция — эффéкт конфигурáции молéкулы. 9. Водорóда восстановля́ть нельзя́. 10. Нýжно ви́деть конфигурáцию молéкулы чтоб (in order to) знать её поляризáцию. 11. Для эксперимéнта нýжно мнóго элемéнтов, мнóго сéры, нáтрия, фóсфора, желéза, óлова и мáрганца. 12. Вес кáлия — чéтверть вéса тéрбия. 13. Нýжно дéлать модéль структýры кристáлла из мéди и из алюми́ния. 14. Óкись углерóда нельзя́ восстановля́ть из за резонáнса молéкулы. 15. Из аппарáта выхóдит (comes out) двуóкись азóта. 16. Хи́миков

Шестой Урок

можно видеть у аппаратов. 17. Этот аппарат из меди, а его аппарат из железа. 18. Сейчас восемь часов и нужно итти в лабораторию. 19. Избегать взрыва — проблема химиков. 20. Сколько атомов кислорода у окиси цинка?

D. Write out the translation of the following sentences into Russian.

1. The student has a great deal of work. 2. One must know much chemistry in order to (чтоб) explain the theory of radioactivity. 3. A quarter of his book explains the structure of the molecules. 4. Mr. Ivanov's laboratory is near the park. 5. Is nitrogen one of the elements of water? 6. No. Oxygen and not nitrogen is one of the elements of water. 7. The student works at his table. 8. The students work for the sake of their professor. 9. Opposite the window is the magnet. 10. One must go past the laboratory because (потому что) the school is in back of the laboratory. 11. His book is of paper. 12. One cannot do the experiment because of the sodium. 13. One cannot reduce the element because of the resonance of its structure. 14. For the sake of his theory the chemist works a great deal. 15. Can one see his models of copper? Here they are. 16. One of the models is a model of sodium. 17. Sodium is one of the elements. 18. How many of the elements are gases? Many of the elements are gases. 19. One must know the configuration of the molecule. 20. He does not explain the structure of the molecules.

E. After reading the chemistry text at the end of this chapter identify the various genitives used and explain their uses.

VOCABULARY
NOUNS

ванадий vanadium	**половина** half
вода water	**поляризация** polarization
гидрат hydrate	**резонанс** resonance
гидрат окиси hydrate of oxide *or* hydroxide	**серебро** silver
грамм gram	**тербий** terbium
двуокись dioxide	**углерод** carbon
закись suboxide	**формула** formula
калий potassium	**хлорид** chloride
комната room	**хром** chromium
марганец manganese	**час** hour, o'clock
медь copper	**четверть** quarter
окись oxide	**школа** school
окись углерода carbon monoxide	**энергия** energy
парк park	**эффект** effect

Sixth Lesson

VOCABULARY (Continued)

ADJECTIVE
шесто́й   sixth

ADVERBS
мно́го   a great deal of, many
ско́лько   how much? how many?
то́лько   only
ма́ло   a little, few

PREPOSITIONS
вме́сто   instead of
для   for
из   out of
из за   because of, on account of
из под   from under
ми́мо   past, by
о́коло   near, by, about, approximately
от   from
по́дле   beside

по́сле   after
про́тив   against, opposite
ра́ди   for the sake of
с, со   from

NUMERALS
оди́н, *m.*
одна́, *f.*   } one
одно́, *n.*
два, *m.* and *n.*   } two
две, *f.*
три   three
четы́ре   four
пять   five
шесть   six
семь   seven
во́семь   eight
де́вять   nine
де́сять   ten

CHEMISTRY

Хи́мия

Хи́мия — одна́ из о́траслей естествозна́ния. Хи́мия изуча́ет хими́ческие* элеме́нты и их соедине́ния. Хими́ческие* элеме́нты — это разли́чные* ви́ды а́томов. Поэ́тому хи́мия — нау́ка об а́томах и их соедине́ниях. Хи́мия изуча́ет проце́ссы превраще́ния одни́х* веще́ств в други́е* вещества́. Хи́мия изуча́ет превраще́ния, кото́рые изменя́ют свя́зи ме́жду а́томами, и образу́ют но́вые* моле́кулы, т.е. но́вые* хими́ческие* вещества́.

о́трасль   branch
естествозна́ние   natural science
изуча́ет   studies (*3 sing.*)
соедине́ние   compound
разли́чные ви́ды   different aspects, types
превраще́ние   transformation, change
други́е   other

вещество́   substance
кото́рый   which
изменя́ют   change (*3 pl.*)
свя́зи   bonds
образу́ют   form (*3 pl.*)
т.е. (то есть)   i.e., that is
но́вый   new

* Adjective form.

СЕДЬМО́Й УРО́К

SEVENTH LESSON

The Personal Pronoun and Verb.

32. PERSONAL PRONOUNS*: NOMINATIVE FORMS.

	SINGULAR	PLURAL
1ST PERSON	я, I	мы, we
2ND PERSON	ты, вы, you	вы, you
3RD PERSON	он, она́, оно́, he, she, it	они́, they

The personal pronoun **ты** may be used *only in one's family circle* and in speaking to very intimate friends, children, and animals. It is called the familiar form of address. Elsewhere the polite form, **вы**, must be used. For polite address the second person *plural* is used in Russian, as in French.

33. The personal pronoun in the nominative case is used for:

(1) The subject of a verb:

    Я рабо́таю   I am working

(2) The predicate nominative:

    Э́то — я   It is I

34. PERSONAL PRONOUNS: GENITIVE FORMS.

	SINGULAR	PLURAL
1ST PERSON	меня́ (для меня́)	нас (у нас)
2ND PERSON	тебя́, вас (ра́ди тебя́)	вас (во́зле вас)
3RD PERSON	его́, её, его́ (без него́)	их (из за них)

Note that personal pronoun forms in the *third person* are prefixed by an **н** when they follow prepositions,

    него́, неё, него́   **них**

* For the complete declension of the personal pronouns see Lesson 11, p. 93.

35. The genitive of the personal pronoun is employed in all the cases mentioned for the use of the noun in Lesson 6, except uses (1) and (5). Thus it is used:

(A) In negation:

Я **не** понима́ю уро́к**а**	I don't understand the lesson
Его́ в лаборато́рии нет	He is not in the laboratory
Он избега́ет **её**	He avoids her

(B) With certain prepositions indicating position in space or time or source:

| Он **во́зле неё** | He is by her |
| Студе́нты **у него́** | The students are at his place |

(C) With comparatives (see Lesson 18, p. 177.)

(D) To indicate quantity:

Оди́н из нас	One of us
Полови́на нас здесь	Half of us are here
Ско́лько вас здесь?	How many of you are here?

To indicate possession, the possessive pronoun adjective is used instead of the genitive case of the personal pronoun. In the third person, the forms of the possessive adjective and the personal pronoun coincide.

36. У + GENITIVE—TO HAVE. In Russian the preferred manner of expressing the concept of "having" is **у** + the *genitive*. We referred to this usage in Lesson 5, § 27 (1) (c).

(a) Observe that in the sentence "The professor has the book," **У профе́ссора кни́га,** the word **кни́га** is in the *nominative* case. Actually the Russian construction reads, "The book is at the professor's." "Book" is, therefore, the real subject of the sentence and consequently in the nominative case. Here the verb "to be" is in the present tense and therefore is not expressed. **У**, governing the genitive, throws "professor" into that case. However, many Russians insist on using the verb "to be" even in the present tense when *possession*, rather than *location*, is indicated:

У хи́мика есть тео́рия	The chemist has a theory
У нас есть кни́ги. Кни́ги у нас	We have books. The books are at our place
У неё и у него́ есть аппара́ты	She and he have apparatuses

Седьмой Урок

(b) When the construction becomes negative—"have not"—in Russian the word **нет** is used. **Нет** always governs the genitive (genitive of negation):

У химика **нет** теории	The chemist hasn't a theory
У нас **нет** книг	We have no books
У них **нет** работы	They haven't any work

37. THE VERB. Verbs in Russian are divided into two conjugations. The first conjugation is composed mainly of verbs whose infinitive ends in **-ать** and its soft equivalent **-ять**. The second conjugation is composed of all verbs whose infinitive ends in **-ить**, except monosyllabic verbs. Many verbs in **-еть** (**видеть**, **смотреть**) are also in the second conjugation. Less common infinitive endings are **-оть**, **-уть**, **-ыть**, **-йти**, **-зть**, **-зти**, **-сть**, **-сти**, **-чь**. Pertinent verbs with these endings will be introduced at appropriate places.

(1) Regular verbs of the *first conjugation* (those ending in **-ать**, **-ять**, and most of the monosyllabic verbs) form the present tense by dropping from the infinitive the **ть** and adding the inflectional endings.* These indicate the person, number, and tense of the verb.

работать—to work

SINGULAR	PLURAL
я работа**ю** I work	мы работа**ем** we work
ты работа**ешь** you (*fam.*) work	вы работа**ете** you work
он, она, оно работа**ет** he, she, it works	они работа**ют** they work

(2) Regular verbs of the *second conjugation* (those terminating in **-ить**) form the present tense by dropping the **-ить** and adding the inflectional endings:

делить—to divide

SINGULAR	PLURAL
я дел**ю** I divide	мы дел**им** we divide
ты дел**ишь** you divide	вы дел**ите** you divide
он, она, оно дел**ит** he, she, it divides	они дел**ят** they divide

---

* When the infinitive ends in -овать, the inflectional endings are added to a stem in -у. Thus дистиллировать gives я дистиллирую, ты дистиллируешь, он дистиллирует, and as the third person plural, они дистиллируют.

NOTE: The rules of vowel mutation apply in conjugations as well as in declensions.

38. VERBS: SOME POINTS OF USAGE.

(1) The preposition *to* which precedes the infinitive form in English does not appear in Russian. *To speak* is simply **говори́ть**.

(2) The second person singular of the Russian verb has limited use, i.e., for family, friends, etc. (see §32 above).

(3) The verb *to be* is often omitted in the *affirmative* of the *present* tense. In the negative of the present tense it is contained in **нет**, which is a contraction of **не есть**.

(4) The present progressive form of the verb as such does not exist in Russian. The function of this form is performed by the simple present tense. Thus **он де́лит** means "he divides," "he does divide," "he is dividing."

(5) Interrogation may be expressed in the following ways:

(a) The upward inflection of the voice can indicate a question.

Он дистилли́рует?	Is he distilling?
Они́ говоря́т?	Are they talking?

(b) To form a question the verb may be placed before the subject and the particle **ли** may be inserted between them.

Он говори́т	He speaks
Говори́т **ли** он?	Does he speak?

(c) When the sentence begins with a word which indicates a question, such as **что** (what), **кто** (who), **почему́** (why), **где** (where), and **куда́** (whereto), the *particle* **ли** *is not used* and the *subject* is placed *before the verb*.

Что он говори́т?	What does he say? *or* What is he saying?
Кто говори́т?	Who is talking?
Почему́ он говори́т?	Why is he talking?

(6) Negation:

(a) Negation is expressed by the particle **не** placed *before the verb* (see Lessons 3 and 5).

(b) **Не** is required before the verb even when a negative pronoun or adverb is also in the sentence. A double negative is proper usage in Russian.

Седьмой Урок

NEGATIVE PRONOUNS	NEGATIVE ADVERBS
ничто́ nothing (*when nominative case is required*)	
ничего́ nothing, not ... anything	**никогда́** never, ever
никто́ no one, nobody, not ... anybody	**нигде́** no place, nowhere, not ... anywhere
никого́ none, no one (of them), not ... any (of them)	

Ничто́ меня́ **не** интересу́ет	Nothing interests me
Он **ничего́ не** зна́ет	He doesn't know anything
Никто́ не зна́ет фо́рмулы	Nobody knows the formula
Никого́ здесь **нет**	There is nobody here
Я **никогда́ не** чита́ю	I never read
Я **нигде́ не** был	I have been nowhere

39. SPECIAL VERBS: PRESENT TENSE.

класть—to set, place, put, lay, deposit

ста́вить—to stand, set, station, put

SINGULAR

я **кладу́**	я **ста́влю**
ты **кладёшь**	ты **ста́вишь**
он, она́, оно́ **кладёт**	он, она́, оно́ **ста́вит**

PLURAL

мы **кладём**	мы **ста́вим**
вы **кладёте**	вы **ста́вите**
они́ **кладу́т**	они́ **ста́вят**

40. A NOTE FOR CHEMISTS: THE NOMENCLATURE OF OXIDES.

(1) О́кисель or о́кисел (this word has two forms) designates the general class of oxides independent of the valence state. Thus one talks of the о́кисли ма́рганца (the oxides of manganese).

(2) О́кись: If the element forms only one oxide, it is given the name о́кись. For example, Ag_2O о́кись серебра́, Na_2O о́кись на́трия, Li_2O о́кись ли́тия, SiO_2 о́кись кре́мния, Al_2O_3 о́кись алюми́ния.

(3) If the element forms more than one oxide, the differentiation

among the oxides is indicated by the words закись, окись, and перекись. In English the difference is indicated by the *-ous* and *-ic* suffixes of the elements.

Закись indicates the *lower* valence state:

    FeO   Ferr*ous* oxide—закись железа
    MnO   Mangan*ous* oxide—закись марганца
    N_2O Nitr*ous* oxide—закись азота

Окись indicates the *higher* valence state:

    Fe_2O_3 Ferr*ic* oxide—окись железа
    Mn_2O_3 Mangan*ic* oxide—окись марганца.
    NO   Nitr*ic* oxide—окись азота

(4) Перекись indicates a peroxide:

    H_2O_2 Hydrogen peroxide—перекись водорода
    Na_2O_2 Sodium peroxide—перекись натрия.

Compounds with дву- and трёх- (*di-* and *tri-*) follow in Russian the same pattern that they do in English:

    SO_2 Sulfur dioxide—двуокись серы
    SO_3 Sulfur trioxide—трёхокись серы

УПРАЖНЕНИЯ—EXERCISES

A. Conjugate the following verbs in the present tense:

восстановлять, фильтровать, знать, окислять, объяснять, верить, растворять, делать, избегать, доказывать, мешать, означать, смотреть.

B. Practice the pronunciation of the following cognates, identify their meaning and then give their genitive singular and plural forms:

характер, процесс, миллимикрон, тротил, коэффициент, атмосфера, микроскоп, спектр, миллион, фосфорация, капсюль, электроскоп, агрегат, фотография, алкоголь, анализ, лекция, линия, символ, генератор, тенденция, трансмиссия, турбулентность, анемия, агитация.

C. Translate into English and account for the uses of the genitive:

1. Студенты у профессора и он объясняет седьмой урок. 2. Я читаю половину урока химии. 3. Сколько у вас уроков? Много? 4. Нет, у меня мало уроков, потому что я уже знаю и пятый и шестой урок. 5. Химик растворяет окись марганца.

6. Понима́ет ли он как де́лать экспериме́нт? 7. Почему́ он окисля́ет э́тот раство́р? 8. Они́ ничего́ не понима́ют и поэ́тому они́ говоря́т что у мета́лла нет ко́вкости (malleability).

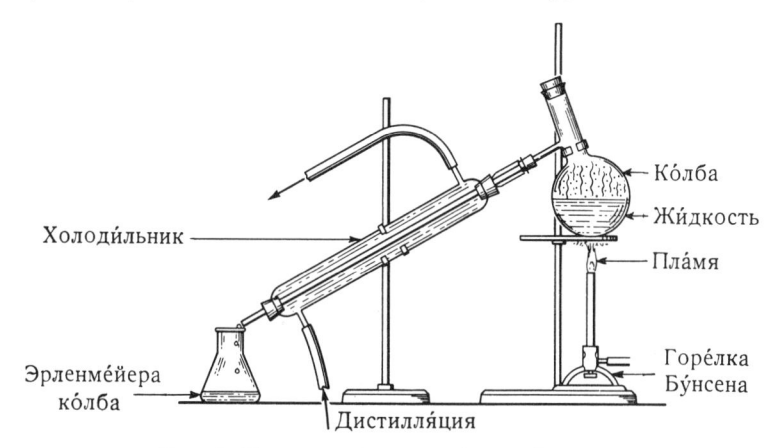

Холоди́льник

Ко́лба
Жи́дкость
Пла́мя

Эрленме́йера ко́лба

Горе́лка Бу́нсена

Дистилля́ция

Рис. 3. Устано́вка для перего́нки жи́дкостей.

D. Write out the Russian translation for the following sentences:

1. Does he understand what polarization is? 2. He filters the liquid through the paper. 3. They understand the theory of the molecule. 4. The professor divides copper and puts it (её) by the apparatus. 5. They are working without the microscope. 6. Both the professor and the students dissolve cuprous oxide. 7. Does water dissolve hydrogen? 8. They put neither zinc nor manganese* on the table. 9. Is it chromium or is it zinc? 10. He dissolves the lithium and not the chromium. 11. One can see molecules, but one cannot see the atoms. 12. One can divide water into oxygen and hydrogen. 13. The gentleman understands neither reduction nor oxidation. 14. They see the water of the sea through the window. 15. Does the student understand both the first and the third lesson of the book? 16. No, the student understands the first lesson, but he does not understand the theory of the third (тре́тьего) lesson. 17. He sets up a thermometer, a gasometer, and a microscope for the experiment. 18. The gentleman understands that helium is a gas, but he does not understand the experiment. 19. The dictionary is by the table in back

* Ма́рганец loses its e in all forms but the nominative singular and becomes ма́рганца. Other nouns having a similar vowel loss are кусо́к (piece) which becomes куска́; коне́ц (end) which becomes конца́; песо́к (sand), which becomes песка́; бело́к (protein), which becomes белка́; рису́нок (picture, diagram), which becomes рису́нка in the genitive.

Seventh Lesson

of the apparatus. 20. One can see the liquid through the glass. 21. Cupric oxide has one atom of copper and one atom of oxygen. 22. The chemist says that the molecule of manganese dioxide has two atoms of oxygen. 23. He is dissolving manganous oxide and manganic oxide. 24. One cannot dissolve silicon dioxide. 25. One can oxidize ferrous oxide. 26. Al_2O_3 stands for aluminum oxide. 27. This analysis and this line prove the professor's theory. 28. ZnO is the symbol for zinc oxide.

VOCABULARY

NOUNS
алкого́ль alcohol
алюми́ний aluminium
ана́лиз analysis
восстановле́ние reduction
газо́метр gasometer
двуо́кись dioxide
ле́кция lecture
ли́ния line
номенклату́ра nomenclature
о́кисел and о́кисель oxide
окисле́ние oxidation
пе́рекись peroxide
раство́р solution
си́мвол symbol
число́ number, date
цинк zinc

ADJECTIVES
седьмо́й seventh
хара́кте́рный characteristic

ADVERBS
обы́чно generally, customarily
уже́ already

VERBS
дели́ть to divide

дистилли́ровать to distil
дока́зывать to prove
меша́ть to mix
носи́ть to bear, carry
означа́ть to indicate, stand for
чита́ть to read

INTERROGATIVES
кто who
куда́ where (*with verb of motion*)
почему́ why

CONJUNCTION
поэ́тому therefore, for this reason

NEGATIVES
нигде́ nowhere
никогда́ never
никого́ nobody, no one (of them), not . . . any (of them) (*gen.* and *accus.* of **никто́**)
никто́ no one, nobody, not . . . anybody
ничего́ nothing, not . . . anything (*gen.* and *accus.* of **ничто́**)
ничто́ nothing, not . . . anything

Седьмой Урок

AERONAUTICAL ENGINEERING

Авиацио́нные прибо́ры

Авиацио́нные* прибо́ры — обору́дование самолётов предназна́ченное* для выполне́ния контро́льно-измери́тельных* фу́нкций. Авиацио́нные* прибо́ры размеща́ются на осо́бых* до́сках в каби́нах пило́та, штурма́на, бортте́хника и други́х лиц экипа́жа. Авиацио́нные* прибо́ры разделя́ются на мото́рные*, пилота́жно-навигацио́нные*, и вспомога́тельные.*

Пе́рвая* гру́ппа включа́ет тахо́метры, термо́метры, мано́метры, мановакуумме́тры, газоанализа́торы (альфа́метры) и измери́тели коли́чества и расхо́да горю́чих* и сма́зочных* материа́лов (бензиноме́ры и масломе́ры).

Тахо́метр пока́зывает ско́рость враще́ния коле́нчатого* ва́ла поршнево́го* дви́гателя и́ли ро́тора га́зовой* турби́ны реакти́вного* дви́гателя.

авиацио́нные прибо́ры aviation instruments
обору́дование самолётов airplane equipment
предназна́ченное designated for (*past pass. part. of the verb* предназна́чить *used adjectivally*)
выполне́ние execution, fulfillment
контро́льно-измери́тельный control-measurement (*adj.*)
размеща́ться to be mounted (*the reflexive verb is used here in a passive function*)
на осо́бых до́сках on special panels
бортте́хник ship engineer
друго́й other, други́х (*gen. pl. of the adj.*)
лицо́ face or person, лиц (*gen. pl.*)
экипа́ж crew
разделя́ться to be divided (*the reflexive verb is used here in a passive function*)
вспомога́тельный auxiliary (*the gen. pl. of the adj. is used in the text*)
включа́ть to include
измери́тель gauge
коли́чество quantity
расхо́д expenditure, usage
горю́чий и сма́зочный combustible and lubricating (*the gen. pl. of these adjectives is used in the text*)
бензиноме́ры gasoline gauges
масломе́ры oil gauges
пока́зывать to show
ско́рость velocity, speed
враще́ние rotation
коле́нчатый вал crankshaft (*the gen. sing. is used in the text*)
поршнево́й дви́гатель piston engine. (*the gen. sing. is used in the text*)
га́зовая турби́на gas turbine (*the gen. sing. is used in the text*)

In this list only some of the new words are given, in the order of their appearance in the text, so as to facilitate the student's translation assignment. For the rest the student should identify cognates and use a dictionary or the Glossary.

* Adjective form.

E. Translate into English.

1. Здесь мно́го самолётов, а дирижа́блей здесь нет. 2. Оди́н из самолётов — раке́тный самолёт. Он во́зле бомбово́за. 3. Где склад горю́чего у дирижа́бля? 4. По́сле рабо́ты у мото́ра меха́ник выхо́дит (comes out) из под самолёта и идёт (goes) вдоль анга́ра. 5. Где бортте́хник? Он о́коло каби́ны пило́та. 6. Тахо́метры, термо́метры, мано́метры, мановакуу́мметры, и альфа́метры — авиацио́нные инструме́нты или прибо́ры. 7. Авиацио́нные инструме́нты в каби́нах [prep. case] пило́та, штурмана, и бортте́хника. 8. Пропе́ллер, два крыла́, ша́сси, хвост, фюзеля́ж, мото́р — ча́сти (parts) самолёта. 9. Пило́т, шту́рман, и бортте́хник — экипа́ж самолёта.

F. Translate into Russian:

1. There are three airplanes, the bomber, the jet plane, and the transport. 2. The dirigible is not here. It is by the hangar. 3. The airfield here is for planes and dirigibles. 4. For every plane there is a pilot and an airmechanic. 5. A dirigible has a crew. 6. A jet plane has no propellers. 7. A bomber has wings, a tail, chassis, and a propeller. 8. A dirigible has propellers but no wings. 9. A transport plane does not have a bomb storage,* but a gasoline storage. 10. Jet planes have no gasoline storage.* 11. One of the planes is a jet plane while four planes are transport planes. 12. How many dirigibles are here?

BIOLOGY

Нау́ка жи́зни

Сло́жность проявле́ний жи́зни в са́мых† разли́чных† усло́виях определи́ла разнообра́зие пробле́м и объе́ктов биологи́ческого† иссле́дования. По ме́ре расшире́ния зна́ний о живо́й† приро́де создава́лись отде́льные† биологи́ческие† дисципли́ны. Пре́жде всего́ созда́лись две основны́е† о́трасли биоло́гии: зооло́гия (нау́ка о живо́тных† органи́змах) и бота́ника (наука о расти́тельных† органи́змах).

Фу́нкция и фо́рма живо́го те́ла составля́ют еди́нство. Одна́ко конкре́тный проце́сс изуче́ния органи́змов происходи́л истори́чески так, что снача́ла изуча́ли фо́рму, а зате́м фу́нкцию. Это привело́ к выделе́нию и в зооло́гии, и в бота́нике *морфоло́гии* (нау́ка о фо́рме и строе́нии органи́змов) и *физиоло́гии* (нау́ка о фу́нкциях органи́змов)

* Cf. the Aeronautical Engineering vocabulary in Lesson 5.
† Adjective form.

сложность complexity
проявление manifestation
жизнь life
в самых различных условиях in the most diverse circumstances
определила determined (*past tense of the verb*)
разнообразие diversity
объект objective
биологического исследования of biological investigation
по мере расширения in proportion to the broadening of
о живой природе about living nature
создавались were created (*the past tense, imperfective, reflexive form is used here instead of the passive*)
отдельные separate
прежде всего before all
создались were created (*past tense, perfective, reflexive form of* создавались *above*)
две основные отрасли two basic branches

наука о жив. организмах science about animal organisms (*this is the prepositional case with* о)
о растительных организмах about plant organisms
живое тело living body (*gen. sing. is used in the text*)
составлять to constitute
единство unity
однако nevertheless
изучение study
происходил (*past tense of* происходить) derived from, proceeded from
исторически historically
так thus
сначала first, at first
изучали (*past tense of* изучать) studied
а затем and then, and later
привело (*past, neuter of* привести) brought.
выделение separation
строение structure

CHEMISTRY

Номенклатура

Химические* элементы можно делить на две группы, металлы и металлоиды. Блеск, ковкость и тягучесть обычно характерны* для металлов. У металлоидов нет ни блеска, ни ковкости, ни тягучести. Отдельные* окисли носят различные* названия. Если элемент образует с кислородом только одно соединение, то его называют окисью. Так Li_2O, MgO, и Al_2O_3 соответственно окись лития, окись магния и окись алюминия. Если у элемента два соединения с кислородом, то тот в котором меньше кислорода называют закисью. Тот в котором больше кислорода называют окись. Например Cu_2O — закись меди, CuO — окись меди, FeO — закись железа, Fe_2O_3 окись железа, и т.д.

номенклатура nomenclature
химические элементы chemical elements
на две группы into two groups (две is the feminine form of два because группа *is feminine*)
блеск luster
ковкость forgeability

* Adjectival form.

тягучесть malleability
характерны characteristic (*shortened masc. form of the nom. pl. of adjective used predicatively*)
носить to carry
отдельные }
различные } different (*nom. pl. of adj.*)
названия names

е́сли . . . то if . . . then
образова́ть с кислоро́дом to form with oxygen (*instr.*)
одно́ one (*neuter of* оди́н)
соедине́ние compound
так so

соотве́тственно correspondingly
тот в кото́ром that in which
ме́ньше less
называ́ть to call
наприме́р for example
и т.д. (и так да́лее) etc.

PHYSICS

Электри́чество

XX век называ́ется ве́ком электри́чества, а XIX называ́ется ве́ком па́ра. Это назва́ние пока́зывает, что электри́чество и́ли электри́ческая* эне́ргия в настоя́щее* вре́мя явля́ется основно́й* фо́рмой, в кото́рой* те́хника испо́льзует эне́ргию.

Электрифика́ция страны́, осно́ванная* на нау́чных* иссле́дованиях в о́бласти электри́чества и на их техни́ческом* испо́льзовании, выхо́дит далеко́ за грани́цы чи́сто техни́ческих* пробле́м.

Те́хника обя́зана свои́м разви́тием электри́честву [dat.].

Разви́тие уче́ния об электри́честве глубоко́ измени́ло [past tense] нау́чное* представле́ние о строе́нии мате́рии. Тепе́рь в нау́ке основно́е* значе́ние име́ет электро́нная* тео́рия, согла́сно кото́рой а́том ка́ждого* хими́ческого элеме́нта состои́т из части́ц, облада́ющих электри́ческими* сво́йствами. Объясне́ние явле́ний молекуля́рной* фи́зики всё бо́льше и бо́льше опира́ется на электри́ческую* тео́рию строе́ния вещества́.

электри́чество electricity
век century, age
называ́ться to be called (*usually followed by instr. case*)
пар steam
пока́зывать to show
в настоя́щее вре́мя at the present time
явля́ться to appear, seem (*this verb is often used instead of "to be" and in that sense*)
основно́й basic
кото́рый which
те́хника technology, technique
испо́льзовать to use (*perfective aspect*)
страна́ country
осно́ванная founded (*past pass. part. used as adj.*)

нау́чные иссле́дования scientific investigations, research
в о́бласти in the field
на их . . . испо́льзовании their . . . utilization
далеко́ far
чи́сто pure
обя́зана . . . -им is indebted for . . . (*past pass. part. used as adj.*)
разви́тие development
нау́ка science
значе́ние significance
име́ть to have
согла́сно кото́рой according to which
облада́ющих possessing (*pres. active part.*)
всё all; всё бо́льше more and more
явле́ние phenomenon
вещество́ substance, matter

* Adjective or verbal adjective form.

ВОСЬМО́Й УРО́К

EIGHTH LESSON

The Instrumental Case

41. THE INSTRUMENTAL CASE OF NOUNS: FORMS. *Masculine* and *neuter* nouns have the *same* endings for the instrumental case.

In the *singular* the ending is
  -ом when the sequence is hard, and
  -ем when the sequence is soft.

In the *plural* the ending is
  -ами when the sequence is hard, and
  -ями when the sequence is soft.

Feminine nouns also have the *same* endings (-ами or -ями) in the *instrumental plural*, but not in the singular.

(1) *Masculine Singular*

cons. → -ом	мета́лл → мета́ллом
-й → -ем	слу́чай → слу́чаем
-ь → -ем	слова́рь → словарём

(2) *Neuter Singular*

-о → -ом	сло́во → сло́вом
-е → -ем	мо́ре → мо́рем
-ие → -ием	зна́ние → зна́нием

(3) *Feminine Singular*

-а → -ой or -ою*	амальга́ма → амальга́мой or амальга́мою*
-я → -ей or -ею*	ми́ля → ми́лей or ми́лею*
-ия → -ией or -иею*	тео́рия → тео́рией or тео́риею*
-ь → -ью	жи́дкость → жи́дкостью

* These endings may be used interchangeably.

Eighth Lesson

The *plural endings* of the instrumental case are the *same* for nouns of *all genders*.

(4) *Masculine Plural*

cons. → **-ами**	мета́лл → мета́лл**ами**
-й → **-ями**	слу́чай → слу́ча**ями**
-ь → **-ями**	слова́рь → словар**я́ми**

(5) *Neuter Plural*

-о → **-ами**	сло́во → слов**а́ми**
{ **-е** → **-ями**	мо́ре → мор**я́ми**
{ **-ие** → **-иями**	зна́ние → зна́н**иями**

(6) *Feminine Plural*

-а → **-ами**	амальга́ма → амальга́м**ами**
{ **-я** → **-ями**	ми́ля → ми́л**ями**
{ **-ия** → **-иями**	тео́рия → тео́р**иями**

42. INSTRUMENTAL CASE OF NOUNS: USES. The instrumental case is used:

(1) To indicate the *instrument, manner,* or *means* by which or the *agent* by whom an action is performed.

Он дока́зывает о́пыт**ом**	He proves by (by means of) experiment
Он е́дет автомоби́л**ем**	He is going by car (*manner*)
Оно́ объясня́ется профе́ссор**ом**	It is explained by the professor (*agent*)
Студе́нт фильтру́ет жи́дкость бума́г**ой**	The student filters the liquid with paper

(2) To indicate accompaniment. If the English preposition *with* can be replaced by *together with* or *along with*, it is translated by the preposition **с** + the instrumental.

Студе́нт рабо́тает **с** профе́ссор**ом**	The student is working with the professor (*person*)
Студе́нт меша́ет алкого́ль **с** вод**о́й**	The student is mixing alcohol with water (*thing*)

(3) After the prepositions **под, пе́ред, над, за, ме́жду**.

Э́то мо́жно ви́деть **под** самолёт**ом**	One can see this under the airplane
Он стои́т **пе́ред** стол**о́м**	He is standing in front of the table

Восьмо́й Уро́к

пе́ред о́пытом ...	before the experiment ...
пе́ред столо́м	before the table ...
над мо́рем	over the sea
за микроско́пом	behind the microscope
ме́жду студе́нтами	among the students

(4) In the temporal expression *in the evening, in the morning, in the daytime*, etc.

вчера́ ве́чером	yesterday evening
сего́дня у́тром	this morning
за́втра но́чью	tomorrow night
послеза́втра днём*	day after tomorrow, in the daytime

(5) To replace the predicate nominative of nouns and adjectives.

(a) When a temporary condition, a change of state, or a conjectured situation is indicated, the instrumental case replaces the predicate nominative with the *past* and the *future* tenses of the verb *to be*.

NOTE: The change from the nominative to the instrumental does not take place in the present tense.

Он был профе́ссором хи́мии	He was a professor of chemistry
Когда́ он ко́нчит университе́т он бу́дет астроно́мом	When he finishes the university he will be an astronomer

Yet

Он хи́мик	He is a chemist (*pres. tense*)
Ивано́в был астроно́м	Ivanov was an astronomer (*it was Ivanov's permanent profession*)

(b) With certain verbs of *calling, seeming, becoming, using*.

Его́ зва́ли профе́ссором фи́зики	He was called a professor of physics (*the nominative may also be used here*)
XX век называ́ется ве́ком электри́чества	The twentieth century is called the century of electricity
Ивано́в каза́лся больны́м	Ivanov seemed sick
Он стал учёным	He became a scientist
Фи́зик по́льзовался электронмикроско́пом	The physicist was using the electron microscope

* Note here that день loses its е in the oblique cases, becoming дня, дню, день, днём, о дне, etc.

Eighth Lesson

(6) With *reflexive verbs* that indicate the *passive* voice the instrumental is used instead of the accusative.

Со́ли хло́ра **называ́ются** хлори́**дами**	Salts of chlorine are called chlorides

45. VERBS. Here are some important verbs that must be learned separately because of variation in stems or endings or both.

мочь—to be able to

SINGULAR

я могу́   I am able to
ты мо́жешь   you are able to
он, она́, оно́ мо́жет   he, she, it is able to

PLURAL

мы мо́жем   we are able to
вы мо́жете   you are able to
они́ мо́гут   they are able to

хоте́ть—to wish, to want

SINGULAR

я хочу́   I wish
ты хо́чешь   you wish
он, она́, оно́ хо́чет   he, she, it wishes

PLURAL

мы хоти́м   we wish
вы хоти́те   you wish
они́ хотя́т   they wish

идти́, or итти́ — to go

This is the verb of motion and not the English auxiliary expression of futurity.

SINGULAR

я иду́   I am going
ты идёшь   you are going
он, она́, оно́ идёт   he, she, it is going

PLURAL

мы идём   we are going
вы идёте   you are going
они́ иду́т   they are going

Note that despite the fact that мочь and хоте́ть call for soft conjugational endings, in these forms the hard vowel у is used in accordance with the law of vowel mutation which states that consonants **г, к, х, ж, ч, ш, щ** are never followed by **ы, я, ю,** but by **и, а, у.**

УПРАЖНЕ́НИЯ — EXERCISES

Exercises A, B, and C are for chemists

A. Name the cases of the cursive words in the chemistry text on page 63 and explain their uses.

Восьмóй Урóк

B. Give the formulae for the following:

óкись мáгния, пéрекись кáльция, óкись серебрá, зáкись óлова, óкись свинцá, пéрекись нáтрия, óкись рту́ти, óкись тáлия, зáкись желéза, пéрекись кáлия, зáкись мéди, óкись мéди, пéрекись водорóда, двуóкись óлова, пéрекись азóта, пéрекись свинцá.

C. Give the Russian for the following formulae:

ZnO, MgO, Fe_2O_3, MnO, Mn_2O_3, MnO_2, Hg_2O, Tl_2O_3, Tl_2O, SnO_2, Al_2O_8.

D. Translate into English:

1. Профéссор объясня́ет номенклату́ру, а студéнты смóтрят в кни́гу. 2. Я не понимáю рáзницы мéжду óкисью и зáкисью. 3. CrO_3 означáет трёхокись хрóма и CuO означáет óкись мéди. 4. Каки́е óкислы называ́ются ангидри́дами? 5. Он никогдá не понимáет, что óкись и что ангидри́д. 6. Они́ не пóмнят фóрмул для двуóкиси азóта, зáкиси азóта и двуóкиси мáрганца. 7. Как они́ укáзывают числó электрóнов в подгру́ппе? 8. Мы укáзываем числó электрóнов в подгру́ппе числóм и бу́квой. 9. Си́мвол $3d^{10}$ означáет что в $3d$ дéсять электрóнов. 10. Этот óпыт мóжно объясни́ть иллюстрáциями. 11. Они́ хотя́т ви́деть модéли потому́ что модéлями докáзывается егó теóрия. 12. Анáлизом спéктров хи́мики узнаю́т óчень мнóго. 13. Таки́м óбразом, они́ нахóдят объяснéние óпыта. 14. Анáлизом он хóчет изучáть энéргию диссоциáции молéкулы. 15. Напримéр, для зáкиси мéди фóрмула — Cu_2O. 16. Он мóжет узнáть и энéргию и структу́ру áтомов. 17. Вот модéль áтома нáтрия. 18. Модéлями мóжно объясня́ть структу́ру ли́ний спéктры. 19. Это электрóнные (electronic) орби́ты áтома водорóда. 20. Здесь r- рáдиус орби́ты áтома. 21. Элемéнт кáлий имéет (has) таку́ю-же (the same) орби́ту как и нáтрий.

E. Translate into Russian:

1. He always filters with paper. 2. He holds (дéржит) the beaker with (his) hand. 3. Where does the chemist see the astronomers? 4. He doesn't see the astronomers anywhere. 5. The element forms two oxides. 6. He wants to find out the energy of the dissociation of the molecules by experiment. 7. He never explains the structure of the atom without models. 8. They always explain the structure by models. 9. The students are working with the professor. 10. For example, NO_2 is nitrogen dioxide. 11. Many elements can form a large number of oxides. 12. There are (есть) many deviations from the

nomenclature. 13. Sometimes he does not understand the nomenclature. 14. What does the symbol 3d^{10} mean? 15. What can one learn from an analysis of the spectra? 16. One can find out the energy of the atom. 17. Around Hiroshima there is much radioactivity. 18. One can reduce ferric oxide with hydrogen to **ferr**ous oxide.

AERONAUTICAL ENGINEERING
Авиацио́нные прибо́ры
(continued)

Показа́ния термо́метров даю́т возмо́жность суди́ть о температу́рном режи́ме дви́гателя. Показа́ния мано́метров и мановакуумме́тра определя́ют давле́ния в разли́чных систе́мах дви́гателя (систе́ма пита́ния то́пливом, систе́ма сма́зки, систе́ма надду́ва и т.п.). Газоанализа́тор позволя́ет суди́ть о ка́честве горю́чей сме́си, поступа́ющей в дви́гатель. Измери́тели коли́чества горю́чего определя́ют запа́с горю́чего и сма́зочного в ба́ках самолёта. Наблюда́я за показа́ниями мото́рных прибо́ров, лётчик име́ет возмо́жность управля́ть дви́гателями самолёта, выде́рживая тот и́ли ино́й режи́м, а та́кже своевре́менно обнару́живать вся́кого ро́да наруше́ния в рабо́те дви́гателя.

показа́ние термо́метров thermometer reading
дава́ть возмо́жность to make it possible (3rd pers. sing. of the verb is used in the text)
суди́ть to judge, to gauge
режи́м regimen, cycle, system, rate
дви́гатель engine, motor, propeller, motive power.
определя́ть to determine (3rd pers. pl. is used in the text)
давле́ние pressure
в разли́чных систе́мах in different systems
пита́ние то́пливом fuel feeding (gen. sing. is used in the text)
сма́зка lubrication
надду́в pressurization, pressure feed
позволя́ть to permit (3rd pers. sing. is used in the text)
о ка́честве concerning the quality
смесь mixture

поступа́ющий* feeding into (*pres. act. part of the verb* поступа́ть; *the gen. case is used in the text. The reference is to the mixture*)
горю́чее fuel
запа́с supply
в ба́ках in the tanks
наблюда́я за показа́ниями observing (*pres. gerund from* наблюда́ть) *the indications.*
име́ть возмо́жность to have the opportunity
управля́ть to guide or run
выде́рживая maintaining (*pres. of the gerund is used in the text*)
а та́кже and at the same time
своевре́менно in good time, opportunely
обнару́живать вся́кого ро́да наруше́ния to uncover all sorts of disturbances, breaches, or violations.

* This is an adjective form derived from the verb поступа́ть. Meaning of words like these, ending in -тый, -нный, -ший -щий, -мый and their feminine and neuter forms are participial and may be found under the verb from which they have been derived in the Glossary or Appendix listing irregular verbs.

Восьмо́й Уро́к

BIOLOGY

Морфоло́гия и физиоло́гия

Морфоло́гия и физиоло́гия в свою́ о́чередь распада́ются на разде́лы. В соста́в морфоло́гии вхо́дят: анато́мия, кото́рая изуча́ет о́бщую* фо́рму и строе́ние о́рганов живо́тных и расте́ний. Анато́мия расте́ний включа́ет та́кже и микроскопи́ческую* анато́мию расти́тельных* органи́змов. Гистоло́гия изуча́ет тка́ни живо́тных* органи́змов. Цитоло́гия — нау́ка о кле́тке живо́тных и расти́тельных* органи́змов. Цитоло́гия име́ет де́ло с наибо́лее о́бщим* при́нципом структу́рной* организа́ции живо́тных* и расти́тельных* форм. Она́ выхо́дит за преде́лы чи́сто морфологи́ческой* нау́ки и изуча́ет все* сво́йства кле́тки — её строе́ние (цитоморфоло́гия), фу́нкции (цитофизиоло́гия), фи́зико-хими́ческие* сво́йства (цитохи́мия).

в свою́ о́чередь   in their turn
распада́ться   to fall into, separate into
разде́л   division, section, class
входи́ть   to enter
в соста́в   into the composition
о́бщая фо́рма   the general form (*accus. sing. is used in the text*)
включа́ть   to include
та́кже   likewise
гистоло́гия   histology
ткань   tissue
цитоло́гия   cytology
име́ть де́ло   to deal with
наибо́льшее   most
о́бщий при́нцип   general principle (*instr. case is used with the prep.* с *in the text*)
выходи́ть за преде́лы   to exceed, go beyond the limits
чи́сто   purely
сво́йство   property
кле́тка   cell (see Lesson 6, note to §30, (3)).

CHEMISTRY

Номенклату́ра

(*continued*)

Е́сли у одного́ *а́тома элеме́нта* два и́ли три *а́тома кислоро́да*, то соединённые ча́сти называ́ются *двуо́кисями* и́ли *трёхо́кисями*, наприме́р NO_2 — двуо́кись *азо́та*, CrO_3 — трёхо́кись *хро́ма* и т.д. Е́сли наконе́ц, элеме́нт образу́ет бо́льшее число́ *о́кислов*, то остальны́е о́кислы обы́чно называ́ются *ангидри́дами*. Азо́т мо́жет служи́ть приме́ром. Для *азо́та* изве́стно пять *о́кислов*: N_2O — за́кись азо́та, NO — о́кись азо́та, N_2O_3 — азо́тистый ангидри́д, NO_2 — двуо́кись азо́та, N_2O_5 — азо́тный ангидри́д.

От э́той *номенклату́ры* иногда́ встреча́ются отклоне́ния. Наприме́р когда́ элеме́нт образу́ет два *о́кисла* ти́пов MO и MO_2, то пе́рвый

* Adjective or an adjectival form.

называется обычно *окисью*, второй — *двуокисью* (вместо *закиси* и *окиси*). Пример: CO — окись углерода, CO$_2$ — двуокись углерода.

называться	to be called	число	number
двуокись	dioxide	остальные	remaining
трёхокись	trioxide	обычно	generally
наконец	finally	служить	to serve
образовать	to form	встречаться	to be met
бо́льшее	greater	отклонения	deviations

PHYSICS

Электрический* ток

Знакомство с различными* видами энергии показывает, что в природе происходят взаимные* преобразования одной* формы движения материи в другую и обратно.

Возможен ли переход теплоты в энергию электрического* тока? Зеебек открыл[1] переход тепловой* энергии в электрическую* в 1823 году Если спаять[2] концами два проводника из разных* металлов и один спай поддерживать при более высокой* температуре, а другой при более низкой,* то по металлам проходит электрический* ток; следовательно между обоими* спаями возникает ЭДС.[3]

Электрический* ток, полученный за счёт различного* нагревания спаев двух* проводников из различных* металлов, называется термоэлектрическим* током. Термоэлектрическая* ЭДС для всех пар металлов ничтожно мала.* Одна из наибольших* ЭДС, для пары висмут — сурьма, равна 0,011 вольта при температуре спаев 0° и 100°; в этой паре ток идёт через нагретый* спай от висмута к сурьме.

Два металла, спаянные* своими концами, образуют так называемый* термоэлемент, если оба их спая поддерживаются при разных* температурах.

знакомство с (*with dat. case*) acquaintance with	в другую into another
различные виды different forms	возможен possible
показывать to show	переход transfer, conversion
в природе in nature	теплота heat
происходить to occur	в энергию into energy
взаимные преобразования mutual transformations	ток current
	открыл discovered (*past perfective*)
движение motion	концами *literally*, by the ends; *freely*, at the ends

* Adjective or an adjective form.
[1] Past perfective form of the verb "to discover."
[2] The infinitive is used here to indicate a real condition in the present time, in the impersonal sense. "If one welds . . ."
[3] consequently, between the two welded elements there arises an electromotive force (электро двигательная сила).

проводник conductor
разный different
поддерживать to maintain
при более высокой at a higher ...
... низкой at a lower ...
то then
по металлам along the metals
следовательно consequently
между обоими between the two
возникать to arise
полученный obtained (*past part. used as verbal adj.*)

за счёт at the expense of, by means of
различное нагревание differential heating
для всех пар for all pairs
ничтожно мала insignificantly small
наибольший the greatest
нагретый heated (*past part. used as a verbal adj.*)
своими концами by their own ends
образовать to form
так называемый so-called

ДЕВЯ́ТЫЙ УРО́К

NINTH LESSON

The Dative Case; Its Forms and Uses. The Past Imperfective Tense of Verbs

46. THE DATIVE CASE OF NOUNS: FORMS. In forming the dative case, the following changes occur in the endings of nouns:

(1) SINGULAR NOUNS

    (a) *Masculine Singular*

consonant + у	мета́лл → мета́лл**у**
-й → -ю	слу́чай → слу́ча**ю**
-ь → -ю	слова́рь → словарю́

    (b) *Feminine Singular*

	-а → -е	амальга́ма → амальга́м**е**
	-я → -е	ми́ля → ми́л**е**
But:	-ия → -ии	эмана́ция → эмана́ц**ии**
	-ь → -и	жи́дкость → жи́дкост**и**

    (c) *Neuter Singular*

-о → -у	сло́во → сло́в**у**
-е → -ю	мо́ре → мо́р**ю**
-ие → -ию	зна́ние → зна́н**ию**

(2) PLURAL NOUNS: The *plural* endings of the dative case are like those of the instrumental case but *without* the final **-и**.

    (a) *Masculine Plural*

consonant + **ам**	мета́лл → мета́лл**ам**
-й → -ям	слу́чай → слу́ча**ям**
-ь → -ям	слова́рь → словаря́**м**

    (b) *Feminine Plural*

-а → -ам	амальга́ма → амальга́м**ам**
-я → -ям	ми́ля → ми́л**ям**
-ия → -иям	эмана́ция → эмана́ци**ям**
-ь → -ям	жи́дкость → жи́дкост**ям**

(c) *Neuter Plural*

-о → -ам   сло́во → слова́м
-е → -ям   мо́ре → моря́м
-ие → -иям   зна́ние → зна́ниям

47. DATIVE CASE: USES. The dative case is used:

(1) To indicate the *indirect object*. The preposition *to*, often used to introduce the indirect object in English, is *not employed* in Russian.

Я даю́ кни́гу профе́ссору	I give the book to the professor
Оно́ придаёт мета́ллам за́пах	It gives the metals an odor

(2) The prepositions **к, по**, and **вопреки́** govern the dative case.

Он де́лает э́то **вопреки́** сове́ту профе́ссора	He is doing this against the advice of the professor
Они́ иду́т **к** лаборато́рии	They are going toward the laboratory
Они́ иду́т **по** у́лице	They are going along the street

(3) With certain impersonal expressions such as **ка́жется** (it seems), **хо́чется** (it is desirable), **нра́вится** (it is pleasing), and **хвата́ет** (it suffices). The last is frequently used negatively.

Мне **ка́жется**, что он здесь	It seems to me that he is here
Профе́ссору **хо́чется** сде́лать о́пыт	The professor wishes to do an experiment
Хи́мику **нра́вится** лаборато́рия	The chemist likes the laboratory
Студе́нту не **хвата́ет** де́нег	The student does not have enough money

(4) **Учи́ться** demands that the *subject taught* be put in the *dative*.

Он у́чится хи́мии	He is studying chemistry

48. THE PAST TENSE, IMPERFECTIVE ASPECT: FORMS.

(1) In the past tense the Russian verb is inflected *not* according to the *person of the subject* (i.e., first, second, or third) but according to the gender and the number of the subject.

The ending **ть** is dropped from the infinitive and the following endings are attached.

	SINGULAR	PLURAL
Masculine	-л	-ли
Feminine	-ла	-ли
Neuter	-ло	-ли

(2) Thus the changes from the infinitive to the past are as follows:

чита́ть → чита → чита́л, read
окисля́ть → окисля → окисля́л, oxidized
быть → бы → был, was
дели́ть → дели → дели́л, divided

(3) Then this form assumes the proper gender and number to give the following results:

SINGULAR

Я дели́л (*m.*), я дели́ла (*f.*), дели́ло (*n.*)
ты дели́л (*m.*), ты дели́ла (*f.*), дели́ло (*n.*)
он дели́л (*m.*), она́ дели́ла (*f.*), оно́ дели́ло (*n.*)

PLURAL

мы дели́ли (*m., f., and n.*)
вы дели́ли (*m., f., and n.*)
они́ дели́ли (*m., f., and n.*)

49. IMPERFECTIVE OF SOME IRREGULAR VERBS.

(1) **Быть**, *to be*, which is infrequently employed in the Russian present tense, is conjugated regularly in the past imperfective.

SINGULAR	PLURAL
был (*m.*)	бы́ли (*m., f., or n.*)
была́ (*f.*)	
бы́ло (*n.*)	

(2) **Хоте́ть,** *to wish, desire, want*, though irregular in the present tense, is regular in the past.

хоте́л (*m.*)	хоте́ли (*m., f., or n.*)
хоте́ла (*f.*)	
хоте́ло (*n.*)	

(3) **Итти́** or **идти́**, *to go*, changes the stem in the past, but follows the regular tense endings of the past.

шёл (*m.*)	шли (*m., f., or n.*)
шла (*f.*)	
шло (*n.*)	

(4) **Мочь,** *to be able to*, is conjugated irregularly.

мог (*m.*)   могли́ (*m., f.,* or *n.*)
могла́ (*f.*)
могло́ (*n.*)

(5) Since the verb "to have" is rendered in Russian by the verb *to be* and the preposition **y** and the genitive case for the possessor, *the thing possessed determines the gender and number of the verb.* Thus:

Masculine	У профе́ссора **был** аппара́т	The professor had the apparatus
Feminine	У профе́ссора **была́** жи́дкость	The professor had the liquid
Neuter	У профе́ссора **бы́ло** о́лово	The professor had the tin
Plural	У хи́мика **бы́ли** и аппара́т и о́лово	The chemist had both the tin and the apparatus

In these possessive expressions *the thing possessed* is actually *the subject* of the sentence and consequently is in the nominative case.

In a *negative* sentence of this type the verb is always in the *neuter,* third person, singular, and the thing possessed falls into the genitive case.

50. PAST TENSE, IMPERFECTIVE ASPECT: USES. The uses of the past imperfective in Russian are comparable to those of the imperfect tense in Spanish or the *passé imparfait* of the French. It is used to describe actions, states, or conditions in the past time. It is often the equivalent of the English past progressive (*was* or *were* with the present participle). However, the past tense of the imperfective is also required in Russian (when the English occasionally uses the simple tense) if habitual or recurrent action or a continuous state is indicated. Study the following examples carefully.

Студе́нт **стоя́л** и смотре́л на аппара́т	The student stood and looked (was standing and looking) at the apparatus
Они́ **следи́ли** за хо́дом о́пыта	They observed (were observing) the progress of the experiment
Температу́ра **стоя́ла** постоя́нно на нуле́	The temperature remained constant at zero
Маши́на **рабо́тала** день и ночь	The machine worked (used to work, was working) day and night

Де́ло **происходи́ло** зимо́й	The affair was taking place in winter
Он **чита́л** ле́кцию когда́ ...	He was reading a lecture when ... (something happened)
Когда́ я **учи́лся** в университе́те, я ча́сто **ходи́л** в теа́тр	When I was studying at the university, I frequently went to the theater
Весь день я **гото́вил** препара́т для о́пыта	I prepared the preparation for the experiment the whole day
Обыкнове́нно мы **начина́ли** рабо́ту в во́семь часо́в	We usually started work at eight o'clock
Я **посеща́л** ле́кции ежедне́вно	I used to attend lectures every day

УПРАЖНЕ́НИЯ — EXERCISES

A. Give all the cases you know of the following nouns and translate.

атмосфе́ра, капсю́ль, криста́лл, миллио́н, миллимикро́н, нож, проце́сс, спи́чка, хара́ктер, число́, экспериме́нт, электроско́п, взрыв, о́кись, като́д, лаборато́рия, магни́т, моде́ль, эффе́кт, схе́ма

B. Conjugate and give the English meanings of the following verbs in the present and past imperfective.

де́лать, дока́зывать, меша́ть, означа́ть, открыва́ть, служи́ть, смотре́ть, стоя́ть, ука́зывать

C. Translate into English:

1. Молибде́н, вольфра́м, и ура́н получа́ются восстановле́нием их (their) о́кислов при высо́ких (high) температу́рах углём или водоро́дом. 2. В компа́ктном (adj.) состоя́нии, элеме́нты подгру́ппы хро́ма бы́ли бе́лые, блестя́щие (white shiny) мета́ллы. 3. Молибдени́т переводя́т в MoO_3 обжига́нием. 4. Ру́ды ура́на обраба́тывают кислото́й азо́та. 5. По́сле проце́сса прока́ливания получа́ется о́кисель соста́ва U_3O_8. 6. Для выделе́ния хро́ма нужны́ о́киси Cr_2O_3. 7. О́кись Cr_2O_3 соединя́ется с порошко́м* металли́ческого алюми́ния. 8. При нагрева́нии реа́кция идёт с выделе́нием тепла́. 9. Потреби́телем хро́ма и его́ (its) ана́логов явля́ется инду́стрия† металлу́ргии. 10. Там э́ти (these) мета́ллы нужны́ для вы́работки ста́ли.

* Порошко́м comes from порошо́к. For the loss of the o, see the footnote on page 51.

† The verb явля́ться, which literally means "to appear, to make one's appearance" is frequently used in Russian to replace быть. The meaning in the sentence above is "the consumer *is*" and *not* "*seems*."

Девятый Урок

11. 10 валентностям кислорода соответствуют 10 валентностей фосфора. 12. 4 атома кислорода соответствуют 8 валентностям, а 2 атома водорода — 2 валентностям 13. Понятие валентности можно применять и на целую (whole) группу атомов молекулы. 14. Химик объяснял случай соединения атомов алюминия и кислорода. 15. Число валентностей алюминия и кислорода должно быть равно (equal) шести. 16. Для получения шести валентностей мы взяли три атома кислорода. 17. Мы знали из свойств кислоты азота, что там был только один атом водорода и один атом азота.

D. Translate into Russian:

1. They wanted to reduce molybdenum and uranium. 2. They were able to indicate the temperature. 3. He was able to find the cylinders. 4. The professor had the solutions and the funnel. 5. No, the physicist did not have either the solution or the funnel. 6. They were walking toward the laboratory. 7. We were able to filter the water from the glass, through the funnel. 8. Were you able to distill the liquid? 9. Are you able to understand the reaction? 10. No, we are not able to understand the reaction.

AERONAUTICAL ENGINEERING
Авиационные приборы

(continued).

Вторая группа авиационных приборов состоит из следующих приборов: авиационные компасы и гирополукомпасы, указатели воздушной скорости, высотомеры, часы, вариометры (указатели вертикальной скорости), авиагоризонты, указатели поворота и скольжения. При помощи первых пяти приборов данной группы лётчик выдерживает заданный аэронавигационный режим полёта, а штурман производит счисление и прокладку пути, то есть решает аэронавигационные задачи. Последние четыре прибора обеспечивают пилотирование самолёта вообще и в частности, выдерживание аэронавигационного режима в сложных условиях полёта (облака, ночь, туман и т.п.).

состоять to consist of (*3rd pers. sing. is used in the text*)
из следующих приборов of the following apparatuses
указатель воздушной скорости gauge of air velocity
высотомер altimeter
часы clock
поворот и скольжение turn and bank
при помощи with the help of
данный given (*past pass. part. of the verb* дать; *gen. case is used in the text*)

полёт flight
счисление computation
прокладка plotting (of the route)
то есть that is
задачи problems
последний the last
обеспечивать to guarantee
вообще in general

в частности in particular
выдерживание maintenance
в сложных условиях under complex conditions
облако cloud
туман fog
ночь night
и т. п. и тому подобное, and the like

CHEMISTRY

Химические формулы и уравнения

Нам теперь даже трудно себе представить ту путаницу в химических* обозначениях, которая имела место в эпоху, предшествовавшую* признанию гипотезы Авогадро. Так как никаких* общепринятых* атомных* весов не существовало, каждый химик руководствовался в этом вопросе теми* соображениями, которые ему лично представлялись наиболее правильными.* Соображения эти часто менялись в результате тех или иных отдельных* опытов, что тотчас же изменяло и формы выражения состава химических* соединений — химические* формулы. Даже для воды не существовало общепринятого* обозначения. Разноголосица в случае более сложных* веществ достигала таких размеров, что химикам нередко бывало трудно понимать друг друга.

нам for us
представить себе to imagine
ту that (*from the demonstrative adj.* тот, та, то)
путаница confusion, mix-up
обозначение designation, symbol
который which (*fem. form is used in the text*)
предшествовавшая preceding, antecedent, foregoing, prior
признание acceptance, recognition
так как in as much as
никакой negative *adj.* no
общепринятый generally accepted
существовать to exist

руководствоваться to be guided
теми *instr. pl. of the demonstrative adj.* тот, та, то.
соображение consideration
наиболее more
ему to him
представляться to seem, appear (*the verb is reflexive:* -ся)
меняться to change; изменять
тех или иных those or others
отдельный separate
выражение expression
разноголосица discord, difference of opinion
достигать to achieve

* Adjective or an adjectival form.

Девя́тый Уро́к 73

PHYSICS

Во́льтова дуга́

Те́хника испо́льзования теплов́ых* де́йствий то́ка напра́влена по двум основны́м* ли́ниям: те́хника нагрева́ния и те́хника освеще́ния. К ним мо́жно присоедини́ть ещё устро́йство прибо́ров для измере́ния температу́р.

Электри́ческое* освеще́ние осуществля́ется в трёх фо́рмах: нака́ливание проводника́ в отсу́ствии кислоро́да, получе́ние пла́мени в во́здухе и свече́ние разрежённого* га́за.

Устро́йство ла́мпочек нака́ливания изве́стно.

На теплово́м* де́йствии то́ка осно́ван и друго́й* исто́чник све́та и тепла́ — во́льтова* дуга́ (пла́мя в во́здухе).

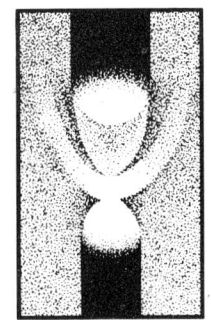

Рис. 4. Во́льтова дуга́.

испо́льзование utilization
де́йствие action
ток current
напра́влена is directed (*past part. of verb*)
основна́я ли́ния basic line
нагрева́ние the heating
освеще́ние the lighting
присоедини́ть to join, add
устро́йство arrangement; installation; layout
прибо́р apparatus, device
измере́ние measurement
осуществля́ться to be accomplished
нака́ливание heating, incandescence, glowing
отсу́тствие absence
получе́ние getting, receiving, obtaining; derivation; production
пла́мя flame (*this word has an irregular declension. See Appendix II, p. 212*)

во́здух air
свече́ние lighting, luminescence, glow, shining
разрежённый rarified, thinned
газ gas
ла́мпочка lamp (*see note in Lesson 6 on the genitive case of* спи́чка, спи́чек)
нака́ливание incandescence
изве́стно is known (*past pass. part. used in a passive construction*)
осно́ван is based on (*past pass. part. used in a passive construction*)
друго́й other
исто́чник source
свет light
тепло́ heat
во́льтова дуга́ voltaic arc, electric arc

* Adjective form.

ДЕСЯ́ТЫЙ УРО́К

TENTH LESSON

Reflexive Verbs and Verbs of Locomotion

51. REFLEXIVE VERBS: FORMS.

(1) A reflexive verb carries attached to it a reflexive object pronoun (**-ся**, **-сь**) that refers back to the subject.

(2) This **-ся** or **-сь**, derived from the Old Russian reflexive pronoun **ся** and related to the reflexive pronoun **себя́**, originally stood separately as the direct object of the verb. Subsequently it was combined into the verb itself.

(3) Currently this particle **ся** is tacked to the very end of every form of the reflexive verb. *After a vowel ending of the verb*, the particle **ся** is contracted to **сь**.

EXAMPLE: занима́ться, to be engaged in, to study, to be occupied

PRESENT	я занима́юсь	мы занима́емся
	ты занима́ешься	вы занима́етесь
	он, она́, оно́ занима́ется	они́ занима́ются
PAST	занима́лся (*m.*)	
	занима́лась (*f.*)	
	занима́лось (*n.*)	
	занима́лись (*pl. all genders*)	
FUTURE	я бу́ду занима́ться	мы бу́дем занима́ться
	ты бу́дешь занима́ться	вы бу́дете занима́ться
	он, она́, оно́ бу́дет занима́ться	они́ бу́дут занима́ться

52. USES. The reflexive form is used:

(1) To *reflect the action* indicated by the verb back to the subject performing.

(2) To change the meaning of the active verb, sometimes quite radically.

(3) To indicate *reciprocal action*.

Они́ встреча́ются ежедне́вно   They meet every day

Десятый Урок

(4) To express *the passive voice*, especially when the subject is a thing, and when customary action or state of affairs is expressed.

В других газах **звук распространяется** с иной скоростью, чем в воздухе	In other gases sound is dispersed at a speed different from that in air
Эта единица **называется** ампер, в честь знаменитого французского физика Ампера	This unit is called an ampere, in honor of the famous French physicist Ampère

Notice that this construction is used when there is no specific agent indicated.

(5) In a number of *intransitive verbs* which end in **ся** without being either reciprocal, reflexive, or passive. To this group belong words like **начинаться**, to begin; **кончаться**, to finish; **смеяться**, to laugh; **заниматься**, to study.

Notice the difference between the usage of the intransitive verb with the reflexive ending and its corresponding transitive form.

Работа **начинается**	The work is beginning
Я **начинаю** работу	I am beginning work (or the job)
Опыт **кончился** успешно	The experiment ended successfully
Я кончил опыт	I finished the experiment

УПРАЖНЕНИЯ — EXERCISES

Give the third person singular and plural of the present and past imperfective tenses of the following verbs and translate.

встречаться, закрываться, получаться, называться, окисляться, соединяться, являться.

53. VERBS OF LEARNING.

Infinitive	учить—*to learn, teach*	учиться—*to learn, study*
Present Tense	я учу	я учусь
	ты учишь	ты учишься
	он, она, оно учит	он, она, оно учится
	мы учим	мы учимся
	вы учите	вы учитесь
	они учат	они учатся

Tenth Lesson

Past Tense учи́л (*m.*)   учи́лся
           учи́ла (*f.*)   учи́лась
           учи́ло (*n.*)   учи́лось
           учи́ли (*m., f.,* and учи́лись
             n. pl.)

Future Imperfective я бу́ду учи́ть, etc.   я бу́ду учи́ться, etc.

USES

Учи́ть—*to teach, to learn*

1. With the *accusative of a person*, **учи́ть** means "to teach [someone]."

Профе́ссор **у́чит студе́нта**   The professor teaches the student

2. With the *accusative of a thing* it means "to learn [something]."

Студе́нт **у́чит уро́к** хи́мии   The student is learning the chemistry lesson

3. When both the *person* taught and the *thing* taught are stated, the *person* is in the *accusative* and the *thing* is in the *dative*.

Профе́ссор **у́чит студе́нта**   The professor is teaching the
фи́зике   student physics

USES

Учи́ться—*to learn, to study*

With **учи́ться**, the subject or *thing studied* is rendered in the *dative*. **Учи́ться** is used:

1. In the *general sense* of studying a *subject* or *discipline*.

Я **учу́сь хи́мии**, а Петро́в   I am studying chemistry, while
у́чится астроно́мии   Petrov is studying astronomy

2. In the *general meaning*, without an object expressed.

Где вы **у́читесь**, в универ-   Where are you studying, at the
сите́те?   university?
Я **учу́сь** у профе́ссора Ива-   I am studying with Professor
но́ва.   Ivanov

54. THE REFLEXIVE PRONOUN, себя́. The reflexive pronoun, which in its shortened form is attached to verbs to make them reflexive, may also be used in its full form. By virtue of its role

Десятый Урок

(indicating that the action of the verb is directed back to the subject, or reflected back to the subject) this pronoun cannot have a nominative case. **Себя** may be applied to any gender, person and number, *always* referring back to the subject of the sentence.

FORMS OF **себя**, *of . . . self*

Nom.	—
Gen.	себя
Dat.	себе
Acc.	себя
Instr.	собой (-ою)
Prep.	о себе

EXAMPLES

Gen.	Он занимался **у себя**	He was studying at his own (place or home)
Dat.	Он достал **себе** аппарат	He obtained an apparatus for himself
Acc.	Посмотри **на себя**!	Look at yourself!
Prep.	Он много говорит **о себе**.	He talks a great deal about himself.

55. THE EMPHATIC PRONOUN сам. **Сам**, *self*, may be used for any person. Its function is primarily *to reinforce the identity of the noun or pronoun* with which it is teamed, and agrees in number, gender and case.

FORMS OF **сам**, *self*

	Masc.	*Fem.*	*Neuter*	*Plural, all genders*
Nom.	сам	сама	само	сами
Gen.	самого	самой	самого	самих
Dat.	самому	самой	самому	самим
Acc.	самого	самоё, саму	само	самих
Instr.	самим	самой (-ою)	самим	самими
Prep.	о самом	о самой	о самом	о самих

Nom.	Я **сам** это сделал	I did this myself
Dat.	Я дал ему **самому**	I gave it to him personally
Prep.	Он говорил **о самом** себе	He was talking about himself. (There is a great deal more emphasis on *his very self* here than in the last example of §54).

Also see Lesson 17.

VERBS OF LOCOMOTION

(See §57. For Perfective aspect...)

	To fly	To go (on foot)	To run
INDETERMINATE 1. → ← ← → 2. [loop] Repeated or habitual motion, or Motion in various directions, or 3. [there and back] Going somewhere and coming back	летáть [1] *Present* летáю летáешь летáют *Past* летáл, -ла, -ло, -ли *Imperative* летáй! летáйте!	ходи́ть [2] *Present* хожу́ хо́дишь хо́дят *Past* ходи́л, -ла, -ло, -ли *Imperative* ходи́! ходи́те!	бéгать [1] *Present* бéгаю бéгаешь бéгают *Past* бéгал, -ла, -ло, -ли *Imperative* бéгай! бéгайте!
DETERMINATE → Motion actually in progress, specific in direction or time, or both	летéть [2] *Present* лечу́ лети́шь летя́т *Past* летéл, -ла, -ло, -ли *Imperative* лети́! лети́те!	идти́ [1] *Present* иду́ идёшь иду́т *Past* шёл, шла, шло, шли *Imperative* иди́! иди́те!	(Irregular) бежáть *Present* бегу́ бежи́шь бегу́т *Past* бежáл, -ла, -ло, -ли *Imperative* беги́! беги́те!

Bracketed numbers indicate f...

Десятый Урок 79

perfective Aspect

se verbs see Lesson 13)

To go (by conveyance)	To carry	To carry (manually)	To lead (to conduct)
ездить [2]	возить [2]	носить [2]	водить [2]
Present	Present	Present	Present
жу	вожу́	ношу́	вожу́
дишь	во́зишь	но́сишь	во́дишь
дят	во́зят	но́сят	во́дят
Past	Past	Past	Past
дил, -ла, -ло, -ли	возил, -ла, -ло, -ли	носил, -ла, -ло, -ли	водил, -ла, -ло, -ли
Imperative	Imperative	Imperative	Imperative
ди!	вози́!	носи́!	води́!
дите!	вози́те!	носи́те!	води́те!
ехать [1]	везти́ [1]	нести́ [1]	вести́ [1]
Present	Present	Present	Present
у	везу́	несу́	веду́
ешь	везёшь	несёшь	ведёшь
ут	везу́т	несу́т	веду́т
Past	Past	Past	Past
ал, -ла, -ло, -ли	вёз, везла́, -ло, -ли	нёс, несла́, -ло, -ли	вёл, вела́, -ло, -ли
Imperative	Imperative	Imperative	Imperative
езжа́й!	вези́!	неси́!	веди́!
езжа́йте!	вези́те!	неси́те!	веди́те!
(regular)			

second conjugation of the verbs

56. THE RECIPROCAL PRONOUN, **друг дру́га**—*one another*.

Gen. and Acc.	друг дру́га	of one another, one another
Dat.	{друг дру́гу друг к дру́гу}	to one another
Instr.	друг с дру́гом	with one another
Prep.	друг о дру́ге	about one another

The first **друг**, standing in the subject position, *never changes*.
The second **друг** is in the case governed by its use in the sentence.

Gen.	Мы стоя́ли друг о́коло дру́га	We were standing by one another (*lit.* one by another)
Dat.	{Мы даём пода́рки друг дру́гу Мы идём друг к дру́гу}	We give presents to one another (*lit.* one to another) We are walking toward each other (*lit.* one toward the other)
Acc.	Мы ви́дим друг дру́га	We see each other
Instr.	Мы говори́м друг с дру́гом	We are conversing (*lit.* we are talking one with the other)
Prep.	Мы говори́ли друг о дру́ге	We spoke of each other (*lit.* we spoke one about the other)

57. VERBS OF LOCOMOTION. Certain verbs of locomotion in Russian have two forms in the *imperfect aspect* depending on whether they are more or less *definite* in terms of

1. *time* of the motion
2. *direction* of the motion
3. *both* in *time* and *direction* of the motion

This "more" or "less" definite nature of the verbs of motion has brought about a refinement *within* the *imperfective* aspect which is represented by the verbs

ходи́ть — идти́ (итти́)	to go on *foot*
е́здить — е́хать	to go in a *conveyance*

NOTE: The verbs for "going on foot" are *different* from those for "going in a conveyance".

Десятый Урок

INDETERMINATE FORM

(1) **ходи́ть/е́здить** indicate *coming and going often*, repeatedly, or merely ambling or *walking about*.

Она́ **хо́дит** в лаборато́рию ка́ждый день	She goes to the laboratory every day [on foot]
Она́ **е́здит** в лаборато́рию ка́ждый день	She goes to the laboratory every day [in a vehicle]
Он **хо́дит** по лаборато́рии	He wanders about the laboratory [on foot]

DETERMINATE FORM

(2) **Идти́** and **е́хать** mean "to go"
   (a) either in a specific *direction*, or
   (b) in a specific *time*, or
   (c) for a specific *time limit*.

Он **идёт** в лаборато́рию	He is going to the laboratory [on foot]
Он **е́дет** в лаборато́рию	He is going to the laboratory [by a conveyance]
Он **идёт** че́рез час	He is going in an hour [on foot]
Он **е́дет** че́рез час	He is going in an hour [in a conveyance]
Он **идёт** в лаборато́рию на час	He is going to the laboratory for an hour [on foot]
Он **е́дет** в лаборато́рию на час	He is going to the laboratory for an hour [in a conveyance]

The same principle applies to verbs of "carrying."

| **носи́ть — нести́** | to carry on a person, or by a person |
| **вози́ть — везти́** | to transport by a vehicle |

INDETERMINATE FORM

(1) To *carry about, often* or repeatedly; to wear; to indicate a *less definite action* of carrying, employ **носи́ть** and **вози́ть**:

Он **но́сит** фо́рму	He wears a uniform
Он **всегда́ но́сит** портфе́ль	He always carries an attaché case
Он **во́зит** пассажи́ров в геликопте́ре	He carries passengers in the helicopter

DETERMINATE FORM

(2) To carry in a *specific direction*, or at a specific *time*, or for a specific *period*, employ **нести** and **везти**:

Он **несёт** аппарат **в лабораторию физики**	He is carrying the apparatus to the physics laboratory
Он **везёт** самолёт **в ангар**	He is taking the airplane to the hangar

УПРАЖНЕ́НИЯ — EXERCISES

A. Translate into Russian:

1. The professor teaches the pilots how to use the aviation instruments.   2. The students themselves are building an apparatus in the laboratory.   3. Semenov used to study at the university.   4. What do the geologists find in the earth?   5. Many minerals are found in the earth.   6. The XX century is called the century of electricity.   7. The theory is proved by the experiment itself.   8. I used to talk to the professor himself.   9. How is this apparatus made?   10. Where are you going (by car) this evening?   11. He carried the books and papers himself, while the student carried the two apparatuses.   12. She would lead the students to the window herself and would show them the telescope.   13. They used to run around the park for exercise.   14. I do not like to run but I like to see how the students walk and run.   15. Here, many pilots learn to fly well.   16. Jet planes fly very rapidly while dirigibles fly slowly.

B. Read and translate the text in your field of interest; then tabulate all the nouns according to case (nominative, genitive, accusative, and instrumental) and explain why the particular case is used in the text.

AERONAUTICAL ENGINEERING

Авиацио́нные прибо́ры

(continued)

В тре́тью* гру́ппу вхо́дят прибо́ры, выполня́ющие* осо́бые* фу́нкции, и их нали́чие необяза́тельно на всех* ти́пах самолётов. Сюда́ отно́сятся: акселеро́метры (указа́тели ускоре́ний), указа́тели положе́ния шасси́, закры́лков и други́х* подвижны́х* дета́лей самолёта, термо́метр во́здуха, автопило́ты, автошту́рманы и пр. (etc.).

По при́нципу де́йствия авиацио́нные* прибо́ры разделя́ются на

* Adjective form.

Десятый Урок

манометрические,* механические,* гироскопические,* электрические,* смешанные.*

В группу манометрических* приборов, работающих* на принципе измерения давления или разности давлений, входят: высотомер, воздушной скорости, вариометр, манометры, указатель наддува, некоторые* типы термометров и измерителей количества горючего.

В группу гироскопических* приборов, конструкции которых основаны на принципе гироскопа, входят: авиагоризонт, указатель поворота, гирополукомпас и автопилот.

особый   special
их наличие   their presence
необязательно   not indispensable
  (*short form of adj.*)
сюда относятся   are pertinent here
указатели ускорений   speedometer
положение   position
шасси   chassis
закрылки   flaps (*aero.*)
другие подвижные детали   other movable details
давление   pressure

разность   difference
входить   to enter
некоторые   some
который   which
основаны   are based
гироскоп   gyroscope
вариометр   variometer, rate of climb indicator
указатель наддува   fuel pressure indicator
авиагоризонт   artificial horizon

BIOLOGY

Клетка и ткани

Строение клетки. Академик Т. Д. Лысенко рассматривает клетку как микроскопически малый* орган сложного* многоклеточного* организма.

Клетки очень различны* по своей форме, величине и свойствам. Даже в одной ткани, клетки могут отличаться друг от друга по строению и функциям. Но как бы сильно ни отличались различные* клетки, они всегда состоят из протоплазмы и ядра (рис. 1).

Протоплазма обладает весьма сложной* структурой (строением). При больших* увеличениях микроскопа в ней различают ячеистое,* зернистое,* сетчатое или волокнистое* строение. Под влиянием внешних* воздействий, а также химических* реакций, протекающих* внутри самой протоплазмы, эти структуры могут изменяться и переходить одна в другую; иногда в разных* частях клетки протоплазма имеет различную структуру.

Наружный* слой протоплазмы уплотнён и характеризуется особыми* физико-химическими* свойствами. Иногда он становится настолько плотным,* что его рассматривают как подобие оболочки.

* Adjective or adjective form.

Вообще́ же живо́тные* кле́тки в отли́чие от расти́тельных* лишены́ оболо́чек.

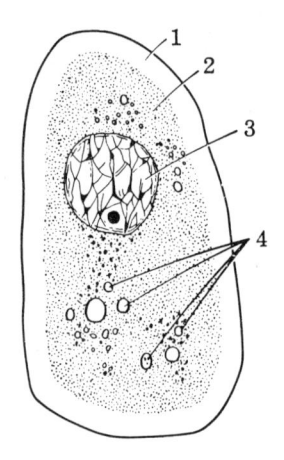

Рис. 5. Строе́ние живо́тной кле́тки: 1. нару́жный слой протопла́змы; 2. вну́тренний слой протопла́змы; 3. ядро́ с хромати́новой се́тью, глы́бками хромати́на и кру́глым я́дрышком; 4. разли́чные включе́ния в протопла́зму.

кле́тка   cell (*gen. pl. is* кле́ток)
ткань   tissue
строе́ние   structure
рассма́тривать   to examine
ма́лый   small
сло́жный   complex
многокле́точный   multicellular
по свое́й фо́рме   in its own form
величина́   size
сво́йство   property
да́же   even
отлича́ться   to differ
но как бы ... ни   no matter how ...
си́льно   strongly, sharply
всегда́   always
состоя́ть из   to be composed of
ядро́   nucleus
облада́ть   to possess (governs the instrumental case)
весьма́   exceedingly
сло́жный   complex
большо́й   large
увеличе́ние   magnification
в ней   in it
яче́истое, зерни́стое, се́тчатое   nuclear, granular, netlike
волокни́стое   fibrous
влия́ние   influence, effect

вне́шнее возде́йствие   external action
протека́ющих   taking place (*pres. act. part. gen. pl. from verb* протека́ть)
внутри́ само́й протопла́змы   within the protoplasm itself
измени́ться   to change
переходи́ть   to change, go into
иногда́   occasionally
часть   part
нару́жный   outer
слой   layer
уплотнён   from уплотня́ть   to reinforce (*past pass. part., shorter adjectival form of masc.; used here for present tense of the passive voice, of which the verb "to be" is omitted since the verb is in the present*)
осо́бый   special
станови́ться   to become
насто́лько   so, to such a degree
пло́тный   dense, thick
подо́бие   a kind of ...
оболо́чка   membrane
вообще́   in general
лишены́   deprived (*from* лиша́ть; *the structure here resembles that of* уплотнён *above*)

* Adjective or adjective form.

Десятый Урок

CHEMISTRY

Химические* формулы и уравнения

(continued)

Все эти затруднения отпали с принятием общеупотребительных* атомных* весов. Химики наконец нашли общий* язык. Действительно, установление простейшей формулы какого-либо соединения уже не представляло трудностей: нужно было только знать его процентный* состав [что можно было найти в результате химического* анализа] и атомные веса составляющих* элементов.
Соединение углерода с хлором имеет следующий* процентный* состав: 7,8% C, 92,2% Cl. Соответствующие* атомные* веса равны 12,0 и 35,5. Рассуждаем следующим* образом: если бы атомные* веса углерода и хлора были одинаковы,* то процентный* состав непосредственно выражал бы соотношение между числом атомов в молекуле. Мы однако знаем, что это не так. Чтобы найти искомое* соотношение, нужно следовательно учесть величины атомных* весов. Очевидно, что чем больше атомный* вес элемента, тем меньше будет относительное* число его атомов в молекуле при данном* процентном* составе соединения. Поэтому для нахождения чисел, характеризующих* относительное* содержание атомов каждого из элементов в молекуле соединения [атомных* факторов], нужно процентные* числа разделить на соответствующие атомные веса.

отпали   fell away (*from* отпадать)
общеупотребительный   generally used
веса   weights
нашли   found (*from* найти)
общий   common, general
язык   language
действительно   actually
установление   establishment
простейший   simplest
какого-либо   any
представлять   to present
трудность   difficulty
состав   composition
вес   weight
составлять   to compose, constitute
следующий   the following (*pres. act. part. used adjectivally*)
соответствующий   corresponding (*pres. act. part. used adjectivally*)

равны   equal
рассуждаем   we reason
если бы . . . "If . . . then . . ." (*introduces a contrary to fact condition*)
одинаковый   same (*a shortened form of this adj. is used in the text because it is in predicate position.*)
однако   however
искомое   sought after
соотношение   correlation
очевидно   apparently, obviously
характеризующий   characterizing (*pres. act. part. used adjectivally*)
относительный   relative
содержание   content

* Adjective or adjective form.

PHYSICS

Вóльтова* дугá

(*continued*)

Чтóбы получи́ть дугу́, нáдо присоедини́ть проводá к двум угля́м, привести́ их в соприкосновéние и пропусти́ть через у́гли ток в 1—12 ампéр при напряжении в 40—75 вольт. На концáх углéй вслéдствие плохóго* соприкосновéния получáется наибóльшее* сопротивлéние. Слéдовательно, на концáх угля́ полу́чится наибóльшее* выделéние теплá и нагревáние до высóкой* темератýры. От э́того нагревáния окружáющий* вóздух станóвится проводникóм. Éсли тепéрь нéсколько раздви́нуть у́гли оди́н от другóго, то ток не прекращáется и при раздви́нутых* угля́х. Развитие теплá станóвится настóлько больши́м,* что гáзы раскаля́ются, и мéжду концáми углéй образýется вы́гнутая* квéрху (при горизонтáльном* положéнии углéй) дугá из раскалённых* гáзов, в котóрой нóсятся и раскалённые* части́цы угля́, — э́то и есть вóльтова* дугá.

вóльтова дугá voltaic arc
чтóбы in order to
получи́ть to obtain (*perfective aspect*)
нáдо it is necessary
присоедини́ть to join (*perfective aspect*)
прóвод wire
к двум угля́м to the two carbons (*the* о *of* у́голь, *present in the nom. sing., is lost in all other cases*)
привести́ to bring
соприкосновéние contact
пропусти́ть to send through (*perfective*)
ток current
при напряжéнии at a potential, voltage
конéц end (*the* е *of* конéц, *present in the nom. sing., disappears in all other cases*)
вслéдствие as a result of
получáться to be obtained, to be had (*perfective*)
наибóльшее greatest
сопротивлéние resistance

слéдовательно consequently
выделéние emission
теплó heat
нагревáние the heating
высóкий high (*fem. gen. sing. is used in text*)
окружáющий surrounding (*act. pres. part. from the verb* окружáть)
вóздух air
проводни́к conductor
нéсколько somewhat
раздви́нуть to set apart, separate
прекращáться to cease
раздви́нутых separated
развитие development
настóлько so
большóй large
раскаля́ться to bring to red heat
образóвывать to form
вы́гнутый bent, arched (*past pass. part. of* вы́гнуть)
квéрху upward
положéние position
носи́ться to be borne
части́цы particles

* Adjective or adjective form.

ОДИ́ННАДЦАТЫЙ УРО́К
ELEVENTH LESSON

The Prepositional Case: Its Forms and Uses. The Future Tense. Personal Pronouns

58. THE PREPOSITIONAL CASE: FORMS.

SINGULAR NOUNS: The ending for the prepositional case is **e** for all nouns *except masculine* nouns ending in **ий**, *feminine* nouns terminating in **-ь, -ия**, and *neuter* nouns ending in **-ие**, which take the ending **-и**. See **крите́рий, жи́дкость, тео́рия, сокраще́ние** in the Chart in Appendix I.

(1) The *masculine singular* is formed thus:

consonant + **e**	мета́лл → о мета́лле*
-й → -е	слу́чай → о слу́чае
-ь → -е	слова́рь → о словаре́
-ий → -ии	крите́рий → о крите́рии

(2) The *feminine singular* is formed thus:

-а → -е	амальга́ма → об амальга́ме
-я → -е	ми́ля → о ми́ле
-ия → -ии	эмана́ция → об эмана́ции
-ь → -и	жи́дкость → о жи́дкости

(3) The *Neuter singular* is formed thus:

-о → -е	сло́во → о сло́ве
-е → -е	мо́ре → о мо́ре
-ие → -ии	зна́ние → о зна́нии

There are several short masculine words ending in a consonant like **мост** (bridge), **год** (year), and **сад** (garden) which take **у** in the prepositional case when they follow **в** or **на**.

в году́	in the year
на мосту́	on the bridge
в саду́	in the garden

* In declining a word, it is advisable to recite the prepositional case with a preposition. In this book we use **о** (about). Note that when **о** precedes a noun starting with a vowel it becomes **об** to avoid collision of the preposition and the initial vowel of the word it governs.

Угол (corner), loses the **о** in all the oblique cases and takes **у** instead of **е** in the *prepositional* case.

| в углу́ | in the corner |
| на углу́ | on the corner |

The same is true of **рот** (mouth)

| во рту́ | in the mouth |

PLURAL NOUNS. The ending is **-ах** or its soft counterpart **-ях** depending on whether the nominative singular of the noun governs a soft or a hard series of endings.

(1) The *masculine plural* is formed thus:

consonant + **ах**	мета́лл → о мета́лл**ах**
-й → **-ях**	слу́чай → о слу́ча**ях**
-ь → **-ях**	слова́рь → о словар**я́х**
-ий → **-иях**	крите́рий → о крите́р**иях**

(2) The *feminine plural* is formed thus:

-а → **-ах**	амальга́ма → об амальга́м**ах**
-я → **-ях**	ми́ля → о ми́л**ях**
-ия → **-иях**	эмана́ция → об эмана́ц**иях**
-ь → **-ях**,	жи́дкость → о жи́костя́х

(3) The *neuter plural* is formed thus:

-о → **-ах**	сло́во → о слов**а́х**
-е → **-ях**	мо́ре → о мор**я́х**
-ие → **-иях**	зна́ние → о зна́н**иях**

59. PREPOSITIONAL CASE: USES. As the name of the case indicates, it is always employed with certain prepositions.

(1) **О** or **об** (about *or* concerning) and **при** (upon *or* in the presence of) govern this case.

| Мы говори́м **о** мета́лле | We are talking about the metal |
| Мета́лл растворя́ется **при** нагрева́нии | The metal melts upon heating |

(2) The prepositional case is used to denote *location* or *state of rest*. **В** and **на** are the most frequent prepositions here. In Latin this function is performed by the comparable case called the ablative.

| Студе́нт рабо́тает **в** лаборато́рии | The student is working in the laboratory |
| Ко́лба лежи́т **на** столе́ | The flask is on the table |

Одиннадцатый Урок

NOTE: In these sentences *state of rest* is expressed. When the prepositions **в** and **на** mean *into* or *onto* and are employed with a verb of motion they govern the *accusative case*, as in Latin. For example:

| Студент идёт **в** лабораторию | The student is going into the laboratory |
| Он кладёт колбу **на** стол | He is putting the flask on the table |

60. REVIEW OF THE REGULAR NOUN DECLENSIONS.

MASCULINE.

| NOUN | атом | автомобиль | случай | критерий |
| STEM | атом | автомобил- | случа- | критер- |

SINGULAR

ENDINGS	HARD	SOFT	SOFT	SOFT
Nom.	атом	автомобиль	случай	критерий
Gen.	атома	автомобиля	случая	критерия
Dat.	атому	автомобилю	случаю	критерию
Acc.	атом	автомобиль	случай	критерий
Instr.	атомом	автомобилем	случаем	критерием
Prep.	об атоме	об автомобиле	о случае	о критерии

PLURAL

Nom.	атомы	автомобили	случаи	критерии
Gen.	атомов	автомобилей	случаев	критериев
Dat.	атомам	автомобилям	случаям	критериям
Acc.	атомы	автомобили	случаи	критерии
Instr.	атомами	автомобилями	случаями	критериями
Prep.	об атомах	об автомобилях	о случаях	о критериях

NEUTER

| NOUN | свойство | | поле | сокращение |
| STEM | свойств- | | пол- | сокращен- |

SINGULAR

ENDINGS	HARD		SOFT	SOFT
Nom.	свойство		поле	сокращение
Gen.	свойства		поля	сокращения
Dat.	свойству		полю	сокращению
Acc.	свойство		поле	сокращение
Inst.	свойством		полем	сокращением
Prep.	о свойстве		о поле	о сокращении

Eleventh Lesson

PLURAL

Nom.	свóйств**а**	пол**я́**	сокращéн**ия**
Gen.	свóйств	пол**éй**	сокращéн**ий**
Dat.	свóйств**ам**	пол**я́м**	сокращéн**иям**
Acc.	свóйств**а**	пол**я́**	сокращéн**ия**
Instr.	свóйств**ами**	пол**я́ми**	сокращéн**иями**
Prep.	о свóйств**ах**	о пол**я́х**	о сокращéн**иях**

FEMININE

NOUN	молéкула	жи́дкость	ми́ля	теóрия
STEM	молéкул-	жи́дкост-	ми́л-	теóр-

SINGULAR

ENDINGS	HARD	SOFT	SOFT	SOFT
Nom.	молéкул**а**	жи́дкост**ь**	ми́л**я**	теóр**ия**
Gen.	молéкул**ы**	жи́дкост**и**	ми́л**и**	теóр**ии**
Dat.	молéкул**е**	жи́дкост**и**	ми́л**е**	теóр**ии**
Acc.	молéкул**у**	жи́дкост**ь**	ми́л**ю**	теóр**ию**
Instr.	молéкул**ой (-ою)**	жи́дкост**ью**	ми́л**ей (-ею)**	теóр**ией (-ею)**
Prep.	о молéкул**е**	о жи́дкост**и**	о ми́л**е**	о теóр**ии**

PLURAL

Nom.	молéкул**ы**	жи́дкост**и**	ми́л**и**	теóр**ии**
Gen.	молéкул	жи́дкост**ей**	миль	теóр**ий**
Dat.	молéкул**ам**	жи́дкост**ям**	ми́л**ям**	теóр**иям**
Acc.	молéкул**ы**	жи́дкост**и**	ми́л**и**	теóр**ии**
Instr.	молéкул**ами**	жи́дкост**ями**	ми́л**ями**	теóр**иями**
Prep.	о молéкул**ах**	о жи́дкост**ях**	о ми́л**ях**	о теóр**иях**

61. NOTES.

(1) *Animate* masculine nouns have identical *accusative* and *genitive* endings, while *inanimate* masculine nouns have identical *accusative* and *nominative* endings.

(2) The *unstressed* instrumental ending **-ом** of masculine nouns becomes **-ем** when preceded by the sibilants ж, ч, ш, щ, ц: луч → лýчем.

(3) When *stressed*, masculine and neuter instrumental ending **-ем** becomes **-ём**: вождь → вождём. The same change from е to ё occurs in the neuter nominative and accusative singular.

(4) Masculine plural nominative and accusative of inanimate nouns that end in **-ы** change to **-и** when preceded by г, к, х, ж, ч, ш, щ *but not* ц: приёмники.

(5) After ж, ч, ш, щ the masculine genitive plural ends in -ей; after ц in -ев.

(6) The genitive singular and nominative and accusative plural of feminine nouns ending in -ы change to -и after г, к, х, ж, ч, ш, щ, but not after ц.

(7) Unstressed instrumental singular ending -ой (-ою) changes to -ей, -ею after ж, ч, ш, щ, ц.

(8) Animate feminine nouns have identical accusative and genitive endings in the plural.*

62. INTERROGATIVES. Где? — куда? Здесь — сюда Там — туда.

(1) **Где** means *Where* and inquires for the location of a thing or person.

Где книга?	Where is the book?
Книга на столе	The book is on the table

(2) **Здесь**, and also **тут**, means *here*, the location of a thing or person in a *state of rest*. It replies to the question *Where?*

Где книга? Книга здесь	Where is the book? The book is here

(3) **Там** means *there*, the location of a person or thing in a state of rest. Like **здесь**, it answers the question *Where? Где?*

Где книга? Книга там	Where is the book? It is there, yonder

(4) **Куда** means *where, where to*, or *whither* and inquires as to the *place to* which a person or thing *is going* or is directed.

Куда он идёт?	Where is he going?
Он идёт в лабораторию	He is going to the laboratory

(5) **Сюда** means *here, to this place*, and is usually employed with a verb of motion.

Куда он идёт? Он идёт сюда	Where is he going? He is coming here

(6) **Туда** means *there, to that place.* Like **сюда**, it is usually employed with a verb of motion.

Куда он идёт?	Where is he going?
Он идёт туда	He is going there (away from here)

---

* For this formulation of change patterns we are indebted to A. von Gronicka and H. Z. Bates, *Essentials of Russian*, New York, 1953, pp. 279-80.

63. FUTURE OF БЫТЬ. The future tense of **быть**, *to be*, has the following forms:

1st person	я бу́ду	I shall be	мы бу́дем	we shall be
2nd ,,	ты бу́дешь	you will be	вы бу́дете	you will be
3rd ,,	он, она́, оно́ бу́дет	he she, it will be.	они́ бу́дут	they will be

64. FUTURE IMPERFECTIVE: FORM. The future tense of the imperfective aspect is formed by the future of the verb *to be* and the infinitive of the verb desired. Hence the future of the verb **дели́ть** *divide* is:

я бу́ду дели́ть	I shall divide
ты бу́дешь дели́ть	you will divide
он, она́, оно́ бу́дет дели́ть	he, she, it will divide
мы бу́дем дели́ть	we shall divide
вы бу́дете дели́ть	you will divide
они́ бу́дут дели́ть	they will divide

65. FUTURE of *to have*.

(1) The future tense of *to have* is rendered by the future tense of the verb *to be* and **у** + the *genitive* case (for the possessor), while the thing possessed is in the nominative case, and determines the number of the verb.

| SINGULAR | У профе́ссора **бу́дет** аппара́т | The professor will have the apparatus |
| PLURAL | У хи́мика **бу́дут и** аппара́т и жи́дкость | The chemist will have both the apparatus and the liquid |

(2) The future tense *negative* of *to have* is *always* rendered by the neuter of the third person singular, and the thing possessed falls into the genitive case.

| У астроно́ма **не бу́дет** аппара́та | The astronomer will not have the apparatus |
| У фи́зика **не бу́дет ни** аппара́та ни жи́дкости | The physicist will not have either the apparatus or the liquid |

(3) To express *abstract possession*, the verb **име́ть** is used.

| Я **име́ю** пра́во | I have the right |

Одиннадцатый Урок

66. PERSONAL PRONOUNS. The declension of the personal pronouns is somewhat irregular. Note that the first and second person plural personal pronouns are declined similarly, only the first letter being different.

SINGULAR

CASE	я, I	ты, you (*fam.*)	он, he	она́, she	оно́, it
Nom.	я	ты	он	она́	оно́
Gen.	меня́	тебя́	его́	её	его́
Dat.	мне	тебе́	ему́	ей	ему́
Acc.	меня́	тебя́	его́	её	его́
Instr.	мной (мно́ю)	тобо́й (тобо́ю)	им	е́ю	им
Prep.	обо мне́	о тебе́	о нём	о ней	о нём

If the third person pronoun is preceded by a preposition, an **н** is prefixed to the above forms.

от него́, к нему́, с ним

PLURAL

CASE	мы, we	вы, you	они́, they
Nom.	мы	вы	они́
Gen.	нас	вас	их (о́коло них)
Dat.	нам	вам	им (к ним)
Acc.	нас	вас	их (на них)
Instr.	на́ми	ва́ми	и́ми (с ни́ми)
Prep.	о нас	о вас	о них

УПРАЖНЕ́НИЯ — EXERCISES

A. Translate into English:

1. Ну́жно найти́ вале́нтность в соедине́нии P_3O_5. 2. В моле́куле 2 а́тома фо́сфора. 3. Ну́жно определи́ть вале́нтность се́ры в се́рной кислоте́ (H_2SO_4). 4. Здесь мы зна́ем, что водоро́д вале́нтности 1, а кислоро́д вале́нтности 2. 5. В кислоте́ азо́та гру́ппа NO_3 соединя́ется с 1 а́томом водоро́да. 6. В кислоте́ се́ры гру́ппа SO_4 соединя́ется с 2 а́томами водоро́да.

B. Translate into Russian:

1. Where was the metal? It was on the table. 2. How many atoms are there in nitrogen dioxide? 3. Four grams of chromium were in the beaker. 4. They did not filter the water into the cylinder. 5. One cannot filter without paper. 6. The metal was inside the beaker. 7. The student reduced the metal from the oxide. 8. Carbon

dioxide was the gas for the experiment. 9. How much water was there in the flask? 10. The student distilled the liquid. 11. He avoided explosions. 12. We used to place the beaker on the table. 13. We were working in the laboratory. 14. The student has the right to go to the laboratory. 15. He cannot find an explanation (for) the reaction. 16. He will work a great deal and he will know chemistry. 17. Do you have the paper? 18. It is on the table by the apparatus.

C. Translate into Russian:

1. Now we shall talk about the application of electricity to industry. 2. They will explain the technology of heating. 3. I want to see how electrical электрические furnaces are built (*refl.*). 4. I asked the professor to explain the application of electricity to our problem. 5. We shall write an explanation of the theory for the assistant. 6. The student needs liquid air for the experiment. 7. It will be necessary to do the filtration under new (новыми) conditions. 8. He shall be writing an article one of these days (на днях). 9. You won't be seeing him often. 10. I shan't see her tomorrow because she will be working. 11. The apparatus was standing where Professor Petrov had put it.

Read and translate the text in your field of interest, then tabulate all the nouns in the genitive, instrumental, and prepositional cases and explain the reason for the case used.

AERONAUTICAL ENGINEERING

Авиационные* приборы

(*continued*)

Количество и типы авиационных* приборов на самолёте зависят от типа и назначения данного* самолёта. На современном* многомоторном* самолёте насчитывается до 58 различных* авиационных* приборов. Из этого количества 31 — приборы пилотажно-навигационной* группы и 27 — моторной* группы. Сравнительно малое* количество моторных* приборов, при наличии на самолёте 4 двигателей, объясняется применением комбинированных* моторных* приборов.

Применение авиационных* приборов на самолётах началось с первых* шагов развития авиации. Ещё в начале XX века создатели первого* в мире самолёта предусмотрели необходимость некоторых* авиационных* приборов на своём аэроплане (авиационного компаса, кренометра, указателя скорости и бомбардировочного* прицела).

* Adjective form.

Массовое* применение авиационных* приборов на самолётах началось в конце первой* мировой войны.

зависеть to depend (3rd pers. pl. is used in text)
назначение purpose
современный current, contemporary, modern
насчитыватся to be counted, reckoned (in a free translation one may say there are)
различный different
сравнительно comparatively
малое количество small number
при наличии in the presence of
применение application
комбинированный combined
с первых шагов from the first steps
развитие the development

ещё в even in
создатель the creator
предусмотреть to foresee (3rd pers. sing. of past tense is used in the text)
необходимость necessity
некоторые some
на своём on his own
кренометр bank indicator
бомбардировочный прицел bombing sight
массовое применение wholesale adoption
начинаться to begin (past tense is used in the text)
в конце at the end of
мировая война world war

BIOLOGY

Ядро

Ядро является важной* составной* частью клетки. Это доказывается тем, что клетки, искусственно лишённые ядра и состоящие из одной протоплазмы, оказываются нежизнеспособными.*

Каждая* клетка имеет обычно одно ядро, форма которого может быть различной*: шарообразной,* овальной,* палочковидной,* веретенообразной,* дольчатой* и т.д.

Ядро покрыто *оболочкой*, отграничивающей* его от протоплазмы. Под оболочкой лежат нити, которые, перекрещиваясь в различных* направлениях, образуют ядерную* сеть. В толще нитей лежат зёрнышки. Они состоят из хроматина — вещества, хорошо окрашивающегося* специальными* красками, и потому получили название *хроматиновых** *зёрен*. Ядерная* сеть состоит из *ахроматина*, т. е. неокрашивающегося* вещества. В сети или около неё может быть одно или несколько образований, получивших название *ядрышек*. Все промежутки ядерной сети заполнены *ядерным** *соком*.

Ядра разных* клеток отличаются друг от друга большим* или меньшим* развитием ядерной* сети и характером распределения хроматина.

* Adjective form.

ядро́ nucleus
явля́ться to appear, to be
ва́жной составно́й ча́стью important component part
дока́зывается is proved
иску́сственно artificially
лишённый deprived of (*past pass. part. of long adjectival form*)
состоя́щий consisting of (*pres. act. part. from* состоя́ть)
ока́зываться to be rendered, to turn out to be
нежизнеспосо́бный incapable of living, inviable
шарообра́зный spherical
палочкови́дный rodlike
веретенообра́зный spindle-shaped
до́льчатый lobelike
покры́то covered (*pass. past part. of short form of masc. used for passive*)
отграни́чивающий delimiting (*pres. act. part. used as adj.*)
лежа́ть to lie
нить thread, fiber

перекре́щиваясь criss-crossing (*gerund from* перекре́щиваться)
направле́ние direction
я́дерную сеть nuclear network (*the form here is accus. sing.*)
то́лща interstice
зёрнышко granule
вещество́ substance
хорошо́ well
окра́шивающегося dyed (*pres. act. part. accus. neut. refl. form derived from* окра́шиваться)
кра́ска dye
хромати́новых зёрен chromatin granules (*gen. pl.*)
неокра́шивающийся not colored
образова́ние formation
я́дрышко nucleolus
промежу́ток interval, space between
запо́лнен filled (*past pass. part., masc. short form used for the passive here*)
сок juice
распределе́ние distribution

CHEMISTRY

Фтор

Фтор встреча́ется на земно́й* пове́рхности исключи́тельно в ви́де соле́й. Из отде́льных* форм его́ приро́дных* скопле́ний наибо́лее ва́жен* минера́л флюори́т CaF_2. Поми́мо непосре́дственного применения при вы́плавке желе́за из руд (отсю́да и друго́е* его́ назва́ние — плавико́вый* шпат) минера́л э́тот слу́жит основны́м* исхо́дным* проду́ктом для получе́ния всех* други́х* соедине́ний фто́ра. Получе́ние фто́ра в свобо́дном* состоя́нии си́льно затруднено́ его́ исключи́тельно высо́кой реакцио́нной* спосо́бностью. Обы́чно оно́ осуществля́ется путём электро́лиза распла́вленных* соле́й, причём фтор выделя́ется на ано́де. Свобо́дный* фтор представля́ет собо́й почти́ бесцве́тный* газ с ре́зким* за́пахом. Под обы́чным* давле́нием фтор сгуща́ется в жи́дкость при $-188°$ и затвердева́ет при $-218°$. С хими́ческой* стороны́ фтор мо́жет быть охарактеризо́ван как одновале́нтный* металло́ид. Он са́мый* акти́вный из всех металло́идов. Уже́ при обы́чных* температу́рах фтор энерги́чно соединя́ется почти́ со все́ми* мета́ллами и с большинство́м металло́идов. Так вода́ разлага́ется им по схе́ме

$$F_2 + H_2O = 2HF + O_2$$

Одиннадцатый Урок

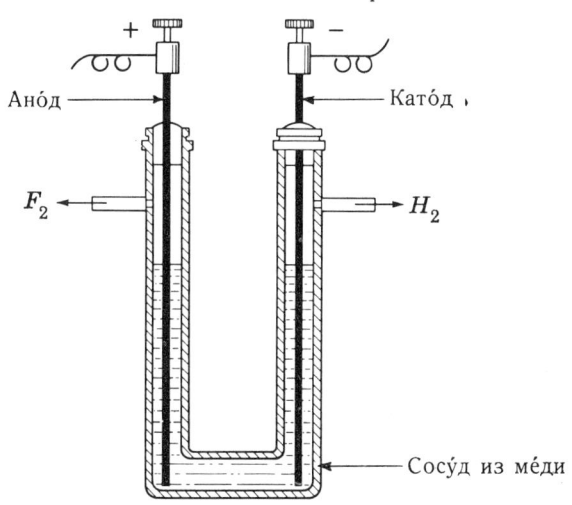

Рис. 6. Электролизер для получения фтора.

Помимо газообразного* кислорода при этой* реакции всегда образуется большее или меньшее количество озона, перекиси водорода и окиси фтора. Большое* практическое* применение имеет водородное* соединение фтора — фтористый* водород H_2F_2 и многие* производные последнего.

фтор fluorine
встречаться to be met
на земной поверхности on the earth's surface (*prep. case*)
исключительно exclusively
в виде in the form of
соль salt
отдельный different (*gen. pl. is used in the text*)
природный natural (*gen. pl. is used in the text*)
скопление deposits, accumulation
наиболее most
непосредственное применение direct application
помимо besides
выплавка железа iron smelting
руда ore
отсюда from this, hence
плавиковый шпат fluorspar, fluorite
служить to serve

основной исходный продукт basic source product
для получения всех других . . . for obtaining all other . . .
в свободном состоянии in free state (*prep. case*)
сильно greatly
затруднено made difficult (*past pass. part. used in the passive here*)
исключительно exclusively
высокий high (*instr. case is used in the text*)
способность ability
осуществляться to be realized
путём расплавленных солей by means of dissolved salts
причём whereupon
выделяется на аноде is deposited on the anode
представлять собой to present, to be

* Adjective or adjectival form.

Eleventh Lesson

бесцве́тный газ — colorless gas
с ре́зким за́пахом — sharp smell
сгуща́ться — to thicken
затвердева́ть — to solidify
сторона́ — side
са́мый — most
разлага́ться — to be decomposed

газообра́зный — gaseous, gas-bearing
образо́вываться — to be formed
бо́льшее и́ли ме́ньшее коли́чество — a greater or lesser quantity
примене́ние — application
произво́дные после́днего — derivatives of the latter

PHYSICS

Во́льтова дуга́

(continued)

Иссле́дования дуги́ показа́ли:

1. Положи́тельный* у́голь при постоя́нном* то́ке сгора́ет быстре́е отрица́тельного,* почему́ он до́лжен де́латься то́лще.*

2. На положи́тельном* угле́ сгора́ние идёт неравноме́рно в ра́зных* то́чках: середи́на сгора́ет быстре́е, отчего́ на нём образу́ется углубле́ние, называ́емое* кра́тером; отрица́тельный,* наоборо́т, при сгора́нии получа́ет заострённый* коне́ц.

3. Температу́ра кра́тера обы́чной во́льтовой* дуги́ с у́гольными* электро́дами в во́здухе — о́коло 4000°, отрица́тельного* у́гля — о́коло 3000°. В соотве́тствии с э́тим кра́тер излуча́ет 85%, отрица́тельный* у́голь 10%, сама́ дуга́ 5% всего́* све́та. Расхо́д эне́ргии в во́льтовой* дуге́ дохо́дит до 0,6 ва́тта на свечу́. (candle power)

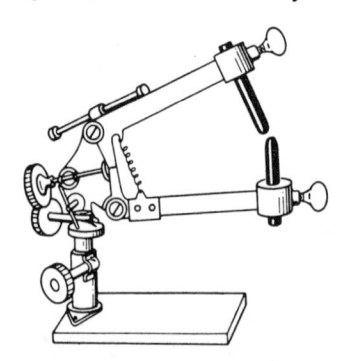

Рис. 7. Ручно́й регуля́тор во́льтовой дуги́.

4. Е́сли пропуска́ть переме́нный* ток че́рез у́гли, то сгора́ние происхо́дит равноме́рно.

5. Е́сли внутрь угле́й вставля́ть сте́ржни из прессо́ванных* соле́й ба́рия, стро́нция, ка́льция, то длина́ дуги́ при том же напряже́нии растёт, све́та получа́ется бо́льше (расхо́д 0,3 ватта на свечу́), возника́ет цветна́я* окра́ска: таки́е у́гли получи́ли назва́ние эффе́ктных.*

Что́бы дуга́ не прерыва́лась, необходи́мо постепе́нное сближе́ние угле́й по ме́ре сгора́ния. В фонаря́х для освеще́ния сближе́ние произво́дится автомати́ческим* регуля́тором.

* Adjective or adjectival form.

Одиннадцатый Урок

положительный positive
постоянный ток direct current
сгорать to burn up
толще thicker
неравномерно unevenly
точка point
середина middle
кратер crater
заострённый sharpened
обычный usual
излучать to emit, give off
свет light
расход consumption, use

если пропускать if one were to send through . . .
переменный ток alternating current
равномерно evenly
напряжение potential
цветная окраска coloration
прерываться to break
необходимо (it is) necessary
постепенное gradual
сближение bringing together
фонарь lamp
освещение illumination
регулятор regulator

ДВЕНА́ДЦАТЫЙ УРО́К

TWELFTH LESSON

Adjective Forms: Nominative and Accusative, Singular and Plural

67. THE ADJECTIVE: AGREEMENT. A Russian adjective agrees with the noun it modifies in gender (masculine, feminine, or neuter), number (singular or plural) and case (nominative, genitive, dative, etc.). Below is the complete declension of the most numerous adjective categories.

68. DECLENSION OF THE ADJECTIVE (ATTRIBUTIVE).

Но́вый, *new*

	SINGULAR			PLURAL
	MASCULINE	FEMININE	NEUTER	ALL GENDERS
Nom.	но́в-**ый**	но́в-**ая**	но́в-**ое**	но́в-**ые**
Gen.	но́в-**ого**	но́в-**ой**	но́в-**ого**	но́в-**ых**
Dat.	но́в-**ому**	но́в-**ой**	но́в-**ому**	но́в-**ым**
Acc.	like nom. or gen.*	но́в-**ую**	like nom.	like nom. or gen.*
Instr.	но́в-**ым**	но́в-**ой (-ою)**	но́в-**ым**	но́в-**ыми**
Prep.	о но́в-**ом**	о но́в-**ой**	о но́в-**ом**	о но́в-**ых**

Дорого́й, *dear, expensive*

Nom.	дорог-**о́й**	дорог-**а́я**	дорог-**о́е**	дорог-**и́е**
Gen.	дорог-**о́го**	дорог-**о́й**	дорог-**о́го**	дорог-**и́х**
Dat.	дорог-**о́му**	дорог-**о́й**	дорог-**о́му**	дорог-**и́м**
Acc.	like nom. or gen.*	дорог-**у́ю**	like nom.	like nom. or gen.*
Instr.	дорог-**и́м**	дорог-**о́й (-о́ю)**	дорог-**и́м**	дорог-**и́ми**
Prep.	о дорог-**о́м**	о дорог-**о́й**	о дорог-**о́м**	о дорог-**и́х**

* Depending on whether the noun modified is animate or not.

Синий, *blue*

Nom.	син-**ий**	син-**яя**	син-**ее**	син-**ие**
Gen.	син-**его**	син-**ей**	син-**его**	син-**их**
Dat.	син-**ему**	син-**ей**	син-**ему**	син-**им**
Acc.	like nom. or gen.*	син-**юю**	like nom.	like nom. or gen.*
Instr.	син-**им**	син-**ей** (-ею)	син-**им**	син-**ими**
Prep.	о син-**ем**	о син-**ей**	о син-**ем**	о син-**их**

69. THE ADJECTIVE: FORM. As with nouns and verbs, each form of the adjective consists of a *stem* and a specific *ending*.

(1) The stem here is found by removing the last two letters of the masculine singular, nominative:*

> норма́льный, the stem is норма́льн-
> жи́дкий, the stem is жи́дк-
> большо́й the stem is больш-

(2) Endings: Adjectives with stress on the root vowel fall into two declensions—the hard and the soft, depending on the nature of the next to the last vowel of the masculine singular ending.

   (a) The *masculine* hard ending is **-ый**, as in норма́льный, and its soft counterpart is **-ий**, as in после́дний.
   (b) The *feminine* endings are **-ая** and the corresponding soft ending **-яя**.
   (c) The *neuter* endings are **-ое** and the soft equivalent **-ее**.

NOTE: This general classification is modified under the influence of certain gutturals and sibilants, as we have already seen in the case of nouns and verbs.

(3) Adjectives with stress on the ending have the following terminations: **-ой** (*m.*), **-а́я** (*f.*), **-о́е** (*n.*), **ы́е** (*pl.*).

70. BASIC TYPES OF NOMINATIVE ENDINGS OF ADJECTIVES.

(1) Adjectives bearing the stress on the root vowel and whose endings begin with a hard vowel **ы**:

> норма́ль**ный** норма́ль**ная** норма́ль**ное** норма́ль**ные**
> (normal)

---

* Depending on whether the noun modified is animate or not.

Twelfth Lesson

(2) Adjectives (with stress on the root vowel) whose stems end in the guttural **г, к, х**:

    жи́дк**ий**   жи́дк**ая**   жи́дк**ое**   жи́дк**ие**   (liquid)

(3) Adjectives (with stress on the root vowel) whose stems end in sibilants **ж, ч, ш, щ**:

    хоро́ш**ий**   хоро́ш**ая**   хоро́ш**ее**   хоро́ш**ие**   (good)

(4) Adjectives (with stress on the root vowel) whose ending is the soft **-ний** in the masculine singular:

    после́дн**ий**   после́дн**яя**   после́дн**ее**   после́дн**ие**   (last)

(5) Adjectives bearing the stress on the ending:

    больш**о́й**   больш**а́я**   больш**о́е**   больш**и́е**   (large, big)

71. THE ACCUSATIVE CASE OF ADJECTIVES.

(I) SINGULAR

    (a) *Masculine*: If the noun is inanimate the accusative is the *same as the nominative*.*

    (b) *Feminine*: The ending **-ую** and its soft equivalent **-юю** are used:

Nom. Sing.	*Accus. Sing.*	
норма́льная температу́ра	норма́льную температу́ру	normal temperature
лёгкая рабо́та	лёгкую рабо́ту	light work
хоро́шая ка́мера	хоро́шую ка́меру	good chamber
после́дняя бума́га	после́днюю бума́гу	last paper
больша́я ко́лба	большу́ю ко́лбу	large beaker

    (c) *Neuter*: The accusative is the *same as the nominative*:

Nom. Sing.	*Accus. Sing.*	
норма́льное нагрева́ние	норма́льное нагрева́ние	normal heating
лёгкое нагрева́ние	лёгкое нагрева́ние	light heating
хоро́шее сло́во	хоро́шее сло́во	good word
после́дний слу́чай	после́дний слу́чай	last occasion
большо́е мо́ре	большо́е мо́ре	large sea

(2) PLURAL: The accusative is the *same as nominative* if the noun modified is *inanimate*.

* If the noun modified is animate and masculine, the endings in the accusative are like the genitive: e.g., хоро́ший студе́нт — хоро́шего студе́нта.

Двенадцатый Урок

Nom. Pl.	Accus. Pl.	Inanimate Nouns
нормальные результаты	нормальные результаты	m., normal results
лёгкие работы	лёгкие работы	f., easy works
хорошие слова	хорошие слова	n., good words
последние анализы	последние анализы	m., last analyses
большие столы	большие столы	n., large tables

BUT

		Animate Nouns
хорошие учёные	хороших учёных	good scholars
последние студенты	последних студентов	last students
большие работники	больших работников	big workers

УПРАЖНЕНИЯ — EXERCISES

A. Indicate the soft and hard endings of the adjectives given below. Give the reasons for the use of the soft endings:

1. Ракетный самолёт. 2. Хорошие ясные дни. 3. Большое авиационное поле. 4. Зелёный стол. 5. Новые американские города. 6. Большая зелёная книга. 7. Новый химический прибор. 8. Положительный уголь. 9. Ясная дуга. 10. Химические соединения. 11. Свободный фтор. 12. Большое развитие.

B. Fill in the blank spaces below with suitable adjectives. Make these adjectives agree with the nouns in gender and number. Underline the "hard" endings of the adjectives (EXAMPLE: большой город):

... самолёт, ... город, ... растения, ... студенты, ... книги, ... опыт, ... воздух, ... инструменты, ... профессора, ... окраска, ... день, ... приборы.

ADJECTIVES: большой, ясный, хороший, зелёный, важный, химический, астрономический, новый, дорогой, цветной, интересный, третий, критический (critical).

C. Translate into Russian:

1. We studied the motor instruments on the airplane. 2. Aviation instruments are very critical. 3. Atomic energy was discussed [*use a reflexive here*] at the conference in Geneva. 4. This new blue book is interesting. 5. The large green book was on the table yesterday. 6. New American planes are flying over the city. 7. An important component part of the cell is the nucleus. 8. The blue substance in the beaker is a chemical compound. 9. You know that the positive

carbon burns up quickly (быстро). 10. Here are the new American machines and instruments.

D. Give the meaning of the following words and then their four accusative forms (*m. f., n., sing. and the pl.*):

периоди́ческий, а́томный, жи́дкий, крити́ческий, лёгкий, норма́льный, экзотерми́ческий, хромати́новый, я́дерный, разли́чный

E. Review the ordinal numerals that you have learned thus far.

F. Select all the adjectives from your reading text in this lesson, identify the case, gender and number of each, and give the reason for the case used in the sentence.

AERONAUTICAL ENGINEERING
Авиацио́нный дви́гатель

Автома́тика авиацио́нного дви́гателя слу́жит для разгру́зки лётчика от управле́ния дви́гателем в полёте. Рабо́та автома́тов совреме́нного поршнево́го авиацио́нного дви́гателя отлича́ется большо́й сло́жностью: число́ оборо́тов авиацио́нного дви́гателя должно́ подде́рживаться на ка́ждом режи́ме полёта постоя́нным, незави́симо от высоты́ и ско́рости. Давле́ние во́здуха во вса́сывающих тру́бах не должно́ превосходи́ть устано́вленного ма́ксимума, соста́в то́пливо-возду́шной сме́си до́лжен сохраня́ться постоя́нным, незави́симо от высоты́ полёта, и соотве́тствовать да́нному режи́му рабо́ты авиацио́нного дви́гателя и т.д.

Турби́нные авиацио́нные дви́гатели та́кже оснаща́ются автомати́ческими устро́йствами, подде́рживающими постоя́нное число́ оборо́тов с по́мощью автома́та дозиро́вки то́плива, рабо́тающего по при́нципу центробе́жного регуля́тора. Для того́, что́бы температу́ра пе́ред турби́нными лопа́тками не превыша́ла максима́льно допусти́мой величины́, при за́пуске и набо́ре оборо́тов применя́ются осо́бые автомати́ческие устро́йства, рабо́тающие от давле́ния во́здуха за компре́ссором, ограни́чивающие пода́чу то́плива в ка́меру сгора́ния. Все автомати́ческие прибо́ры объединены́ в еди́ную систе́му автомати́ческого управле́ния турби́нного дви́гателя.

автома́тика automation	разгру́зка freeing, unloading (*noun*)
дви́гатель engine, motor, driving force, propulsion	управле́ние handling, operation, running, control, regulation
служи́ть to serve	в полёте in flight

Двенадцатый Урок

поршневой авиационный двигатель piston aviation engine
сложность complexity
число number
оборот revolution
поддерживаться to be maintained
постоянный constant
независимо independently
давление pressure
воздух air
всасывающий intake suction (*pres. act. participle used adjectivally*) intake manifold
превосходить to surpass, exceed
установленный established (*past pass. participle used adjectivally*)
сохраняться to be preserved
постоянный constant
соответствовать to correspond
оснащивать to rig, fit out
устройство installation
помощь help
дозировка dosing, dosage, measuring out
топливо fuel
турбинные лопатки turbine blades
центробежный centrifugal
превышать surpass
допустимый permissable
работающий working (*pres. act. part.*)
набор оборотов acceleration
ограничивающий limiting
камера сгорания combustion chamber

BIOLOGY

Химический состав

Клетка состоит из очень сложных, содержащих углерод соединений, которые обычно называются *органическими веществами*, так как характерны для живых организмов. Эти соединения делятся на три группы: белки, жиры и углеводы.

Примером *белковых* соединений может служить белок куриного яйца. Белки — самые сложные из известных науке химических соединений. Они состоят из углерода, водорода, кислорода, азота, серы; могут включать в себя и некоторые другие элементы. Молекулярный вес одного из белков крови (гемоглобина) определяется в 65–68 тысяч, т. е. молекула его содержит тысячи атомов. Белки образуют основную и важнейшую часть клеток живого организма.

Примеры *жиров* общеизвестны (сливочное масло, свиное сало, бараний жир и т.д.). Эти соединения состоят из углерода, водорода и кислорода.

К *углеводам* относятся крахмал и сахар. Как и жиры, они состоят из углерода, водорода и кислорода, но в молекулах их, как и в молекулах воды, количество атомов водорода всегда вдвое больше, чем кислорода (виноградный сахар — $C_6H_{12}O_6$, свекловичный сахар — $C_{12}H_{22}O_{11}$). Отсюда происходит название этих соединений — углеводы.

В отличие от углеводов в состав жиров водород и кислород могут входить в различных соотношениях. Жиры и углеводы отличаются от белков тем, что не содержат в своём составе азота, поэтому их часто называют безазотистыми соединениями.

Органические вещества характеризуются большой сложностью своих молекул, но последние состоят из тех же элементов, которые имеются и в неживой природе. В организме нет элементов, которые отсутствовали бы в неорганических соединениях. Элементарный состав природы как живой, так и неживой, — един. Из этого можно сделать вывод, что сложные органические вещества первого живого существа образовались из соединений неживой природы. Иными словами это можно выразить так: живое произошло из неживого.

Органические соединения, образующие клетку, находятся в ней в виде коллоидных растворов.

сложный complex
содержащий containing (*pres. act. part. of verb* содержать)
белок (*gen. s.*, белка) protein
жир fat
углеводы carbohydrates
белковой protein (*gen. pl. adj.*)
служить to serve
куриное яйцо chicken egg
известный known
наука science
включать в себе to include
некоторый some
кровь blood
определяться to be determined
содержать to contain
тысячи thousands
важнейшая часть the most important part (*the accus. pl. is used in the text*)
общеизвестный generally known

сливочное масло butter
свиное сало lard
бараний жир lamb fat
относиться to refer to, belong
крахмал starch
сахар sugar
количество amount, number
вдвое больше чем twice as great as . . .
виноградный сахар grape sugar
свекловичный сахар beet sugar
в отличие от as distinct from
входить to enter
соотношение correlation
последний last
имеются are had
неживая природа inanimate nature
сделать вывод to deduce
иными словами in other words
выразить to express
раствор solution

CHEMISTRY

Фтор

(*continued*)

Техническое получение фтористого водорода основано на взаимодействии при нагревании CaF_2 концентрированной серной кислотой по реакции

$$CaF_2 + H_2SO_4 = CaSO_4 + 2HF \uparrow$$

Фтористый водород бесцветен и обладает резким запахом. Температура его кипения равна 19,6, затвердевает он лишь при $-83°$. В

Двенадцатый Урок

жи́дком состоя́нии фто́ристый водоро́д представля́ет собо́й бесцве́тную подви́жную жи́дкость, уд. ве́са 0,99, кото́рая почти́ не прово́дит электри́ческий ток. Хими́ческие сво́йства фто́ристого водоро́да суще́ственно зави́сят от отсу́тствия и́ли нали́чия воды́. Соверше́нно сухо́й фто́ристый водоро́д не де́йствует на большинство́ мета́ллов. Он та́кже не реаги́рует с о́кислами мета́ллов. Одна́ко е́сли после́дняя реа́кция хотя́ бы в ничто́жной сте́пени начнётся, то да́льше она́ не́которое вре́мя идёт с самоускоре́нием, так как в результа́те взаимоде́йствия по схе́ме

$$H_2F_2 + MO = H_2O + MF_2$$

коли́чество воды́ увели́чивается. Осо́бенно ва́жно взаимоде́йствие его́ с двуо́кисью кре́мния SiO_2 (песо́к, кварц) потому́ что после́дняя вхо́дит в соста́в стекла́. Реа́кция идёт с образова́нием газообра́зного фто́ристого кре́мния и воды́

$$SiO_2 + 2H_2F_2 = SiF_4 \uparrow + 2H_2O$$

Поэ́тому нельзя́ фто́ристый водоро́д получа́ть и сохраня́ть в стекля́ных сосу́дах.

техни́ческое получе́ние industrial production
осно́вано founded (*from the verb* осно́вать, "to found." *past pass. part. neut. used in passive voice construction*)
взаимоде́йствие interaction
при нагрева́нии upon heating
концентри́рованный concentrated (*from the verb* концентри́ровать, "to concentrate," *past pass. part, masc. gender used adjectivally*)
при реа́кции according to the reaction
облада́ть to possess
кипе́ние boiling
равна́ is equal
состоя́ние state
подви́жную mobile
уде́льный вес specific gravity
почти́ almost
проводи́ть to conduct
ток current
сво́йство property
суще́ственно essentially
зави́сеть to depend

отсу́тствие absence
нали́чие presence
соверше́нно completely
сухо́й dry
де́йствовать to act
большинство́ the majority, greater part
реаги́ровать to react
одна́ко however
после́дняя реа́кция the latter reaction
хотя́ бы . . . то even if . . .
в ничто́жной сте́пени in insignificant degree
начнётся will begin (*perfective*)
то да́льше the further
не́которое вре́мя for some time
самоускоре́ние auto-acceleration
увели́чиваться to increase
осо́бенно especially
ва́жно important
песо́к sand
стекло́ glass
образова́ние formation
сохраня́ть to store
сосу́д vessel

PHYSICS

Вóльтова дугá

(continued)

Вóльтова дугá, образóванная при осóбых услóвиях, далá возмóжность достúгнуть óчень высóкой температýры. В 1915 г. Луммеру удалóсь образовáть дугý в водорóдной средé под давлéнием в 22 атмосфéры. Тогдá яркость дугú увелúчилась в 18 раз сравнúтельно с нормáльной, а температýра достúгла (по вычислéниям) 7500°. При этих услóвиях ýголь благодаря высóкому давлéнию плáвился, а не переходúл срáзу в парообрáзное состояние, как при нормáльном давлéнии.

Электрúческие пéчи. Вторáя óбласть применéния тепловóго дéйствия электрúческого тóка — тéхника нагревáния. Не останáвливаясь на электрúческих нагревáтельных прибóрах домáшнего обихóда, обратúмся к электрúческим нагревáтельным устанóвкам производственного харáктера.

Электрúческие пéчи устрáиваются трёх вúдов: пéчи сопротивлéния, пéчи дуговы́е и индукциóнные. Пéрвые испóльзуют теплó, образýющееся в проводникáх по закóну Джóуля-Лéнца. Вторы́е испóльзуют теплó, даваемое вóльтовой дугóй. Прúнцип дéйствия индукциóнных печéй бýдет вы́яснен позже.

Электрúческие пéчи применяются для нагрéва обрабáтываемых предмéтов и плáвки.

В металлопромы́шленности они применяются для закáлки стáли, цементúрования, на монéтных дворáх — для плáвки метáллов, в керамúческой и стекóльной промы́шленности — для эмалировáния, обжигáния издéлий, плáвки стеклá.

Пéчи для нагрéва заключáют ряд вертикáльных стéржней из полупроводникóв, улóженных в глубóкие впáдины и нагревáемых электрúческим тóком.

образóванная   formed (*from the verb* образовáть, *past pass. part. fem. used adjectivally*)
осóбый   special
достúгнуть   to reach, attain (*perfective*)
удавáться   to succeed
средá   medium
яркость   brightness
увелúчиваться   to increase
сравнúтельно   as compared to
благодаря   thanks to

плáвиться   to melt, fuse
парообрáзный   vaporous
печь   furnace
óбласть   area
тепловóй   heat (*adj.*)
останáвливаться   to stop
нагревáтельный   heating (*adj.*)
прибóр   equipment
домáшний обихóд   domestic usage
обратúться   to turn to (*1st pers. pl. of the fut. perfective is used in the text as a hortatory* "Let us turn to . . .")

Двена́дцатый Уро́к

устано́вка installation
произво́дственного of industrial
сопротивле́ние resistance
дугов́ые arc (*nom. pl. is used in the text*)
проводни́к conductor
дава́емое given (*from the verb* дава́ть, *pres. pass. part.*)
по́зже later
обраба́тываемый annealed, worked (*pres. pass. part. of the verb* обраба́тывать)

предме́т object
пла́вка smelting, melting
зака́лка tempering (*nom.*)
моне́тный двор mint
ряд series
сте́ржень rod
полупроводни́к semiconductor
уло́женный placed (*pres. pass. part. of the verb* уложи́ть)
впа́дина indentation
нагрева́емый heated (*pres. pass. part of the verb* нагрева́ть)

VERBS OF LOCOMOTIO[N]

(For the Imperfective Aspect)

	To fly	To go (on foot)	To run
1. → ← → ← Repeated or habitual motion	полета́ть [1] Future полета́ю полета́ешь полета́ют	сходи́ть [2] Future схожу́ схо́дишь схо́дят	сбе́гать [1] Future сбе́гаю сбе́гаешь сбе́гают
2. Motion in various directions	Past полета́л, -ла, -ло, -ли	Past сходи́л, -ла, -ло, -ли	Past сбе́гал, -ла, -ло, -ли
3. Going somewhere and coming back	Imperative полета́й! полета́йте!	Imperative сходи́! сходи́те!	Imperative сбе́гай! сбе́гайте!
→ Motion actually in progress specific in direction or time or specific both in time and direction	полете́ть [2] Future полечу́ полети́шь полетя́т Past полете́л, -ла, -ло, -ли Imperative полети́! полети́те!	пойти́ [1] Future пойду́ пойдёшь пойду́т Past пошёл, пошла́, -ло́, -ли́ Imperative пойди́! пойди́те!	пробежа́ть [2] Future пробегу́ пробежи́шь пробегу́т Past пробежа́л, -ла, -ли Imperative пробеги́! пробеги́те!

Bracketed numbers indicate f[...]

rfective Aspect
se verbs see Lesson 10)

To go (by conveyance)	To carry (manually)	To carry (manually)	To lead, to conduct
съе́здить [2]	свози́ть [2]	пноси́ть [2]	поводи́ть [2]
Future	Future	Future	Future
е́зжу	свожу́	поношу́	повожу́
е́здишь	сво́зишь	поно́сишь	пово́дишь
е́здят	сво́зят	поно́сят	пово́дят
Past	Past	Past	Past
е́здил, -ла, -ло, -ли	свози́л, -ла, -ло, -ли	પноси́л, -ла, -ло, -ли	поводи́л, -ла, -ло, -ли
Imperative	Imperative	Imperative	Imperative
е́зди!	свози́!	поноси́!	поводи́!
е́здите!	свози́те!	поноси́те!	поводи́те!
пое́хать [1]	повезти́ [1]	понести́ [1]	повести́ [1]
Future	Future	Future	Future
е́ду	повезу́	понесу́	поведу́
е́дешь	повезёшь	понесёшь	поведёшь
е́дут	повезу́т	понесу́т	поведу́т
Past	Past	Past	Past
е́хал, -ла, -ло, ли	повёз, -ла́, -ло́, -ли́	понёс, -ла́, -ло́, -ли́	повёл, повела́, -ло́, -ли́
Imperative	Imperative	Imperative	Imperative
езжа́й!	повези́!	понеси́!	поведи́!
езжа́йте	повези́те!	понеси́те!	поведи́те!

second conjugation of the verbs

ТРИНА́ДЦАТЫЙ УРО́К

THIRTEENTH LESSON

The Perfective Aspect. Adjective Declension of Possessive Pronoun Adjectives

72. THE PERFECTIVE ASPECT. Heretofore we have been dealing with the imperfective aspect in the past, present, and future tenses. This aspect, it will be recalled, is used to indicate repetitive action, or duration of a state, condition, or action. Russian does not have separate progressive tenses as such; their function is *at all times* fulfilled by the imperfective. Now we come to the aspect that is comparable in the past to our simple past or preterite in Spanish. This aspect, used in Russian for the future as well as for the past, is often for narration. It stresses the completion of past acts or states, or single units of actions or states in the future. By its very nature this aspect cannot have a present because anything in progress is not perfected; hence no perfective is possible in current time. This aspect does have a form that resembles the present tense of the imperfective, but its function is in future time, i.e., it is the future tense of the perfective aspect.

73. USES OF THE PERFECTIVE ASPECT. The perfective is used:

(1) To indicate the *simple past* or *future*.

Хи́мик вошёл в библиоте́ку	The chemist went into the library
Хи́мик войдёт в библиоте́ку за́втра	The chemist will go into the library tomorrow
Он закры́л дверь	He closed the door
Он закро́ет дверь сейча́с же	He will close the door at once.

(2) To record a *series of past acts*, if the series is taken as a completed whole.

Он меня́ обману́л два́жды — He deceived me twice

Distinguish from:

Он меня́ обма́нывал — He used to deceive me

74. FORMS OF THE PERFECTIVE. The two aspects of the verb are usually very similar in appearance, being as a rule closely related forms. The perfective is formed by one of the following methods.

(1) By adding a prefix to the imperfective. Most common are **по-, на-, с-, про-,** and **у-**.

   (a) **По**:

| идти́, итти́ | пойти́: | to go |
| проси́ть | попроси́ть | to ask or request |

(Not to be confused with спроси́ть which means "to ask" in the sense of inquiring for information.)

рабо́тать	порабо́тать	to work
смотре́ть	посмотре́ть	to look at, regard
сове́товать	посове́товать	to advise
чита́ть	почита́ть: *see also* (d)	to read for a while, do a little reading
е́хать	пое́хать	to ride

   (b) **На**:

| писа́ть | написа́ть | to write |

   (c) **С**:

| де́лать | сде́лать | to do |
| уме́ть | суме́ть | to be able |

Уме́ть has the sense of *to know how* and must not be confused with the word **мочь**, which generally means *to be able* in the sense of physically or temporally able. E.g., I am able to read (meaning I know how), but I am unable to do it now (because I am in a hurry). Cf. French *savoir* and *pouvoir*.

   (d) **Про**:

фильтрова́ть	профильтрова́ть	to filter
дистилли́ровать	продистилли́ровать	to distill
чита́ть	{ прочита́ть прочесть	to read (to the end)

   (e) **У**:

знать	узна́ть	to know, to find out
ви́деть	уви́деть	to see
слы́шать	услы́шать	to hear

(2) By changing the conjugation from the first to the second, that is changing the vowels of the infinitive endings from **а** or **я** to **и**.

изуча́ть	изучи́ть	to study
объясня́ть	объясни́ть	to explain
означа́ть	озна́чить	to signify
получа́ть	получи́ть	to receive
позволя́ть	позво́лить	to permit

(3) By deleting a syllable.

встава́ть	встать: вста́ну, вста́нешь	to rise
дава́ть	дать: дам, дашь, даст дади́м, дади́те, даду́т	to give
закрыва́ть	закры́ть: закро́ю, закро́ешь	to close
открыва́ть	откры́ть: откро́ю откро́ешь	to open
начина́ть	нача́ть: начну́, начнёшь, начнёт	to begin
понима́ть	поня́ть: пойму́, поймёшь	to understand

(4) By an irregular formation.

брать	взять: возьму́, возьмёшь	to take
говори́ть	сказа́ть: скажу́, ска́жешь	to talk, say, tell
ждать	подожда́ть: подожду́, подождёшь	to wait
класть	положи́ть: положу́, поло́жишь	to lay
носи́ть	понести́: понесу́, понесёшь	to carry
переводи́ть	перевести́: переведу́, переведёшь	to translate
спра́шивать*	спроси́ть: спрошу́, спро́сишь	to ask, inquire

The verb говори́ть, in this group has *two* perfectives:

сказа́ть means "to tell, say, relate, convey a brief message" and is used in the past or the future.

поговори́ть means "to have chat, a talk."

These must be differentiated from расска́зывать, расска́зть which means "to tell a long story or a lengthy message."

* The vowel shift from a to o is quite frequent in cases such as this, and so is the shift of с to ш. Note the first person singular form спрошу́ from спроси́ть.

Тринадцатый Урок

In some cases, where there may be some difficulty for the student, we have indicated not only the infinitive, but also the first and second person singular. Although there is no occasion for using the second person singular in technical literature, its form is a key to the rest of the conjugation and is therefore included here. A more extensive list of irregular verbs is found in the Appendix.

The above breakdown shows the possibilities for deriving the perfective aspect. Unfortunately it is impossible to lay down any rules as to which method a given form will follow. While this unpredictability of formation is a hard point for students wishing to acquire an active knowledge of the language, for those who seek a recognition familiarity with scientific usage this obstacle vanishes. In technical literature it is the present tense that is most widely used. Furthermore, there is so much similarity between the two aspect forms for the greater number of verbs that the reader may well take a guess and come out right. Learn the key combinations for the perfective and learn to spot them.

75. PERFECTIVE OF THE SPECIAL VERBS OF CONVEYANCE are on pages 110 and 111. The imperfective forms of these verbs have been given in Lesson 10.

76. ADJECTIVES: LONG AND SHORT FORMS. Russian has two forms of the adjective, depending on its use.

(1) *Attributive adjectives*, i.e., adjectives that modify the noun and are usually placed next to this noun. These have double vowel endings (**-ий**, **-ая**, **-ое**; see Lesson 12) which change depending on the number, case, and gender of the noun to which they are attributed. This group is the most numerous and widely used.

(2) *Predicate adjectives*, which usually follow the verb *to be*, whether it is understood, as in the present tense, or expressed. This form is used primarily for adjectives denoting quality.

Examples

Attributive	He is a good boy
Predicate	The boy is good

(3) The forms for these two adjectival uses differ.

(a) The *attributive* is the *long* full form, discussed in the preceding lesson and outlined in the table in Lesson 12.

(b) The *predicate* form is a *shortened* one. Since by its very nature and usage this form appears only in the nominative case, it varies only in gender and number.

	HARD		SOFT	
	LONG FORM	SHORT FORM	LONG FORM	SHORT FORM
Masc. s.	но́в**ый**	нов	си́н**ий**	синь
Fem. s.	но́в**ая**	но́в**а**	си́н**яя**	си́н**я**
Neuter s.	но́в**ое**	но́в**о**	си́н**ее**	си́н**е**
Plural, all genders	но́в**ые**	но́в**ы**	си́н**ии**	си́н**и**

If the stem of the adjective ends in two consonants that are difficult to pronounce, the letters o or e are inserted between them, e.g. лёгкий → лёгок, легка́, легко́, легки́

(4) Usage

(a) The adjective in Russian usually precedes the noun.

(b) Whenever possible written Russian avoids modifying clauses or phrases, replacing them by adjectival or gerundive constructions. Instead of saying *The man who was working on the magnet* . . . they will write: *The man, working on the magnet,* . . .

(c) Russians are reluctant to have one noun modify another noun, e.g., *sodium phosphate.* Instead they convert the *phosphate* into an adjectival form (whose declension follows the adjectival table) and have it modify *sodium.* In other words, the Russian says *phosphatic sodium.* An alternative method of rendering our double noun combinations is a compound word like *phosphomolybdate.*

77. ORDINAL NUMERALS: DECLENSION. Since ordinal numerals usually precede a noun or refer to a noun they are declined like adjectives ending in **-ый** or **-о́й**, depending on their ending.

First	пе́рвый, -ая, -ое	Seventh	седьмо́й, -а́я, -о́е
Second	второ́й, -а́я, -о́е	Eighth	восьмо́й, -а́я, -о́е
Third	тре́тий, -ья, -ье	Ninth	девя́тый, -ая, -ое
Fourth	четвёртый, -ая, -ое	Tenth	деся́тый, -ая, -ое
Fifth	пя́тый, ая, -ое	Eleventh	оди́ннадцатый, -ая, -ое
Sixth	шесто́й, -а́я, -о́е	Twelfth	двена́дцатый, -ая, -ое

Тре́тий, "third," is an exception to this scheme:

Тринадцатый Урок

SINGULAR

CASE	MASCULINE	FEMININE	NEUTER
Nom.	тре́тий	тре́тья	тре́тье
Gen.	тре́тьего	тре́тьей	тре́тьего
Dat.	тре́тьему	тре́тьей	тре́тьему
Acc.	same as nom. or gen.	тре́тью	тре́тье
Instr.	тре́тьим	тре́тьей	тре́тьим
Prep.	тре́тьем	тре́тьей	тре́тьем

PLURAL: ALL GENDERS

Nom.	тре́тьи	Acc.	same as nom. or gen.
Gen.	тре́тьих	Instr.	тре́тьими
Dat.	тре́тьим	Prep.	тре́тьих

78. POSSESSIVE PRONOMINAL ADJECTIVES. (My, mine, yours, his, hers, etc.) are declined *more or less* like the adjective **си́ний**. The possessive adjective indicating possession by the first person singular: *my, mine*, although it refers to the first person *singular*, has *both singular* and *plural* forms, to agree with either singular or plural nouns that it may modify: e.g.,

My apparatus	мой аппара́т (*m. sing.*)
My apparatuses	мои́ аппара́ты (*m. pl.*)
My work	моя́ рабо́та (*f. sing.*)
My works	мои́ рабо́ты (*f. pl.*)
My affair	моё де́ло (*n. sing.*)
My affairs	мои́ дела́ (*n. pl.*)

Notice that these possessive adjectives agree with the noun they modify in number, gender, and case.

(1) The possessive pronominal adjective in the *first person singular*, *my*:

	SINGULAR			PLURAL
	MASCULINE	FEMININE	NEUTER	ALL GENDERS
Nom.	мой	моя́	моё	мои́
Gen.	моего́	мое́й	моего́	мои́х
Dat.	моему́	мое́й	моему́	мои́м
Acc.	like N. or G.	мою́	like N.	like N. or G.
Instr.	мои́м	мое́й (е́ю)	мои́м	мои́ми
Prep.	о моём	о мое́й	о моём	о мои́х

Thirteenth Lesson

(2) The possessive pronominal adjective in the *second person singular*, *thy*: **твой, твоя́, твоё твой**. This is declined in the same manner as **мой** above. The same is true of the reflexive pronominal adjective, *my, your, his, her own*, **свой, своя́, своё, свой**.

(3) The possessive pronominal adjective in the *third person singular and plural*, **его́, её, его́, их** (the genitive singular and plural of the subject pronoun) is *not declined*. The same masculine, feminine, or neuter form of the singular or plural is used regardless of the case of the noun it modifies.

(4) The possessive pronominal adjective in the *first person plural*, *our*:

	SINGULAR			PLURAL
	MASCULINE	FEMININE	NEUTER	ALL GENDERS
Nom.	наш	на́ша	на́ше	на́ши
Gen.	на́шего	на́шей	на́шего	на́ших
Dat.	на́шему	на́шей	на́шему	на́шим
Acc.	like N. or G.	на́шу	like N.	like N. or G.
Instr.	на́шим	на́шей (ею)	на́шим	на́шими
Prep.	о на́шем	о на́шей	о на́шем	о на́ших

(5) The possessive pronominal adjective in the *second person plural*, *your*, **ваш**, is declined in the same manner as **наш**.

(6) The possessive pronominal adjective in the *third person plural* is not declined. See (3) above.

УПРАЖНЕ́НИЯ — EXERCISES

A. Translate into Russian:

1. The new lesson was about magnets. 2. There are natural and artificial magnets. 3. What are the basic properties of permanent magnets? 4. I do not know the properties of a magnet. 5. I could not understand the lesson when our professor explained it. 6. He opened the blue book, closed it, and took my book. 7. I was reading the lesson about magnetism when he came into the laboratory. 8. Magnets are made of iron (*use the reflexive*) which is found (*refl.*) in Siberia. 9. Other metals with magnetic properties are cobalt and nickel. 10. I always knew that steel had strong magnetic properties, but I did not know about cobalt and nickel. 11. He wrote to [his] brother and told him about the new work. 12. He received a letter from his new professor

and went to the laboratory immediately. 13. The professor asked him to buy a good book about magnetism. 14. The student could not buy a book about magnetism, but he did buy a book about electricity. 15. Petrov opened the letter yesterday and read it.

B. *Verb Review—Indicative Mood.* Translate into Russian:

1. I go to the university often. 2. He receives letters twice a week. 3. He is a chemist now, but before, he was a physicist. 4. This piece of steel has magnetism. 5. I shall write to you when I come to Moscow. 6. If I see him tomorrow, I shall tell (скажу́) him. 7. He opens the door and begins to work. 8. He doesn't know when he shall finish the work. 9. He is opening the new apparatus now. 10. He is sitting in his room and explaining the work to the new student. 11. I have read the book and now I see what I must do. 12. He has read the book and understood the theory. 13. He was using the apparatus that you had given him. 14. For the first experiment he used the apparatuses that I had given him. 15. You know that we have read many books. 16. I have never seen him and for this reason do not know him. 17. You have done it now and you see how easy it was. 18. I have performed three experiments today. 19. They have been to the laboratory four times this week. 10. I have been filtering all day and now I have the liquid for the experiment. 21. I have lived in America for four years. 22. He had worked at the institute for three years. 23. You have come finally; I have been waiting for a whole hour. 24. What have you done since (с тех пор, как . . .) I saw you yesterday? 25. I read the journal, wrote a letter, went to (на + *acc.*) a lecture and saw my friend. 26. My professor was in Princeton last year (в про́шлом году́). 27. He was writing the first lesson when you came in. 28. What were you doing yesterday when I saw you? 29. When he arrived in the laboratory, she had gone. 30. When I met him he had already seen the new aerodrome.

AERONAUTICAL ENGINEERING
Авиацио́нный дви́гатель

(continued)

То́пливом для поршневы́х авиацио́нных дви́гателей слу́жит бензи́н, отлича́ющийся высо́ким окта́новым число́м, лету́честью и большо́й теплотво́рной спосо́бностью. В связи́ с высо́кими сте́пенями сжа́тия и наддува для избежания детонации октановое число бензина повышается прибавлением особой присадки — тетраэтилового свинца в количестве от 1 до 4 см³ на 1 кг, что повышает октановое число от 75 до 95 единиц. — Турбинные авиационные двигатели работают на улучшенных (авиационных) керосинах.

Материалами для постройки авиационного двигателя служат специальные конструкционные и жароупорные стали и алюминиевые сплавы. Так, например, коленчатый вал, шатуны изготовляются из конструкционной хромоникелевой стали, цилиндр — из хромистой стали, поршень — из жаропрочного штампованного алюминиевого сплава, корпуса компрессоров турбореактивных двигателей, картеры поршневых авиационных двигателей — из литого алюминиевого сплава.

Для внутренних гильз камер сгорания турбореактивных авиационных двигателей применяются жароустойкие никельмолибденовые листовые стали; лопатки сопловых аппаратов и турбинных колёс выполняются из никельмолибденовых, кобальтовых и вольфрамовых жаропрочных сплавов, диск турбины — из никелевого жаропрочного сплава.

Жаропрочные материалы, употребляемые для деталей, работающих длительное время под большими нагрузками, должны обладать высоким сопротивлением ползучести. Устойчивость против ползучести характеризуется допустимым напряжением за 100 часов при определённой температуре и относительном увеличении длины. Это называется длительной прочностью при высокой температуре.

летучесть volatility
способность capacity
для избежания for the avoidance
повышаться to be increased, or raised
 (*the reflexive is often used instead of the passive voice*)
прибавление addition
особой special
присадка admixture, aftercharge
улучшенный improved (*part.*)
постройка construction
жароупорный heat resistant
сталь steel
сплав alloy
шатун connecting rod, pitman link, rocker, pump
картер crankcase
литый poured (*part.*)
внутренний inside, inner
гильза case, hull, shell, bushing
применяться to be used, applied
листовой sheet, lamellar
лопатки blade, paddle, vane
сопловых аппаратов of jet apparatuses
колесо wheel
выполняться to be executed (made)
жаропрочный fire-resistant
употребляемый used (*part.*)
сопротивление resistance
ползучесть creep
устойчивость stability
относительный relative
увеличение increase, growth
прочность durability

Тринáдцатый Урóк

BIOLOGY

Развитие организма

Анатомо-физиологической основой развития организма является клетка.

В результате многократного деления оплодотворённого яйца образуется всё увеличивающаяся группа клеток. Сначала эти клетки одинаковы, затем они начинают всё более и более различаться между собой, в результате чего возникает всё разнообразие клеток человеческого тела. Дальнейшее деление клеток обусловливает рост образующихся органов и всего организма в целом.

У высших животных и человека способностью дать целый организм обладают только половые клетки. Это дало повод немцу Вейсману разделить все клетки на две группы: половые, или зародышевые, и телесные, или соматические. При этом Вейсман считал, что соматические клетки, образующие тело, служат только футляром, в котором сохраняются зародышевые клетки. Он утверждал, что под влиянием окружающей среды может изменяться только тело; на зародышевые же клетки ни внешние условия, ни сам организм никакого влияния не оказывают.

развитие development
основа basis
многократный frequent
деление division
оплодотворённое яйцо fertilized egg
увеличивающаяся increasing (*pres. act. part., refl.*)
одинаковый identical, similar
затем then
начинать to begin
всё более и более more and more
различаться между собой to become differentiated between themselves
возникать to arise
всё разнообразие the whole diversity
человеческое тело of the human body
дальнейшее further
обусловливать to condition
рост growth
образующийся forming (*pres. act. part., refl.*)
в целом as a whole

высшее животное higher animal
человек human being
способность power, ability
целый whole
обладать to possess
половая клетка sex cell
повод reason
разделить to divide
зародышевый embryonic
телесный body
считать to consider, count
образующий forming (*pres. act. part.*)
футляр case, sheath
сохраняться to be kept, preserved
утверждать to assert
окружающий surrounding (*pres. act. part.*)
среда medium
измениться to change
внешние external
условие condition
оказать влияние to act on, to have an effect on

CHEMISTRY

Фтор

(continued)

В водяно́м раство́ре, фто́ристый водоро́д ведёт себя́ как типи́чная одноосновна́я кислота́, бли́зкая к у́ксусной по си́ле. Прода́жный раство́р э́той фтористоводоро́дной (и́ли — плави́ковой) кислоты́ соде́ржить обы́чно 40% HF. Несмотря́ на свою́ сравни́тельную сла́бость фтористоводоро́дная кислота́ реаги́рует с подавля́ющим коли́чеством мета́ллов по обы́чной для кисло́т схе́ме, т.е. с выделе́нием водоро́да и образова́нием соотве́тствующей со́ли. Со́ли фтористоводоро́дной кислоты́ но́сят назва́ние фто́ристых и́ли флюори́дов (фтори́дов). Практи́ческое применіе́ние плавико́вой кислоты́ дово́льно разнообра́зно. Помимо́ травле́ния стекла́ она́ употребля́ется в спи́ртовой промы́шленности для уничтоже́ния вре́дных бакте́рий при броже́нии, в тяжёлых инду́стриях для удале́ния песка́ с металли́ческого ли́тья, при ана́лизе минера́лов и т.д.

водяно́й раство́р aqueous solution
ведёт себя́ behaves
одноосновна́я unibasic
бли́зкая near
к у́ксусной ... to acetic
по си́ле in strength
прода́жный commercial
плавико́вая кислота́ hydrofluoric acid
несмотря́ на свой notwithstanding its own
сравни́тельный comparative
сла́бость weakness
с подавля́ющим коли́чеством with an overwhelming majority
по обы́чной ... схе́ме by a scheme ... usual with
выделе́ние displacement, elimination, liberation
образова́ние formation
соотве́тствующий corresponding
носи́ть to bear
назва́ние name
дово́льно somewhat
разнообра́зно diverse
поми́мо besides
травле́ние etching
употребля́ться to be used
спи́ртовая промы́шленность alcohol industry
уничтоже́ние destruction
вре́дный noxious
при броже́нии in fermentation
тяжёлый heavy
удале́ние removal
литьё casting

PHYSICS

Дугові́е пе́чи

Пе́рвой дугово́й пе́чью, применя́вшейся и для нау́чных иссле́дований, была́ печь Муасса́на, изобре́тенная в 1892 г.

Образу́я во́льтову дугу́ внутри́ простра́нства, окружённого огнеупо́рными кирпича́ми и други́ми изоля́торами тепла́, получа́ют так называ́емые электри́ческие дуговы́е пе́чи с температу́рой в 4000°.

Э́ти пе́чи применя́ются для нау́чных це́лей — для иссле́дования сво́йств тел при высо́ких температу́рах, а та́кже для техни́ческих це́лей — для получе́ния веще́ств, добыва́емых при высо́ких температу́рах.

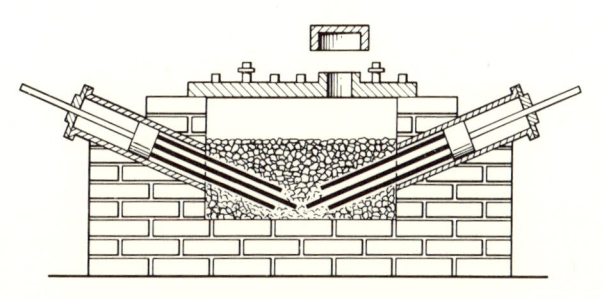

Рис. 8. Электри́ческая печь Муасса́на.

В электри́ческой пе́чи Муасса́на все тугопла́вкие элеме́нты получа́ются в жи́дком состоя́нии, кро́ме углеро́да, кото́рый из твёрдого состоя́ния перехо́дит пря́мо в пар.

Главне́йшие техни́ческие примене́ния пе́чи сле́дующие:

1. Получе́ние при температу́ре пе́чи соедине́ния ка́льция и углеро́да — ка́льция-карби́да — путём восстановле́ния негашёной и́звести углём. При де́йствии воды́ на ка́льций-карби́д выделя́ется газ ацетиле́н, применя́емый для освеще́ния (ацетиле́новые фонари́) и для получе́ния высо́ких температу́р в сме́си с кислоро́дом (ацетиле́новая сва́рка и ре́зка мета́ллов).

2. Получе́ние в пе́чи соедине́ния кре́мния и углеро́да — карбору́ндума — вещества́ о́чень большо́й твёрдости; карбору́ндум употребля́ется на вы́делку точи́льных ка́мней для то́чки инструме́нтов.

3. При температу́ре электри́ческой пе́чи получа́ются из азо́та во́здуха о́кислы азо́та, а из них — азо́тная кислота́ и её со́ли. После́дние же нахо́дят весьма́ широ́кое примене́ние в сельскохозя́йственной те́хнике как удобре́ние.

Дугов́ые пе́чи для пла́вки ста́ли име́ют о́чень разнообра́зное устро́йство. В одно́й из пе́рвых дугов́ых пече́й произво́дственного ти́па, постро́енной Стасса́ном в 1898 г., применя́ются у́гли, ме́жду кото́рыми образу́ется дуга́, тепло́м кото́рой произво́дится плавле́ние ши́хты.

Коэфицие́нт поле́зного де́йствия дугов́ых пече́й дохо́дит до 78%; расхо́д эне́ргии о́коло 700 килова́тт-часо́в на то́нну литья́.

дугово́й arch, arc
применя́вшийся used (*past act. part. of the verb* применя́ться. *The reflexive is used here to make the passive*)
изобре́тенная invented (*past pass. part. fem. sing. of the verb* изобрета́ть)
образу́я forming (*gerund from* образова́ть)
окружённый surrounded (*past pass. part., m. sing. of verb* окружа́ть)
огнеупо́рный heat resistant
кирпи́ч brick
применя́ться to be used, applied
цель purpose, aim

добыва́емый obtained (*pres. pass. part., m. sing. of verb* добыва́ть)
тугопла́вкий high-melting, refractory
пар vapor
главне́йший principal
негашёная и́звесть quick-lime
твёрдость hardness
сва́рка welding
ре́зка cutting
точи́льный ка́мень whetstone
сельскохозя́йственная agricultural
удобре́ние fertilizer
поле́зный useful

ЧЕТЫ́РНАДЦАТЫЙ УРО́К

FOURTEENTH LESSON

The Subjunctive Mood and its Uses. Ordinals and Cardinals

79. THE SUBJUNCTIVE MOOD. This mood in Russian is of utmost simplicity. It is expressed by the conjunction **что́бы** or **чтоб** and the past tense. There are no involved simple or compound tenses of the subjunctive and no complicated sequence of tenses to know and observe, matters of considerable difficulty in Latin and the Romance languages.

The Russian subjunctive is employed in approximately the same cases as in the Romance languages. It is used in dependent clauses following certain verbs, provided the subjects of the main and dependent clauses are different. (If the subject of the main verb and the dependent verbal form is the same, an infinitive is used in the second instance: e.g., I wish to read the letter, Я хочу́ прочита́ть письмо́; *but*, I wish *you* to read the letter, Я хочу́ чтобы вы прочита́ли письмо́. Thus, the subjunctive is used:

(1) After verbs of volition.

Он **хо́чет, что́бы** вы доказа́ли ва́шу тео́рию о́пытом	He wants you to prove your theory by an experiment

(2) After verbs of fear, doubt, and apprehension.

Я **бою́сь, что́бы** вы **не** пропусти́ли слу́чая	I am afraid that you may miss the opportunity

The object here is in the genitive because the verb is in the negative.

(3) In purpose or result clauses.

Он **рабо́тает, что́бы** вы вы́полнили ва́ше зада́ние во́время	He is working in order that you may finish your assignment on time

(4) In relative clauses with indefinite antecedents—pronouns and adverbs.

whoever	кто . . .	where ever	куда́ . . .
			где . . .
whatever	что . . .	when ever	когда́ . . .
	како́й . . .	etc.	
	кото́рый . . .		
however	как . . .		

In these clauses the particle **бы** follows the antecedent and the verb is preceded by the particle **ни**.

Whatever he may do . . .	Что бы он ни сде́лал . . .
Whoever she may be . . .	Кто бы она́ ни была́ . . .

80. THE CONDITIONAL MOOD.
Conditional sentences in English are double-clause sentences. One clause, which is introduced by *if*, states a condition. A second clause explains the result or outcome of the situation or condition.

(1) TYPES OF CONDITIONAL SENTENCES.

(a) Some conditional sentences state straight *facts* or a *real condition*: *If I have money, I shall buy the house.* The indicative mood is used here in English.

(b) Some conditional sentences state a *contrary-to-fact condition*.
PRESENT TIME: *If I had money, I would buy the house.* (But I do not have the money.)
PAST TIME: *If I had had the money, I would have bought the house.* (But I did not have the money and consequently did not buy the house.)

81. CONDITIONAL SENTENCES IN RUSSIAN.

(a) Conditional sentences of *fact* or *real condition* are rendered by the indicative with the "if" clause introduced by **е́сли** and the result clause by **то** (then) or **так** (so)

Е́сли я его́ уви́жу, то я ему́ скажу́	If I see him, then I shall tell him

These clauses may be reversed, with the omission of **то** and **так**.

Я ему́ скажу́, е́сли я его́ уви́жу	I shall tell him, if I see him

Четы́рнадцатый Уро́к

(b) Contrary-to-fact conditional sentences both in the *past* and the *present* time are rendered in the *same manner*. The "if" clause is introduced by **е́сли** or **е́слиб** followed by the conditional mood. The result clause may be introduced by **то** and the verb of this clause is also in the conditional mood, which is like the subjunctive.

82. FORMATION OF THE CONDITIONAL.

(1) The conditional mood is formed by the particle **бы** or **б** with the *past tense of the imperfective* or *perfective* aspect.

(2) The *position* of **бы** within the clause is flexible. It can stand anywhere in the sentence except at the very beginning.

Я купи́л **бы** дом
Я **бы** купи́л дом   } I should buy the house
Я дом **бы** купи́л

(3) *Contrary-to-fact* condition is exemplified in three tenses:

(a) PRESENT

Я **бы** профильтрова́л жи́дкость, **е́сли бы** у меня́ была́ бума́га
   I would filter the liquid, if I had the paper

(b) PAST

Я **бы** профильтрова́л жи́дкость вчера́, **е́сли бы** у меня́ была́ бума́га
   I would have filtered the liquid yesterday, if I had had the paper

(c) FUTURE

Я **бы** профильтрова́л жи́дкость за́втра, **е́сли бы** у меня́ была́ бума́га
   I should filter the liquid tomorrow, if I should have the paper

NOTE: Since contrary-to-fact conditions in the past, present, and future time are rendered alike in Russian, only context or a time adverb will indicate the time of the sentence.

83. USE OF THE RESULT CLAUSE ALONE. In some cases the result clause is used alone without an "if" clause:

(1) When the *condition is implicit* or understood.

Я бы **не начина́л** рабо́ты	I would not start the work

(2) When there is eagerness.

Я **хоте́л бы** его́ ви́деть	I would love to see him
Вы **бы записа́ли** э́ту интере́сную информа́цию	You should write down this interesting information

84. Occasionally the singular *imperative* replaces the subjunctive and conditional moods.

Знай я, что он не пойдёт, я **бы** его́ не **посла́л**	Had I known that he would not go, I should not have sent him

85. TENSE AND ASPECT REVIEW

CONJUGATION I

Чита́ть—*to read*

IMPERFECTIVE   PERFECTIVE

PRESENT TENSE—*I read, am reading*, etc.

Я чита́**ю**	
ты чита́**ешь**	
он чита́**ет**	None
мы чита́**ем**	
вы чита́**ете**	
они́ чита́**ют**	

PAST—*I was reading, I used to read, I would read, I have or had been reading, I was accustomed to read*, etc.

PAST—*I read, I have read, I had read,* etc.

я, ты, он чита́л	я, ты, он **про**чита́л
я, ты, она́ чита́ла	я, ты, она́ **про**чита́ла
оно́ чита́ло	оно́ прочита́ло
мы, вы, они́ чита́ли	мы, вы, они́ **про**чита́ли

Четырнадцатый Урок

Future—*I shall read, I shall be reading,* etc.	Future—*I shall read,* etc.
я бу́ду чита́ть	я **про**чита́ю
ты бу́дешь чита́ть	ты **про**чита́ешь
он, она́, оно́ бу́дет чита́ть	он **про**чита́ет
мы бу́дем чита́ть	мы **про**чита́ем
вы бу́дете чита́ть	вы **про**чита́ете
они́ бу́дут чита́ть	они́ **про**чита́ют

Conditional and Subjunctive—*that I may* or *might read,* or *would read* (also progressive and compound progressive forms)	Conditional and Subjunctive—*that I may* or *might read,* etc.
я, ты, он чита́л **бы**	я, ты, он **про**чита́л **бы**
я, ты, она́ чита́ла **бы**	я, ты, она́ **про**чита́ла **бы**
мы, вы, они́ чита́ли **бы**	мы, вы, они́ **про**чита́ли **бы**

Imperative

чита́й! Read! (singular)	прочита́й! Read! (singular)
пусть* он чита́ет! Let him read!	**пусть*** он **про**чита́ет! Let him read!
чита́**йте**! Read! (plural)	**про**чита́**йте**! Read! (plural)
пусть* они́ чита́ют! Let them read!	**пусть*** они́ **про**чита́ют! Let them read!

Participles

Active	Passive
Present чита́**ющий**, **ая**, **ее**, *reading*	чита́**емый**, **ая**, **ое**, *being read*
Past чита́**вший**, **ая**, **ее**, *having read*	чи́та**нный**, **ая**, **ое** *read, having been read*

Gerund

Active	Passive
Present чита́**я**, *reading*	
Past чита́**в**, чита́**вши**, *having read*	

* Пуска́й may replace пусть in these forms. The use of the subject pronoun is optional.

Fourteenth Lesson

CONJUGATION II*

Хвали́ть—*to praise*

Imperfective	Perfective

Present Tense—*I praise, am praising*

я хвалю́
ты хва́лишь
он хва́лит
мы хва́лим
вы хва́лите
они́ хва́лят

None

Past—*I was praising, would praise, used to praise, I have or had praised*, etc.	Past—*I praised, have or had praised*, etc.
я, ты, он хвали́л	я, ты, он похвали́л
я, ты, она́ хвали́**ла**	я, ты, она́ похвали́**ла**
оно́ хвали́**ло**	оно́ похвали́**ло**
мы, вы, они́ хвали́**ли**	мы, вы, они́ похвали́**ли**

Future—*I shall praise, I shall be praising*, etc.	Future—*I shall praise*, etc.
я бу́ду хвали́ть	я похвалю́
ты бу́дешь хвали́ть	ты похва́лишь
он, она́ (оно́) бу́дет хвали́ть	он, она́ (оно́) похва́лит
мы бу́дем хвали́ть	мы похва́лим
вы бу́дете хвали́ть	вы похва́лите
они́ бу́дут хвали́ть	они́ похва́лят

Conditional and Subjunctive—*that I may*, or *might*, or *would praise*; also progressive and compound progressive forms	Conditional and Subjunctive—*that I may* or *might praise*, etc.
я, ты, он хвали́л **бы**	я, ты, он похвали́л **бы**
я, ты, она́ хвали́**ла бы**	я, ты, она́ похвали́**ла бы**
мы, вы, они́ хвали́**ли бы**	мы, вы, они́ похвали́**ли бы**

* The roots of many verbs of this conjugation end in sibilants or gutturals which modify the succeeding vowel of the ending according to the rules of vowel mutation discussed apropos of nouns and adjectives. See Lessons 5 and 10.

Четырнадцатый Урок

Imperative

хвали́! Praise! (singular)
пусть он хва́лит Let him praise!
хвали́те! Praise! (plural)
пусть они́ хва́лят! Let them praise!

похвали́! Praise! (singular)
пусть он похва́лит! Let him praise!
похвали́те! Praise! (plural)
пусть они́ похва́лят! Let them praise!

Participles

Active	Passive
Present хваля́щий, ая, ее, *praising*	хвали́мый, ая, ое, *being praised*
Past хвали́вший, ая, ее, *having praised*	хва́ленный, ая, ое, *praised, having been praised*

Gerund

Active

Present хваля́, *praising*

Past хвали́в, хвали́вши, *having praised*

Passive

86. NUMERALS: CARDINAL NUMERALS AND ORDINAL NUMERALS.

	CARDINAL	ORDINAL	
1.	оди́н, одна́, одно́	пе́рвый, -ая, -ое	first
2.	два (*m. and n.*), две (*f.*)	второ́й, -а́я, -о́е	second
3.	три	тре́тий, тре́тья, -ье	third
4.	четы́ре	четвёртый, -ая, -ое	fourth
5.	пять	пя́тый, -ая, -ое	fifth
6.	шесть	шесто́й, -а́я, -о́е	sixth
7.	семь	седьмо́й, -а́я, -о́е	seventh
8.	во́семь	восьмо́й, -а́я, -о́е	eighth
9.	де́вять	девя́тый, -ая, -ое	ninth
10.	де́сять	деся́тый, -ая, -ое	tenth
11.	оди́ннадцать	оди́ннадцатый	eleventh
12.	двена́дцать	двена́дцатый	twelfth
13.	трина́дцать	трина́дцатый	thirteenth
14.	четы́рнадцать	четы́рнадцатый	fourteenth
15.	пятна́дцать	пятна́дцатый	fifteenth

Fourteenth Lesson

	CARDINAL	ORDINAL	
16.	шестна́дцать	шестна́дцатый	sixteenth
17.	семна́дцать	семна́дцатый	seventeenth
18.	восемна́дцать	восемна́дцатый	eighteenth
19.	девятна́дцать	девятна́дцатый	nineteenth
20.	два́дцать	двадца́тый	twentieth
21.	два́дцать оди́н, одна́, одно́	два́дцать пе́рвый, пе́рвая, -ое	twenty-first
22.	два́дцать два, две	два́дцать второ́й, -а́я, -о́е	twenty-second
23.	два́дцать три	два́дцать тре́тий, -ья, -ье	twenty-third
30.	три́дцать	тридца́тый	thirtieth
40.	со́рок	сороково́й	fortieth
50.	пятьдеся́т	пятидеся́тый	fiftieth
60.	шестьдеся́т	шестидеся́тый	sixtieth
70.	се́мьдесят	семидеся́тый	seventieth
80.	во́семьдесят	восьмидеся́тый	eightieth
90.	девяно́сто	девяно́стый	ninetieth
100.	сто	со́тый	hundredth
101.	сто оди́н	сто пе́рвый, -ая, -ое	101st
140.	сто со́рок	сто сороково́й	140th
200.	две́сти	двухсо́тый	200th
300.	три́ста	трёхсо́тый	300th
400.	четы́реста	четырёхсо́тый	400th
500.	пятьсо́т	пятисо́тый	500th
600.	шестьсо́т	шестисо́тый	600th
700.	семьсо́т	семисо́тый	700th
800.	восемьсо́т	восьмисо́тый	800th
900.	девятьсо́т	девятисо́тый	900th
1,000.	ты́сяча	ты́сячный	thousandth
1,001.	ты́сяча оди́н	ты́сяча пе́рвый, -ая, -ое	1001st
2,000.	две ты́сячи	двухты́сячный	2000th
5,000.	пять ты́сяч	пятиты́сячный	5000th
10,000.	де́сять ты́сяч	десятиты́сячный	10,000th
100,000.	сто ты́сяч	сто ты́сячный	100,000th
1,000,000.	миллио́н	миллио́нный	millionth
2,000,000.	два миллио́на	двухмиллио́нный	2 millionth
1,000,000,000.	миллиа́рд *or* биллио́н	миллиа́рдный (биллио́нный)	billionth

Четы́рнадцатый Уро́к

87. DECLENSION OF NUMERALS.

The ordinal numerals are declined in case, number, and gender to agree with the noun they modify. With the exception of тре́тий, "third" p. 117 they are declined regularly (see Lesson 12).

Cardinal numerals have the following declension scheme in which the student will find certain similarities to the adjectival declensions.

(1) Note: **оди́н**, when it is declined in the singular, means "one" or "alone"; when it is declined in the plural it means "alone."

	SINGULAR			PLURAL
	MASCULINE	FEMININE	NEUTER	FOR ALL GENDERS
оди́н—*one*				
Nom.	оди́н	одн-**а́**	одн-**о́**	одн-**и́**
Gen.	одн-**ого́**	одн-**о́й**	одн-**ого́**	одн-**и́х**
Dat.	одн-**ому́**	одн-**о́й**	одн-**ому́**	одн-**и́м**
Acc.	like *n.* or *g.*	одн-**у́**	одн-**о́**	like *n.* or *g.*
Instr.	одн-**и́м**	одн-**о́ю (о́й)**	одн-**и́м**	одн-**и́ми**
Prep.	об одн-**о́м**	об одн-**о́й**	об одн-**о́м**	об одн-**и́х**

(2) Declensions of **два**, "two"; **три**, "three"; **четы́ре**, "four" and **пять**, "five."

	M. & N.	FEM.	FOR ALL GENDERS		
два *two*			**три** *three*	**четы́ре** *four*	**пять** *five*
Nom.	дв**а**	дв**е**	три	четы́ре	пять
Gen.	дв**ух**	дв**ух**	тр**ёх**	четыр**ёх**	пят**и́**
Dat.	дв**ум**	дв**ум**	тр**ём**	четыр**ём**	пят**и́**
Acc.	like *n.* or *g.*	дв**е**	like *n.* or *g.*	like *n.* or *g.*	пять
Instr.	дв**умя́**	дв**умя́**	тр**емя́**	четыр**ьмя́**	пять**ю́**
Prep.	о дв**ух**	о дв**ух**	о тр**ёх**	о четыр**ёх**	о пят**и́**

(3) Numerals *five* to *nineteen*, and *twenty* and *thirty* are all declined in the same manner, like **пять**. Compound numerals (*twenty-one*, *twenty-two*, etc.) decline each of the compound numerals separately, i.e., according to its own pattern. So in *twenty-two* the *twenty* will follow the pattern of **пять**; the *two* will follow declension of **два**.

два́дцать два студе́нта—*twenty-two students*

Nom.	два́дцать два студе́нт**а** (*m.*)	два́дцать дв**е** студе́нтк**и** (*f.*)
Gen.	двадцат**и́** дв**ух** студе́нт**ов**	двадцат**и́** дв**ух** студе́нт**ок**
Dat.	двадцат**и́** дв**ум** студе́нт**ам**	двадцат**и́** дв**ум** студе́нтк**ам**
Acc.	два́дцать дв**ух** студе́нт**ов**	два́дцать дв**ух** студе́нт**ок**
Instr.	двадцать**ю́** дв**умя́** студе́нт**ами**	двадцать**ю́** дв**умя́** студе́нтк**ами**
Prep.	о двадцат**и́** дв**ух** студе́нт**ах**	о двадцат**и́** дв**ух** студе́нтк**ах**

The declension of compound numerals like *twenty-seven* is much easier, for both component numbers are designed on the same pattern.

Двадцать семь—*twenty-seven*

Nom. двадцать семь
Gen. двадцати семи
Dat. двадцати семи
Acc. двадцать семь
Instr. двадцатью семью
Prep. о двадцати семи

(4) Numbers *fifty*, *sixty*, *seventy*, and *eighty* are declined in the same manner: that is, each of the component parts of the numeral is declined according to scheme of **пять**.

Пятьдесят—*fifty*

Nom. пятьдесят
Gen. пятидесяти
Dat. пятидесяти
Acc. пятьдесят
Instr. пятьюдесятью
Prep. о пятидесяти

	Сорок *forty*	Девяносто *ninety*	Сто *hundred*
Nom.	сорок	девяносто	сто
Gen.	сорока	девяноста	ста
Dat.	сорока	девяноста	ста
Acc.	*n.* or *g.*	*n.* or *g.*	*n.* or *g.*
Instr.	сорока	девяноста	ста
Prep.	сорока	девяноста	ста

	Двести *two hundred*	Шестьсот *six hundred*
	двести	шестьсот
	двухсот	шестисот
	двумстам	шестистам
	n. or *g.*	*n.* or *g.*
	двумястами	шестьюстами
	о двухстах	о шестистах

(5) Note that multiples of a hundred (**200, 300, 400**, etc.) are again declined within their component parts. In the multiples of a hundred,

Четырнадцатый Урок

the nominative and the accusative are alike; in the other cases the two component parts follow each its own declension pattern, **сто** being in the plural.

(6) **тысяча** (thousand) and **миллион** (million) are declined like regular nouns:

тысяча	like комната
миллион	like металл

(7) **Полтора**—*one and a half*.

	MASCULINE AND NEUTER	FEMININE
Nom.	полтора (часа)	полторы (минуты)
Gen.	полутора (часов)	полутора (минут)
Dat.	полутора (часам)	полутора (минутам)
Acc.	полтора (часа)	полторы (минуты)
Instr.	полутора (часами)	полутора (минутами)
Prep.	о полутора (часах)	о полутора (минутах)

УПРАЖНЕНИЯ — EXERCISES

A. Translate into Russian:

1. We want you to study the motor instruments on the plane. 2. If he had been the pilot, he would have known the aviation instruments. 3. Atomic energy was discussed (*use the reflexive*) at the conference in Geneva. 4. If this new book is interesting, why don't you read it? 6. Had I known that the book was (is) interesting, I would not have given it to Petrov. 7. He asked me to get the large blue book that was on the green table. 8. The new American jet planes are flying over the large city. 9. He wants me to tell the important component part of the cell. 10. An important component part of the cell is the nucleus. 11. If the blue substance in this beaker were a new chemical compound, I would have recognized it. 12. You know that positive carbon burns up very quickly.

B. Translate into Russian, writing out all the numerals:

1. If one atom of an element has two or three atoms of oxygen, it is called a dioxide or trioxide. 2. The second group of instruments is called the group of aviation instruments. 3. In one picture (рисунок), you can now see the structure of the cell. 4. We find many interesting phenomena in the third group. 5. Now a current of ten or twelve amperes is needed for the experiment. 5. This airplane has fifty-eight different aviation instruments. 6. Thirty-three instruments are in the navigation group and twenty-seven are in the motor group.

7. One of the proteins of blood contains (содержи́ть) thousands of atoms.   8. These compounds are divided into (на) three groups.

AERONAUTICAL ENGINEERING

Компре́ссор

Констру́кция турбореакти́вных авиацио́нных дви́гателей выполня́ется, в основно́м, по двум схе́мам: с осевы́м и центробе́жным компре́ссорами.

Осево́й компре́ссор состои́т из враща́ющегося ро́тора с рабо́чими лопа́тками и неподви́жных направля́ющих аппара́тов, закреплённых в ко́рпусе компре́ссора ме́жду ряда́ми лопа́ток компре́ссора. Ро́тор компре́ссора состои́т ли́бо из отде́льных облопа́ченных ди́сков (рабо́чих колёс) из алюми́ниевого спла́ва, ли́бо из о́бщего бараба́на с закреплёнными по окру́жности лопа́тками. Ка́ждая ступе́нь компре́ссора, состоя́щая из одного́ ря́да враща́ющихся лопа́ток и одного́ ря́да неподви́жных лопа́ток спрямля́ющего аппара́та, спосо́бна созда́ть перепа́д давле́ния поря́дка 1,3. Кпд* совреме́нного многоступе́нчатого компре́ссора коле́блется в преде́лах Пад. 0,82—0,85.

осево́й   axial
состоя́ть   to be composed of
враща́ющий   rotating
неподви́жный   fixed
направля́ющий   directing (*used adjectivally*)
закреплённый   fastened

ко́рпус   body
ли́бо   either
облопа́ченный   bladed
бараба́н   drum
колеба́ться   to fluctuate, rock
преде́л   limit

BIOLOGY

Обме́н веще́ств

Протопла́зма и ядро́ кле́тки образу́ются из веще́ств вне́шней среды́, кото́рые поступа́ют в органи́зм че́рез о́рганы пищеваре́ния и прино́сятся к кле́тке кро́вью.

Эне́ргию для свое́й жизнеде́ятельности кле́тка получа́ет от проце́ссов распа́да (разруше́ния) веще́ств, из кото́рых она́ состои́т. В э́тих проце́ссах суще́ственная роль принадлежи́т кислоро́ду, кото́рый поступа́ет из вне́шней среды́ че́рез о́рганы дыха́ния и доставля́ется к кле́тке кро́вью. Проду́кты окисле́ния — во́ду, углеки́слый газ и не́которые други́е соедине́ния — кровь выно́сит из кле́тки к по́чкам, лёгким и ко́же, кото́рые выделя́ют их во вне́шнюю среду́.

Таки́м о́бразом, через посре́дство кро́ви ме́жду кле́ткой и вне́шней средо́й непреры́вно происхо́дит обме́н вещества́ми. В результа́те э́того обме́на соста́в кле́тки постоя́нно меня́ется: одни́ вещества́ в ней

Четырнадцатый Урок

образуются, другие разрушаются. Эта беспрерывная цепь изменений, в результате которых происходит саморазрушение и самовосстановление клетки, и характеризует жизнь.

обмен change
внешний external
поступать to come into, enter
пищеварение digestive
приноситься to be brought
жизнедеятельность life, vital activity
получать to receive
распад disintegration
существенная роль vital role
принадлежать to belong
дыхание respiration
доставлять to deliver
выносить to bring out

почки kidneys
лёгкие lungs
кожа skin
выделять to give off, eliminate
непрерывно constant
меняться to change
образовываться to be formed
разрушаться to be destroyed
беспрерывный constant
цепь chain
изменение change
саморазрушение self-destruction
самовосстановление self-restoration

CHEMISTRY

Хлор

Этот элемент по своей распространённости занимает первое место среди галоидов. Человеческий организм содержит 0,25% хлора. Высыхание морей привело к образованию во многих местах земного шара мощных залежей NaCl, которые и служат основным сырьём для получения всех соединений хлора. Будучи наиболее практически

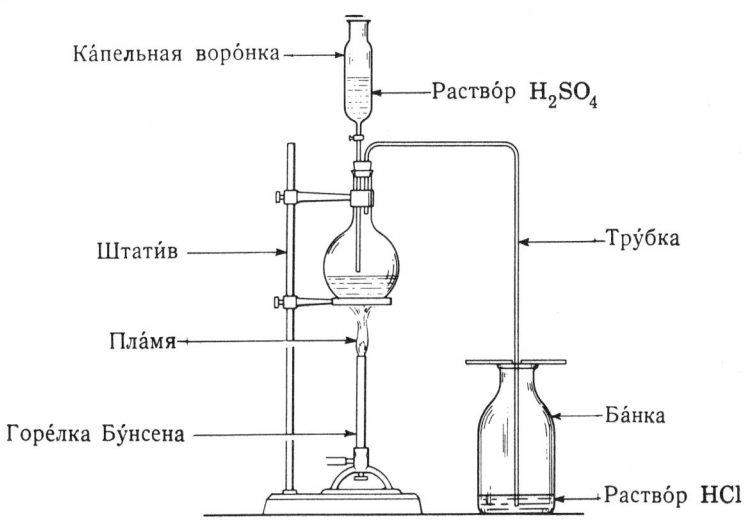

Рис. 9. Лабораторное приготовление хлористого водорода

важным из всех галоидов, хлор в громадных количествах употребляется для отбелки бумажной массы, для стерилизации воды, для борьбы с вредителями сельского хозяйства и для приготовления многих продуктов. В настоящее время хлор технически получают почти исключительно электролизом крепкого раствора NaCl. При этом на аноде является хлор, в котором катодном пространстве выделяется водород и образуется NaOH. Хлор хранится и транспортируется в железных баллонах (бомбах), где он сгущён в жёлтую жидкость под давлением около 6at. При лабораторном получении хлора обычно пользуются действием на соляную кислоту MnO_2 или $KMnO_4$.

по своей распространённости by its distribution
занимать to occupy
место place
среди among
человеческий human (*adj.*)
содержать to contain
высыхание evaporation
приводить to bring
образование formation
место place
земной шар earth's globe
мощный powerful
залежь deposit
служить to serve
сырьё raw material
получение obtaining (*noun*)
наиболее more
важный important
громадный vast
отбелка bleaching
бумажная масса wood pulp
вредитель pest
сельское хозяйство agriculture
приготовление preparation
исключительно exclusively
пространство distance, space
выделять to be given off, to separate out
храниться to be stored
баллон cylinder
сгущён condensed

PHYSICS

Магнетизм

Оба полюса каждого магнита производят на один и тот же полюс второго магнита прямо противоположные действия, следовательно, магнетизмы полюсов каждого магнита оказываются разнородными; один полюс называется северным (положительным) и обозначается буквами N или n, другой — южным (отрицательным) и обозначается буквами S или s.

Делением магнита на части невозможно получить кусок магнита с одним полюсом. *Всякая часть магнита представляет собою магнит с двумя полюсами.* На этом основании магнетизм рассматривается как свойство молекул (молекулярный магнетизм) (рис. 10).

Всякий подвешенный магнит или подпёртый так, что он может свободно вращаться, принимает в каждом месте Земли совершенно

Четы́рнадцатый Уро́к

определённое направле́ние. Вертика́льная пло́скость, проходя́щая че́рез по́люсы тако́го магни́та, называ́ется пло́скостью магни́тного меридиа́на. Сече́ние э́тою пло́скостью пове́рхности Земли́ называ́ется магни́тным меридиа́ном.

Почти́ во всех места́х Земли́ магни́тный меридиа́н не совпада́ет с географи́ческим, отклоня́ясь от него́ в ту и́ли другу́ю сто́рону на ра́зные и сравни́тельно небольши́е углы́.

Для установле́ния магни́тного меридиа́на удо́бно по́льзоваться так называ́емой магни́тной стре́лкой — то́нким магни́том, изгото́вленным в ви́де вы́тянутого ро́мба и свобо́дно враща́ющимся вокру́г вертика́льной о́си (рис 11).

Рис. 10.

Беспоря́дочное (*a*) расположе́ние молекуля́рных магни́тов в ненамагни́ченном те́ле и упоря́доченное (*б*) при намагниче́нии.

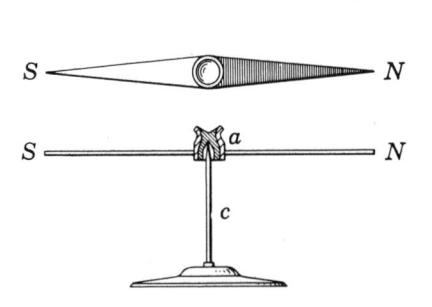

Рис. 11. Магни́тная стре́лка.

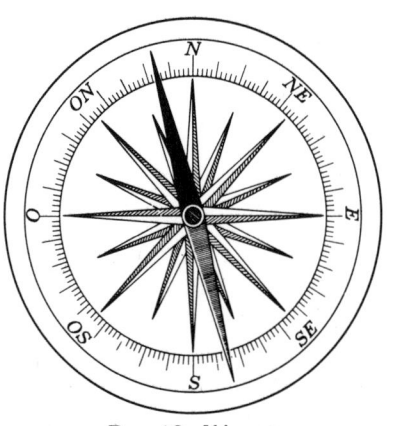

Рис. 12. Ко́мпас.

о́ба both
по́люс pole
производи́ть to produce
пря́мо directly
противополо́жный opposite
де́йствие action
сле́довательно hence
ока́зываться to turn out to be
разноро́дный heterogeneous
се́верный north
положи́тельный positive
обознача́ться to be indicated

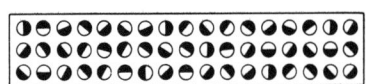

бу́ква letter
ю́жный southern
отрица́тельный negative
вся́кий any
представля́ет собо́ю represents
с двумя́ по́люсами with two poles
подве́шенный suspended (*past pass. part. of the verb* подве́шивать)
подпёртый supported (*past pass. part. of the verb* подпере́ть)
враща́ться to turn
принима́ть to assume

Fourteenth Lesson

соверше́нно completely
определённый definite
направле́ние direction
пло́скость plane
сече́ние section
совпада́ть to correspond to
отклоня́ться to deviate from
у́гол angle
установле́ние establishment
стре́лка needle
изгото́вленный prepared, made (*past pass. part. of the verb* изготовля́ть)
вы́тянутый stretched (*pres. pass. part. of the verb* вытя́гивать.)
ромб rhomb
враща́ться to rotate
ось axis
беспоря́дочный disorderly, random
упоря́доченный put in order, regulated
намагниче́ние magnetization

ПЯТНА́ДЦАТЫЙ УРО́К
FIFTEENTH LESSON

The Imperative Mood and the Hortatory

88. THE IMPERATIVE MOOD is formed on the second person singular of the present tense of the verb.

(1) If the *stem ends in a vowel*, remove the second person singular ending **-ешь** and add instead **-й** for the singular form or **-йте** for the plural form: **чита́ть** or **меша́ть**.

ASPECT	2ND SINGULAR		IMPERATIVE
Imperfective	ты чита́ешь	Чита́й!	Read! (*familiar sing.*)
		Чита́йте!	Read! (*pl. or polite form*)
Perfective	ты прочита́ешь	Прочита́й!	Read! (*fam. sing.*)
		Прочита́йте!	Read! (*pl. or pol.*)
Imperfective	ты меша́ешь	Меша́й!	Mix! Disturb! (*fam. sing.*)
		Меша́йте!	Mix! Disturb! (*pl. or pol.*)
Perfective	ты помеша́ешь	Помеша́й!	Mix! Disturb! (*fam. sing.*)
		Помеша́йте!	Mix! Disturb! (*pl. or pol.*)

(2) If the *stem ends in a consonant* as in the verb **хвали́ть** (to praise), replace the second person singular ending **ишь** by **и** for the singular and by **ите** for the plural form.

Imperfective	ты хва́лишь	Хвали́!	Praise! (*familiar sing.*)
		Хвали́те!	Praise! (*pl. or polite*)
Perfective	ты похва́лишь	Похвали́!	Praise! (*fam. sing.*)
		Похвали́те!	Praise! (*pl. or pol.*)
Imperfective	ты де́лишь	Дели́!	Divide! (*fam. sing.*)
		Дели́те!	Divide! (*pl or pol.*)
Perfective	твы поде́лишь	Подели́!	Divide! (*fam. sing.*)
		Подели́те!	Divide! (*pl. or pol.*)

(3) If the *accent falls on the stem* of the verb, add **ь** and **ьте** to the stem: **готовить** or **ответить**.

Imperative	ты готовишь	Готовь!	Get ready! Prepare! (*fam. sing.*)
		Готовьте!	Get ready! Prepare! (*pl. or pol.*)
Perfective	ты приготовишь	Приготовь!	Get ready! Prepare! (*fam. sing.*)
		Приготовьте!	Get ready! Prepare! (*pl. or pol.*)
Perfective	ты ответишь	Ответь!	Answer! (*fam. sing.*)
		Ответьте!	Answer! (*pl. or pol.*)

The imperfective of this verb, derived from **отвечаешь**, follows the pattern outlined in (1).

NOTE: Subject pronouns are not used with the imperative except for emphasis or clarity.

(4) IRREGULAR IMPERATIVES. Some verbs do not conform to the above patterns. Here are some taken from earlier chapters.

INFIN.	2ND SING.	FAM. SING.	PL. OR POL.	FORM
быть	ты будешь	Будь!	Будьте!	Be!
давать	ты даёшь	Давай!	Давайте!	Give!
итти	ты идёшь	Иди!	Идите!	Go!
ехать	ты едешь	Поезжай!	Поезжайте!	Ride! Drive!
помогать	ты поможешь	Помоги!	Помогите!	Help!

89. THE IMPERATIVE MOOD: USES.

The general rules for verb aspects are usually applicable to commands or requests.

(1) The imperfective aspect may imply that the action will be continuous, repeated, or take a long time. It may also express an order of a more general nature.

 Пиши письмо   Write the letter (keep on writing or continue writing the letter)

(2) The perfective stresses the fact that the act or process is to be pushed to its conclusion.

 Напиши письмо   Write the letter (and finish it)

(3) In *negative commands* or prohibitions, the *imperfective* aspect of the verb is usually employed.

| Объясните (*perf.*) мне формулу | Explain the formula to me |

But:

| **Не объясняйте** (*imperfective*) мне формулы | *Don't* explain the formula to me |

Or compare

| Начните мотор (*perfective*) | Start up the motor |

with

| **Не начинайте** мотора (*imperfective*) | *Don't* start up the motor |

Note the following *exception*:

| **Не забудь!** (*fam.*)
Не забудьте! (*pol.*) } Don't forget |

90. THE HORTATORY MOOD.

(1) This form of command, which includes the speaker, may be rendered by the *future perfective* of the *first person plural* and is used *without the subject pronoun*.

Рассмотрим кратко недостатки этих методов	Let us examine briefly the shortcomings of these methods
Обратимся к новому опыту	Let us turn to a new experiment
Посмотрим на термометр	Let us look at the thermometer

(2) "Let us ..." *including the speaker* in the action, occasionally employs the *imperfective imperative* form. Reference here is to an action spanning a *period of time*, or to a *repeated* action.

Давай (*fam.*)
Давайте (*pl. or pol.*) } + *imperfective infinitive*

| **Давай рассматривать** эти методы | Let us examine these methods (over a period of time) |
| **Давайте смотреть** за температурой | Let us watch the temperature (over a period of time) |

(3) "Let us . . ." rendered by the *perfective imperative form*, refers to a unit action to be completed within a *finite time*.

Дава́й (*fam.*)
Дава́йте (*pl. or pol.*) } + 1*st pers. pl. of perfective future*

Дава́йте рассмо́трим э́ти ме́тоды	Let us examine these methods (now)
Дава́йте посмо́трим на температу́ру	Let us take a look at the temperature
Дава́йте сде́лаем моде́ль	Let us make a model (now)

(4) "Let me, him, her, it, us, them . . ."

Дай (*fam.*)
Да́йте (*pl. or pol.*) } + *Dative* { мне, ему́, ей, нам, им } + *infinitive of either aspect*

Да́йте мне смотре́ть за о́пытом	Let me watch over the experiment
Да́йте ему́ посмотре́ть в аппара́т	Let him look (or take a look) into the apparatus

(5) "Let him . . ."

Пусть or пуска́й + 3*rd pers. sing. of either aspect*
(Pronoun may be omitted.)

Пусть / Пуска́й } рабо́тает над зада́чей	Let him work on the problem
Пусть / Пуска́й } посмо́трит за о́пытом	Let him watch over the experiment (for a finite time)

(6) "Let them . . ."

Пусть or пуска́й + 3*rd pers. pl. of either aspect of the verb*

Пусть / Пуска́й } нам даю́т информа́цию	Let them give us the information
Пусть / Пуска́й } нам объясня́т тео́рию	Let them explain the theory to us

91. THE RELATIVE AND INTERROGATIVE PRONOUN.
The relative and interrogative pronouns are identical in form and only the presence or absence of a question mark at the end of the sentence determines the pronoun's function.

Пятнадцатый Урок

(1) **кто**—*who*; **что**—*what*

Nom.	кто	who	что	what
Gen.	кого́	whose, of whom	чего́	of what
Dat.	кому́	to whom	чему́	to what
Acc.	кого́	whom	что	what
Instr.	кем	with whom	чем	with what
Prep.	о ком	about whom	о чём	about what

These pronouns have no plural forms.

In questions, these pronouns are used as interrogatives.

Что он де́лает?	What is he doing?
Кто он был?	Who was he?

When the antecedent of a relative clause is a *pronoun*, then **кто** and **что** must be *used* to introduce the dependent clause. The other relative pronoun, **кото́рый**, may not be used in this instance.

Всё **что** она́ мне сказа́ла бы́ло но́во	All that she told me was new
Тот **кто** зна́ет пра́вду до́лжен говори́ть	He who knows the truth must speak

(2) Relative pronouns **кто** and **что** and adjectives like **кото́рый**

    (a) cannot be omitted in Russian sentences
    (b) **кото́рый** must agree in gender and number with their antecedent
    (c) must draw their case from their function in the clause

(3) The negative pronouns **никто́** and **ничто́** are patterned on **кто** and **что** respectively.

УПРАЖНЕ́НИЯ — EXERCISE

Translate into Russian:

1. Tell Professor Petrov that I have received the letter and answered it. 2. Prepare (*pl. pol.*) the apparatus for the experiment. 3. It is impossible for him to open the door. Help him!* (*sing. pol.*). 4. Go (*sing. pol.*) to the laboratory now and I shall come later. 5. Don't help him,* (*sing. pol.*) let him do it himself. 6. Let us examine the instruction carefully and then we shall begin to work. 7. Let him give me the electron microscope and I shall make (take off) the photographs. 8. Photographs taken through an electron microscope are very interesting and show a great deal that you cannot see otherwise. 9. Let him look (or take a look) into the telescope. 10. The astronomer will

---
* The Russian verb for *help* governs the dative case.

explain to him the interesting phenomena in (on) the sky. 11. Let us watch the sky (over a period of time). 12. Let us examine the results of our observations later. 13. Tell (*sing. pol.*) my professor that I am going to the astronomy observatory tonight. 14. I am afraid that there may be clouds tonight. 15. I told him that I had been observing the moon for three hours. 16. Look (*pl. pol.*) into the telescope and then tell me what you have seen. 17. Let us examine these methods in view of the data (да́нных) that have been collected here. 18. Let us turn to new experiments and new apparatuses later.

AERONAUTICAL ENGINEERING

Компре́ссор

(*continued*)

Центробе́жный компре́ссор обы́чно осуществля́ется одноступе́нчатым с односторо́нним и́ли двусторо́нним вхо́дом во́здуха. Во́здух поступа́ет в крыльча́тку компре́ссора че́рез кольцевы́е кана́лы из входно́го диффу́зора. Крыльча́тка отко́ванная из лёгкого спла́ва, состои́т из трёх часте́й: со́бственно крыльча́тки и двух враща́ющихся направля́ющих аппара́тов. По вы́ходе из крыльча́тки компре́ссора во́здух направля́ется че́рез лопа́точный диффу́зор и выходны́е патру́бки к ка́мерам сгора́ния. Окружна́я ско́рость на перифе́рии крыльча́тки достига́ет 400–450 м/сек. Крыльча́тка монти́рована на валу́, кото́рый соединя́ется с ва́лом га́зовой турби́ны.

Ка́меры сгора́ния состоя́т ли́бо из отде́льных пла́менных труб, располо́женных по окру́жности вокру́г ва́ла дви́гателя, ли́бо из одно́й о́бщей ка́меры кольцево́го сече́ния.

центробе́жный centrifugal	направле́ние direction
осуществля́ться to be realized	монти́рована на валу́ mounted or set on roller, spindle, axle, shaft
вход, входно́й entrance	отде́льный separate
во́здух air	пла́менный flame (*adj.*)
крыльча́тка vane, wheel, blade, impeller	труба́ pipe
враща́ющий rotating	кольцево́е сече́ние ring section

BIOLOGY

Ко́рень, пита́ние расте́ния из по́чвы

В нача́ле своего́ разви́тия заро́дыш пита́ется за счёт пита́тельных веще́ств, заключённых в се́мени. Когда́ основна́я ма́сса пита́тельных веще́ств се́мени бу́дет потреблена́ заро́дышем, оно́ начина́ет

Пятна́дцатый Уро́к

добыва́ть и накопля́ть пита́тельные вещества́ из окружа́ющей среды́, становя́сь, таки́м о́бразом, самостоя́тельным расте́нием. К э́тому вре́мени уже́ развива́ются о́рганы пита́ния: ко́рни, сте́бель и ли́стья. Ко́рень вхо́дит в ближа́йшее соприкоснове́ние с по́чвой, ли́стья — с во́здухом. Дальне́йшее разви́тие расте́ния тепе́рь во мно́гом зави́сит от той среды́, где оно́ растёт и развива́ется.

Как происхо́дит пита́ние расте́ния из по́чвы? Вот центра́льный вопро́с, кото́рый до́лжен быть уяснён при изуче́нии настоя́щей главы́. По́сле э́того ста́нут поня́тны практи́ческие вы́воды о том, как лу́чше *возде́йствовать на по́чву в це́лях повыше́ния урожа́йности*.

ко́рень root
по́чва soil
возде́йствие action (*treatment*)
в нача́ле своего́ разви́тия in the beginning of its development
заро́дышь fetus, germ, seed-bud
заключённый enclosed (*past pass. part.*)
се́мя seed (*gen.* семени used in the text)
пита́тельный feeding
бу́дет потреблена́ will be used
начина́ть to begin
добыва́ть to get, acquire
накопля́ть to store
становя́сь becoming (*gerund, pres.*)
самостоя́тельный independent
развива́ться to develop
сте́бель stem
лист (ли́стья, *pl. nom*) leaf
ближа́йшее closest
соприкоснове́ние contact
настоя́щая глава́ the present chapter
возде́йствовать to act upon, treat
цель aim
повыше́ние increase, rise
урожа́йность harvestability, crop yield

CHEMISTRY

ХЛОР

(continued)

Свобо́дный хлор представля́ет собо́й жёлто-зелёный газ, состоя́щий из двуха́томных моле́кул. Под обы́чным давле́нием хлор сгуща́ется в жи́дкость при $-34°$. Он затвердева́ет при $-101°$. Оди́н объём воды́ растворя́ет, при обы́чных усло́виях, о́коло двух объёмов хло́ра. Из насы́щенного, при $0°$, раство́ра выделя́ется желтова́тый криста́ллогидра́т соста́ва $Cl_2 6H_2O$. Подо́бно фто́ру, хлор облада́ет ре́зким за́пахом. По свое́й основно́й хими́ческой фу́нкции хлор подо́бен фто́ру. Он та́кже явля́ется о́чень акти́вным одновале́нтным металло́идом. Одна́ко сродство́ хло́ра к электро́ну ме́ньше чем у фто́ра. Взаимоде́йствие хло́ра с водоро́дом, при обы́чной температу́ре и на рассе́янном свету́, осуществля́ется о́чень ме́дленно. Реа́кция идёт со взры́вом то́лько при нагрева́нии сме́си га́зов и́ли при бо́лее си́льном её освеще́нии.

Обратный распад HCl на элементы начинает становиться заметным лишь выше 1000°. Обычный метод технического и лабораторного получения HCl основан на взаимодействии NaCl и концентрированной H_2SO_4 по реакциям

$$H_2SO_4 + NaCl = NaHSO_4 + HCl$$
$$NaHSO_4 + NaCl = Na_2SO_4 + HCl$$

Первая из них, в значительной степени осуществляется при обычных условиях — при слабом нагревании. Напротив, вторая осуществляется лишь при более высоких температурах. Хлористый водород представляет собой бесцветный газ, переходящий в жидкое а затем твёрдое состояние при −85° и 112°. Молекула HCl характеризуется расстоянием между ядрами атомов 1,28 Å и довольно значительной полярностью.

свободный   free
зелёный   green
сгущаться   to be condensed, thicken
затвердевать   to solidify, coagulate
объём   volume
насыщенный   saturated

резкий   sharp
подобен   is similar
сродство   affinity
рассеянный свет   scattered light
освещение   illumination
осуществляться   to be realized

PHYSICS

Закон Кулона

Закон Кулона для взаимодействия полюсов. Опыты с двумя магнитными стрелками показывают, что *одноимённые полюсы отталкиваются, разноимённые притягиваются*.

Кулон первый изучил количественное соотношение для этого взаимодействия и тем положил основание точному научному исследованию в этой отрасли физики.

Закон Кулона может быть продемонстрирован на следующей установке (рис. 13). Тонкий намагниченный стержень $n_1 s_1$ (вязальная спица) укреплён так, что он может вращаться вокруг горизонтальной оси. Другой такой же магнит укреплён в вертикальном штативе, вдоль которого он может перемещаться. Если поместить однородные полюсы n_1 и n_2 обоих магнитов на одной вертикали, как показано на рисунке, то вращающийся магнит отклонится. Помещая на другую сторону магнита груз, можно вернуть вращающийся стержень в горизонтальное положение. В этом случае вращательный момент помещённого груза уравновешивает вращательный момент силы взаимодействия полюсов. Из равенства моментов и из измерения плеч можно вычислить самую силу взаимодействия.

Пятнадцатый Урок

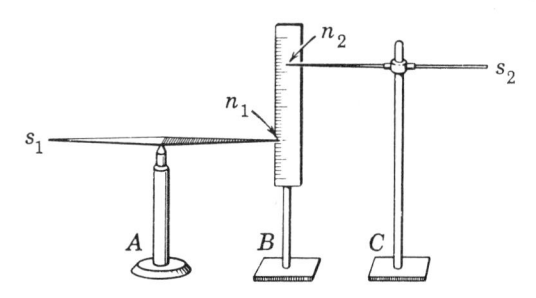

Рис. 13. Прибор для доказательства закона Кулона.

Меняя расстояние между полюсами, измеряемое по вертикальному масштабу, можно найти зависимость между силой и расстоянием при одних и тех же полюсах.

Составляя стержень из одной, двух, трёх одинаково насаженных спиц и помещая их на одном и том же расстоянии от закреплённого магнита, можно найти зависимость между силою взаимодействия и количеством магнетизма одного магнитного полюса при неизменном расстоянии обоих магнитов. Вставляя две, три намагниченные спицы в штатив, можно изучить влияние количества магнетизма второго магнита на один и тот же полюс подвижного магнита и при одном и том же расстоянии.

Эти опыты заставляют ввести понятие о количестве магнетизма в полюсе, или о магнитной массе.

закон law
взаимодействие interaction
показывать to show
одноимённый identically named
отталкиваться repel
разноимённый different named
соотношение relation
научный scientific
отрасль branch
продемонстрировать to demonstrate
установка setup
намагниченный magnetized
вязальная спица knitting needle
рис., рисунок diagram, figure, picture

укреплён fastened
ось axis
штатив stand
перемещаться to move around
отклониться to deflect, diverge
груз load
равенство equality
менять to change
одинаково similarly
неизменный constant
вставлять to insert
подвижной movable
заставлять to force
ввести to introduce

ШЕСТНА́ДЦАТЫЙ УРО́К

(SIXTEENTH LESSON)

Participles. Pronouns

GENERAL PATTERN FOR PARTICIPLE AND GERUND FORMATION

ACTIVE PARTICIPLE	START FROM	REMOVE	ADD
Present tense	3rd pers. pl. of the pres. tense	т	-щий, -щая, -щее, or -щие*
Past tense	masc. sing. of the past tense	л	-вший, -вшая, -вшее, or -вшие*
			-дший, -дшая, -дшее, -дшие*
			-ший, -шая, -шее, or -шие*
PASSIVE PARTICIPLE			
Present tense	1st pers. pl. of the pres. tense	—	-ый, -ая, -ое, -ые*
Past tense	masc. sing. of the past tense	л	-нный, -нная, -нное, or -нные*
	or the infinitive	ть	-тый, -тая, -тое or -тые
GERUND			
Present Tense	3rd pers. pl. of the pres. tense	ют ут	-я or а + сь
Past tense	masc. sing. of the past tense, perfective.	л	-в, -вши + сь, ши + сь, or for some perfective verbs -я or -а

92. THE PARTICIPLE is a very important construction in Russian and especially in scientific Russian. A participle is a *verbal adjective*, that is, a word that partakes of the nature of a verb and an adjective.

* If the reflexive is called for by any of these forms, the full particle ся is used, irrespective of whether a vowel or a consonant precedes it.

Шестнáдцатый Урóк

It may modify a noun and at the same time have functions, meaning, and construction of the verb from which it is derived.

English participles are:
1. Present active, ending in -ing: *Seeing* her, he stopped.
2. Passive or perfect, which usually ends in -ed, -d, -en, or -n: I saw her *feted* and *praised*.
3. Present passive and past passive, formed with "*to be*": Present: *Being seen*, she came out. Perfect: *Having been seen*, she came out.

Notice that in the *English* passive participle the verbal changes occur *not* in the specific verb *see* but in the passive auxiliary *to be*. You will see that in Russian these changes of meaning and tense are indicated *in the endings* of the participle.

93. USES OF THE PARTICIPLE.

(1) In Russian, participles are often used to replace relative clauses.

Луч проникáю**щий** корý
Луч, котóрый проникáет корý ⎬ The ray which penetrates the crust

(2) The participle may be used in an attributive sense, as a simple adjective.

возникáю**щий** вопрóс (*m.*)	the arising question
заряжáю**щий** процéсс (*m.*)	the charging process
кипя́**щая** водá (*f.*)	boiling water
послéдую**щее** развитие (*n.*)	subsequent development

(3) Just as adjectives are occasionally *used alone*, with the noun they refer to "understood," so participles may appear alone (sometimes modified) with their substantive implied.

рабóтаю**щий** —рабóчий (*active pres. part., m.*)	the working one—the worker
горю́**щее** — горю́чее (*active pres. part., n.*)	the burning thing—fuel
ископáем**ое** (*pres. passive part., n.*)	the dug up thing—mineral, fossil
читáю**щий** (*pres. active part., m.*)	the reading one—the reader

94. FORMS OF THE PARTICIPLE.

(1) The present active participle in Russian has the ending **-щий**. (In English it is characterized by the ending *-ing*.) The form is

arrived at by taking the third person plural of the *present* tense of the verb and replacing the terminal **-т** by **-щий**.

	INFINITIVE	3RD PL. PRES.	PRES. ACTIVE PART.
to study	изуча́ть →	изуча́ют →	изуча́ющий
to praise	хвали́ть →	хва́лят →	хва́лящий
to die	умира́ть →	умира́ют →	умира́ющий
to manage, or control	управля́ть →	управля́ют →	управля́ющий
to read	чита́ть →	чита́ют →	чита́ющий

This gives us the masculine singular of the form, but since a participle is a verbal *adjective*, it must agree with the noun it modifies in number, gender, and case. Thus:

Masculine: чита́**ющий** хи́мик
Feminine: чита́**ющая** студе́нтка
Neuter: чита́**ющее**
Plural, all genders: чита́**ющие** студе́нты

These are the nominative forms; other case endings follow the straightforward adjectival scheme of **хоро́ший**. See Lesson 12.

Note that when the participle is used in the strict attributive sense, there is no separating punctuation.

чита́ющий профе́ссор   the reading professor

However, when it is used to replace a clause, commas set off the phrase.

профе́ссор, чита́ющий ле́кцию   the professor, reading a lecture

(2) As the verb has a present and the past tense, so does the participle. The *past active* participle is formed on the *past* tense of the verb. (You will remember that the present active participle was derived from the present tense of the active voice.) For the past participle, take the past tense and replace **-л** with the ending **-вший, -вшая, -вшее, -вшие**

	INFINITIVE	PAST TENSE	PAST ACTIVE PARTICIPLE
to pierce	пронзи́ть	пронзи́л	пронзи́вший
to issue (from)	изли́ться	изли́лся	изли́вшийся

If the verb on which the participle is constructed is reflexive, the participle **ся** is added to the end of the word—*after* all the proper endings have been put on. This applies to participles in the *active* voice only. The pure passive voice, by its nature, does not permit the reflexive particle to be used. With irregular verbs (and Russian has

Шестна́дцатый Уро́к

its share of them) the ending may be **-ший, -шая, -шее,** and **-шие**. This form also agrees with the modified noun in number, gender, and case.

промока́ть to permeate   **промо́кший** permeated, wet, soaked

(3) The *present passive* participle indicates that the subject is acted upon. It is characterized by the endings **-мый, -мая, -мое,** and **-мые**. It is formed on the first person plural of the present tense of the verb of the *imperfective* aspect.

	INFINITIVE	1ST PERS. PL.	PRESENT PASSIVE PARTICIPLE
to respect	уважа́ть	уважа́ем	уважа́емый

Like the other participial forms, this one also agrees in number, gender and case with the noun it modifies.

уважа́е**мый** профе́ссор (*m.*)   a respected professor
уважа́е**мая** да́ма (*f.*)   a respected lady
уважа́е**мое** де́ло (*n.*)   a respected affair
уважа́е**мые** студе́нты (*pl.*)   respected students

In its declension it follows the adjective **но́вый,** (see Lesson 12).

Nom.   уважа́е**мый**
Gen.   уважа́е**мого**
Dat.   уважа́е**мому**
Acc.   уважа́е**мый** (**-ого**)
Instr.   уважа́е**мым**
Prep.   об уважа́е**мом**

The present passive participle has also a *short form* terminating in **-м** (masculine singular); **-ма** (feminine singular); **-мо** (neuter singular) and **-мы** (plural for all genders). These forms (as well as similar shortened forms of the adjective; see Lesson 15) are used predicatively and are indeclinable. They agree with the noun concerned only in number and gender. Профе́ссор уважа́ем, да́ма уважа́ема, де́ло уважа́емо, студе́нты уважа́емы. Like the other participial forms the present passive participle may be used as

1. clause replacement   профе́ссор, **уважа́емый** все́ми, . . .
2. attributively   профе́ссор **уважа́ем** (not in great use)
3. a noun   **уважа́емый**

(4) The *past passive* participle indicates that the subject has been acted upon. The endings for this form are **-тый** and **-нный (ный)**. This form, like the other participles, agrees with the noun in number,

gender and case. It also has an undeclinable shortened form which indicates only the gender and number. In this form the double **н** of **нный** is simplified to a single **-н**.

(a) Form: Drop the **-ать** from the infinitive form of the verb, usually in the perfective, and add the past participle endings.

	INFINITIVE	PASS. PAST PART. DECLINABLE	PASS. PAST PART. SHORTENED FORM, NOT DECLINABLE
to make, establish	**созда́ть**	**со́зданный**	**со́здан**
to filter	**фильтрова́ть**	**фильтро́ванный**	**фильтро́ван**

In verbs ending with **-ить**, **и** changes into **е** or **ё** (if stressed) when followed by **-нный**.

	INFINITIVE	PASS. PAST PART. DECLINABLE	PASS. PAST PART. SHORTENED FORM, NOT DECLINABLE
to state	**изложи́ть** →	**изло́женный, -ая, -ое, -ые**	**изло́жен, изло́жена, -о, -ы**
to treat with oil	**прома́слить** →	**прома́сленный, -ая, -ое, -ый**	**прома́слен, прома́слена, -о, -ы**

In preceding lessons the readings have contained many participle forms. As an exercise go through these texts, find the participial forms, and identify them and the verbs that they came from.

95. THE GERUND in Russian is an adverbial participle or a verbal adverb. (It is not a verbal noun as it is in English.)

(1) Replacing subordinate adverbial clauses, it modifies a verb and refers to the subject of that verb.

(2) Since its function is adverbial, it is not declined.

(3) It can be reflexive or not, depending on the verb from which it is formed.

(4) It can appear in the present or past tense; but the *present gerund* is in the *imperfective* aspect and the *past gerund* is usually in the *perfective* aspect.

But: Not every verb has gerunds in both tenses
Some verbs have no gerunds at all
Though there is a passive voice, the passive gerund is generally replaced in Russian by an adverbial clause.

Шестна́дцатый Уро́к

Uses

(1) The *present gerund* (*active voice*) is employed to indicate an action or condition contemporary with the action of the main verb, which may be in any tense or aspect.

Он чита́ет **сто́я**	He reads standing up
Профе́ссор помога́л студе́нтам, **ходя́** по лаборато́рии	The professor helped the students as he walked around the laboratory

The position of a clause introduced by a gerund is not fixed, but it is always set off by commas. The sentence above may also appear thus:

Ходя́ по лаборато́рии, профе́ссор помога́л студе́нтам
Профе́ссор, **ходя́** по лаборато́рии, помога́л студе́нтам

The gerund may also indicate cause.

Не **име́я** де́нег, он оста́лся до́ма	Since he did not have money he stayed at home

(2) The *past gerund* (*active voice*) indicates an action or situation preceding the action of the main verb. It may precede a past, present, or future action of this verb.

Прочита́в ле́кцию, я **пошёл** домо́й	Having read the lecture, I *went* home
Прочита́в ле́кцию, я **иду́** домо́й	Having read the lecture, I *am going* home
Прочита́в ле́кцию, я **пойду́** домо́й	Having read the lecture, I *shall go* home

(3) The passive forms of the gerund are generally avoided in Russian by substituting an adverbial clause with a verb and a conjunction. Nevertheless it does exist. The *present passive gerund* is formed by **бу́дучи** + the shortened form of the present passive participle and indicates number and gender only.

Бу́дучи все́ми **уважа́ем**, он име́ет большо́е влия́ние	Being respected by all, he has great influence

The more current rendition is the following:

Так как все его́ уважа́ют, он име́ет большо́е влия́ние	Since everyone respects him, he has great influence

(4) The *past passive gerund* is formed by **бы́вши** + the shortened form of the present passive participle and indicates number and gender only.

Бы́вши все́ми уважа́ем, он име́л большо́е влия́ние	Since he had been respected by all, he had great influence

The preferred alternative is.

Так как его́ все́ уважа́ли, он име́л большо́е влия́ние	Since he had been respected by all, he had great influence

96. THE PRONOUN: WHO AND WHOSE.

(1) **Чей** meaning *whose, to whom,* is used in *interrogative* sentences and is declined to agree with the noun it modifies in gender, number and case.

	SINGULAR			PLURAL ALL
	MASC.	FEM.	NEUTER	GENDERS
Nom.	чей	чья	чьё	чьи
Poss.	чьего́	чьей	чьего́	чьих
Dat.	чьему́	чьей	чьему́	чьим
Acc.	чей or чьего́	чью	чьё	чьи, чьих
Instr.	чьим	чье́ю	чьим	чьи́ми
Prep.	о чьём	о чьей	о чьём	о чьих

Чей микроско́п?	Whose microscope?
Чья рабо́та вам бо́льше нра́вится?	Whose work do you like better?
В **чьей** лаборато́рии вы рабо́таете?	In whose laboratory do you work?

(2) In declarative sentences *whose* is rendered by **кото́рый, -ая, -ое** in the genitive case. It agrees in gender and number with the *noun that governs it.* It is not declined.

Профе́ссор, в лаборато́рии **кото́рого** я рабо́таю, о́чень изве́стен	The professor in whose laboratory I work is very famous
Писа́тельница, кни́ги **кото́рой** я чита́ю, здесь	The writer (*f.*) whose books I read is here
Студе́нты, рабо́та **кото́рых** на вы́ставке, студе́нты Моско́вского Университе́та	The students whose work is on exhibit are students of the Moscow University

Шестна́дцатый Уро́к

(3) INDEFINITE PRONOUNS. Interrogative words like **кто**, **что**, **чей**, **как**, **где**, **куда́**, **когда́**, **како́й**

(a) when followed by the particle **то**, express definiteness and certainty: *someone, something, someone's, somehow*, etc.

Профе́ссор **что-то** объясня́ет	The professor is explaining something
Он **куда́-то** пошёл	He went some place (specific)
Я уве́рен, что **кто-то** реши́л зада́чу	I am certain someone solved the problem

(b) when followed by **нибу́дь**, express uncertainty or conjecture: *anyone, anything, anyone's, anyway, anywhere*.

Он пойдёт **куда́-нибу́дь**	He will go some place (anywhere)
Кто-нибу́дь мо́жет вам объясни́ть	Anyone can explain it to you

97. A REVIEW OF DEMONSTRATIVE PRONOUN DECLENSIONS.

	SINGULAR			PLURAL
	э́тот—*this one*			*these*
	MASC.	FEM.	NEUTER	ALL GENDERS
Nom.	э́**тот**	э́т-**а**	э́т-**о**	э́т-**и**
Gen.	э́т-**ого**	э́т-**ой**	э́т-**ого**	э́т-**их**
Dat.	э́т-**ому**	э́т-**ой**	э́т-**ому**	э́т-**им**
Acc.	like *n.* or *g.*	э́т-**у**	э́т-**о**	like *n.* or *g.*
Instr.	э́т-**им**	э́т-**ою (ой)**	э́т-**им**	э́т-**ими**
Prep.	об э́т-**ом**	об э́т-**ой**	об э́т-**ом**	об э́т-**их**

	тот—*that one*			*those*
	MASC.	FEM.	NEUTER	FOR ALL GENDERS
Nom.	**тот**	т-**а**	т-**о**	т-**е**
Gen.	т-**ого́**	т-**ой**	т-**ого́**	т-**ех**
Dat.	т-**ому́**	т-**ой**	т-**ому́**	т-**ем**
Acc.	like *n.* or *g.*	т-**у**	т-**о**	like *n.* or *g.*
Instr.	т-**ем**	т-**о́ю (ой)**	т-**ем**	т-**е́ми**
Prep.	о т-**ом**	о т-**ой**	о т-**ом**	о т-**ех**

98. DECLENSION OF **весь**. The collective pronoun and adjective **весь**, meaning "all, everything, whole, entire," is declined as follows.

Sixteenth Lesson

	SINGULAR			PLURAL
	MASC.	FEM.	NEUTER	ALL GENDERS
Nom.	вес-**ь**	вс-**я**	вс-**ё**	вс-**е**
Gen.	вс-**его́**	вс-**ей**	вс-**его́**	вс-**ех**
Dat.	вс-**ему́**	вс-**ей**	вс-**ему́**	вс-**ем**
Acc.	like *n.* or *g.*	вс-**ю**	вс-**ё**	like *n.* or *g.*
Instr.	вс-**ем**	вс-**е́ю** (ей)	вс-**ем**	вс-**е́ми**
Prep.	о вс-**ём***	о вс-**ей**	о вс-**ём**	о вс-**ех**

Uses

(1) Pronoun

Singular

Я **всё** сде́лал — I have done everything
Всё хорошо́, что хорошо́ конча́ется — All is well that ends well

Plural

Все пришли́ на собра́ние — All came to the meeting

(2) Adjective

Singular

Masc.: Я рабо́таю **весь** день — I work all day long (or the whole day)
Fem.: Я прочита́л **всю** кни́гу — I read the whole book
Neut.: Я принёс **всё** зо́лото — I bought all the gold

Plural

Все студе́нты в кла́ссе сего́дня — All the students are in class today
Я прочита́л **все** кни́ги — I read all the books

99. THE REFLEXIVE PRONOUN. We have already discussed the reflexive pronoun which in its shortened form **-ся** is attached to verbs to make them reflexive. **Себя́** may, however, be used in its full form. By virtue of its role (indicating that the action of the verb is directed *back* at the subject, or reflected back to the subject) this pronoun cannot have a nominative case.

It may be used for any of the three persons, singular or plural, depending on the subject of the verb to which it refers.

* Many Russians prefer to say "обо всём."

Шестнадцатый Урок

Nom.	——
Gen.	себя
Dat.	себе
Acc.	себя
Instr.	собой (-ою)
Prep.	о себе

Посмотри **на себя**!   Look at yourself!
Я **себе** купила платье   I bought a dress for myself
Он взял **на себя** ответственность   He took the responsibility on himself

100. THE RELATIVE PRONOUN **КОТОРЫЙ** (which). This pronoun is used to introduce relative clauses which, in Russian, are always set off by commas. Unlike English, Russian cannot dispense with the relative pronoun. We may say "The dress I am wearing." The Russian *must* say "The dress which I am wearing."

The pronoun **который, -ая, -ое**, is declined following the pattern of adjectives that terminate in **-ый**.

The relative pronoun agrees in *gender* and *number* with its *antecedent*, while its *case* is governed by *its function* in the clause.

Господин, **который** работает здесь   The gentleman who works here
Господин, **которого** я видал   The gentleman whom I saw
Студенты, **которых** я видал   The students whom I saw

NOTE: When the relative pronoun falls in the *genitive* case it *follows* the word that it modifies. This is one of the few rules of word order in Russian.

Профессор, работу **которого** я знаю   The professor whose work I know

УПРАЖНЕНИЯ — EXERCISES

A. Translate into Russian, using participles and gerunds:

1. The magnet attracting iron is here. 2. The theory explaining my experiment is good. 3. The student writing at the table is a physicist. 4. I see* the chemist filtering the liquid through the paper. 5. We went into the room situated (*from* находиться) in the laboratory of chemistry. 6. I do not like the theory explained by the astronomer. 7. Mr. Ivanov, who brought this book, is my beloved professor. 8. The magnet, which you have seen today, is used on Monday. 9. The

---

* Видеть (II): вижу, видишь, -ят.

students meeting each other (*use gerund here*) spoke a great deal. 10. Among the ones who spoke (speaking) there were no physicists. 11. Our students, who know chemistry, were in Moscow. 12. I do not know the physicist who discovered this phenomenon. 13. The book is read by all the scientists.

B. Translate the above sentences using relative clauses instead of participles.

AERONAUTICAL ENGINEERING

Компре́ссор

(*continued*)

В пе́рвом слу́чае ка́ждая ка́мера присоединя́ется к ко́рпусу компре́ссора и соплово́му аппара́ту турби́ны с по́мощью устро́йств, допуска́ющих теплово́е расшире́ние. Ка́ждая ка́мера снабжена́ форсу́нкой, впры́скивающей то́пливо по пото́ку и́ли про́тив пото́ка. Обы́чно в 2 ка́мерах устана́вливаются пусковы́е форсу́нки и све́чи для воспламене́ния то́плива при за́пуске; в остальны́х ка́мерах воспламене́ние сме́си при за́пуске происхо́дит че́рез соедини́тельные тру́бки. Во́здух, поступа́ющий из компре́ссора, разделя́ется на два пото́ка: о́коло 20% поступа́ет в огневу́ю часть ка́меры, где происхо́дит основно́й проце́сс горе́ния то́плива: остально́е коли́чество во́здуха омыва́ет нару́жные сте́нки огнево́й ча́сти ка́меры и постепе́нно вво́дится внутрь ка́меры. Горя́чие га́зы, выходя́щие из огнево́й ча́сти ка́меры, после́довательно сме́шиваются с дополни́тельно вводи́мыми по́рциями во́здуха и образу́ют газовозду́шную смесь с за́данной температу́рой, допуска́емой жаропро́чностью лопа́ток турби́ны (800–850° C).

присоединя́ться to be joined	свеча́ wick, candle
расшире́ние expansion	поступа́ющий feeding in, coming in (from the verb поступа́ть)
впры́скивающий squirting	внутрь into the interior
пото́к flow	дополни́тельно additionally
пусковы́е форсу́нки starting jets	вводи́мыми introduced
устана́вливаться to be installed	

BIOLOGY

Соста́в по́чвы

Е́сли в по́ле и́ли на лугу́ сде́лать разре́з по́чвы, то на э́том разре́зе мо́жно ви́деть не́сколько горизонта́льных слоёв. Ве́рхний слой бо́лее гу́сто окра́шен в тёмный цвет, что ука́зывает на большо́е содержа́ние в нём перегно́я. Ни́жние же сло́и обы́чно быва́ют значи́тельно светле́е.

Шестна́дцатый Уро́к

В по́чве мёртвые ча́сти расте́ний и живо́тных разлага́ются под де́йствием миллио́нов микро́бов, населя́ющих по́чву. Полуразложи́вшиеся органи́ческие вещества́ части́чно растворя́ются в по́чвенной воде́.

Таки́е раство́ры перегно́йного вещества́ проника́ют из ве́рхних слоёв по́чвы в бо́лее глубо́кие. Они́ пропи́тывают песо́к и гли́ну, скле́ивают их и окра́шивают по́чву в тёмный цвет.

При дальне́йшем разложе́нии перегно́йных веще́ств из них образу́ются минера́льные со́ли.

При рассма́тривании го́рсти по́чвы, рассы́панной на листе́ бе́лой бума́ги, я́сно ви́дно, что по своему́ соста́ву по́чва неоднородна́. В ней нахо́дятся разли́чной величины́ оста́тки часте́й расте́ний и живо́тных, кру́пные песчи́нки и ме́лкие части́цы по́чвы.

Для бо́лее подро́бного знако́мства с соста́вом по́чвы с ней проде́лывают ряд о́пытов. Снача́ла по́чву прока́ливают. При э́том перегно́йные вещества́ сгора́ют, а по́чва заме́тно светле́ет. Зате́м прокалённую по́чву мо́жно насы́пать в проби́рку с чи́стой дистилли́рованной водо́й и си́льно взболта́ть. Внача́ле вода́ помутне́ет, а зате́м постепе́нно ста́нет светле́ть. При э́том на дно проби́рки ося́дет снача́ла песо́к, а зате́м, пове́рх его́, гли́на.

По́сле выпа́ривания отфильтро́ванного раство́ра на дне ча́шки оста́нется желтова́тый порошо́к. Э́то ука́зывает, что в воде́ раствори́лась кака́я-то часть по́чвы.

по́ле field	гли́на clay
луг meadow	скле́ивать to glue
сде́лать to make	горсть handful
разре́з cut	рассы́панная scattered
слой layer, stratum	неодноро́дный heterogeneous
ве́рхний upper	оста́тки часте́й remainder of parts
гу́сто thickly	кру́пные песчи́нки coarse granules
окра́шен colored	подро́бный detailed
тёмный цвет dark color	с ней проде́лывать to perform on it
перегно́й humus, compost	ряд series
ни́жний lower	прока́ливать to fire, roast, bake
светле́е lighter	сгора́ть to burn up
мёртвые dead	светле́ть to grow lighter
живо́тное animal	взболта́ть to shake up
разлага́ться to decompose	помутне́ть to cloud up
населя́ющий populating, filling	постепе́нно gradually
полуразложи́вшийся semidecomposed	выпа́ривание evaporation
части́чно partially	дно bottom
глубо́кий deep	ча́шка cup
пропи́тывать to permeate	желтова́тый yellowish
песо́к sand	порошо́к powder

CHEMISTRY

Жидкий воздух

До XIX века считали, что газы являются таковыми по самой своей природе и вопрос о сжижении их даже не ставился. Основные опыты в этом направлении впервые произвёл Фарадей в 20-х годах XIX века. Применяя значительные давления, ему удалось получить в жидком состоянии хлор, аммиак, углекислый газ и целый ряд других веществ ,,газообразной природы". Однако оставались ещё многие, в частности основные газы воздуха — кислород и азот, которые, несмотря на все усилия, не сгущались. На них перенесли то представление, которое раньше было общим, и стали считать их ,,постоянными" газами. Лишь в 1877 г. одновременно двум учёным — Кальетэ и Пиктэ — удалось получить в жидком состоянии один из этих ,,постоянных" газов — кислород. Вслед за тем были сжижены и все другие.

Причина неудач прежних попыток лежала в том, что ещё неясна была сущность различия между газообразным и жидкми состоянием вещества. Мы знаем теперь, что в обоих случаях имеет место и взаимное притяжение молекул и их взаимное расталкивание. Жидкое состояние вещества характеризуется преобладанием первого, газообразное — второго. Но взаимное притяжение молекул практически не зависит от температуры. Напротив, обусловленное их ударами друг о друга взаимное расталкивание весьма сильно зависит от температуры, так как значение последней определяет скорость движения молекул и их кинетическую энергию. Очевидно, что газ может быть переведён в жидкое состояние лишь тогда, когда стяжение получит преобладание над расталкиванием или по крайней мере сравняется с ним. Та температура, при которой имеет место последнее, называется критической. Она различна для разных веществ и например для хлора равна +144°. Поэтому, применив достаточное давление, хлор можно перевести в жидкое состояние и без его охлаждения. Критические температуры основных газов воздуха лежат, наоборот, очень низко.

сжижение	liquefaction	притяжение	attraction
вопрос ставится	the question is raised	расталкивание	pushing apart (*noun*)
представление	notion, concept	преобладание	prevalence
одновременно	simultaneously	обусловленный	conditioned
причина	reason	удар	blow
неудача	failure	стяжение	concretion, nodule
попытка	attempt	сравниться	to become equal to
сущность	nature, essence	применять	to apply
различие	distinction	достаточный	sufficient
		охлаждение	cooling (*noun*)

Шестна́дцатый Уро́к

PHYSICS

Зако́н кул́она

(continued)

Зако́н Куло́на для взаимоде́йствия по́люсов получа́ет сле́дующий вид:

Два то́чечных магни́тных по́люса де́йствуют друг на дру́га с си́лой, пря́мо пропорциона́льной произведе́нию магни́тных масс по́люсов и обра́тно пропорциона́льной квадра́ту расстоя́ния ме́жду ни́ми.

Éсли обозна́чить ма́ссу одного́ по́люса че́рез m, ма́ссу друго́го — че́рез m_1, расстоя́ние по́люсов — че́рез r, си́лу взаимоде́йствия — че́рез F и мно́житель пропорциона́льности — че́рез k, то зако́н мо́жет быть вы́ражен сле́дующей фо́рмулой:

$$F = \frac{kmm_1}{r^2}.$$

Относи́тельно зна́ка си́лы име́ют ме́сто те же соображе́ния, кото́рые вы́сказаны для си́лы взаимоде́йствия двух электри́ческих заря́дов.

Едини́ца магни́тной ма́ссы. Что́бы установи́ть едини́цу магни́тной ма́ссы, поло́жим, что взаимоде́йствуют то́чечные по́люсы с одина́ковыми ма́ссами $m = m_1$ и что $r = 1$ см, $F = 1$ ди́не и $k = 1$; тогда́ *за едини́цу магни́тной ма́ссы принима́ется така́я магни́тная ма́сса, кото́рая де́йствует в пустоте́ на ра́вную ей магни́тную ма́ссу на расстоя́нии 1 см с си́лой в 1 ди́ну.*

Эта едини́ца называ́ется магни́тной едини́цей ма́ссы в систе́ме CGS и обознача́ется че́рез CGSM магни́тной ма́ссы.

При тако́м вы́боре едини́ц фо́рмула получа́ет вид:

$$F = \frac{mm_1}{r^2},$$

отку́да при да́нных усло́виях:

$$1 \text{ ди́на} = \frac{1 m^2}{1^2 см^2}, \text{ и́ли } m = \sqrt{\partial н \cdot см^2}.$$

Наименова́ние едини́цы магни́тной ма́ссы в систе́ме CGSM полу́чим, вводя́ в выраже́ние для m наименова́ние ди́ны.

Едини́ца магни́тной ма́ссы CGSM име́ет наименова́ние

$$\sqrt{\frac{г \cdot см}{сек^2}} \cdot см^2 = г^{\frac{1}{2}} см^{\frac{3}{2}} сек^{-1}.$$

Sixteenth Lesson

вид	form	мно́житель	coefficient
то́чечный	point	соображе́ние	consideration
си́ла	force	установи́ть	to establish
пря́мо	directly	поло́жим	let us suppose
обра́тно	inversely	ди́на	dyne
квадра́т	square	вы́бор	selection
расстоя́ние	distance	выраже́ние	expression
обозна́чить	to mark, designate	наименова́ние	name, dim
зако́н	law		
знак	symbol, sign		
заря́д	charge		

СЕМНА́ДЦАТЫЙ УРО́К
SEVENTEENTH LESSON

Numerals. Collectives. Fractions

101. NUMBERS. USE WITH CASES:

(1) **Оди́н** agrees in *gender*, *case*, and *number* with the noun it modifies.

оди́н аппара́т
одна́ кни́га
одно́ де́ло

(2) **Полтора́** (one and a half), **два** (two), **три** (three), **четы́ре** (four), and combination with these numbers *other than* 11, 12, 13, and 14 and **о́ба** (both), govern the *genitive singular* of the noun when logical usage demands the nominative or accusative (inanimate) of the numbers.

два аппара́та, **три** стола́, **четы́ре** тече́ния

If another case, i.e., one of the so-called oblique cases, is involved, then the noun and the numeral are rendered in their proper forms.

Gen.	двух аппара́тов	трёх столо́в	четырёх тече́ний
Dat.	двум аппара́там	трём стола́м	четырём тече́ниям
			etc.

If, however, the noun is modified by an adjective, then the adjective is put into the genitive plural.

три больш**и́х** аппара́та   три хоро́ш**их** кни́ги

(3) In the nominative singular, the numeral **два** (two) has a separate form for the feminine.

два ва́жных о́пыта (*m*.)   **две** интере́сных карти́ны (*f*.)

102. PATTERNS FOR CASE USAGE WITH NUMERALS. Nouns and adjectives with the following numbers take the indicated pattern.

(1) *One* and combinations with *one*, e.g., 21, 31, 41, 51, etc., govern the noun and adjective in the *nominative singular*.

(2) *Two, three, four,* and their combinations (e.g., 22, 23, 24) place the noun in the *genitive singular* and the adjective in the *genitive plural.*

3. 5–20, 25–30, 35–40, 45–50, etc. as far as 100 have *both* the noun and adjective in the genitive plural.

NOTE: All numerals ending in the soft sign, as **пять, семь, двáдцать, трúдцать,** are declined like feminine nouns terminating in a -ь as **жúдкость.**

УПРАЖНÉНИЯ — EXERCISES

A. Read through the following and explain the formation and reason for each item:

Одúн луч, одúн сúльный луч, одно тéло, однó твёрдое тéло, однó ширóкое окнó, однá мáсса, однá чёрная мáсса, двáдцать одúн дом, сóрок одúн час, сто одúн день, тысяча трúста одúн фунт.

Два размéра, два лучá, два сúльных лучá, две частúцы, две больших чáсти, трúдцать два грáдуса, восемьсóт шестьдесят два мéтра.

Три áтома, три возмóжности, три рáзных скóрости, сéмьдесят три фотогрáфии, тысяча девянóсто три вáжных кнúги.

Четыре веществá, четыре вáжных состáва, двáдцать четыре часá, сто сóрок четыре грáдуса, тысяча трúдцать четыре дóллара.

But:

Пять недéль, трúста шестьдесят пять дней, тысяча двéсти трúдцать пять больших домóв.

B. Since numbers are so exceedingly important to the scientist it is advisable that he have ample practice in them. Below is a simple exercise in translation:

75 dollars, 63 meters, 32 pounds, 45 degrees, 125 new books, 50 tables, 265 students, 38 good students, 8 months, 69 minutes, 77 electric lamps, 143 long words, 8 new experiments, 2 new elements, 14 days, 35 boys, 659 flasks, 102 elements, 12 months.

103. BOTH, **óба,** has *two* declensions, one for the masculine and neuter and another for the feminine nouns. **Óба** and **óбе** govern the genitive singular of the noun and the nominative or genitive plural of the adjective.

Семнадцатый Урок

MASCULINE	
AND NEUTER	FEMININE
Both	*Both*
óба	óбе
обóих	обéих
обóим	обéим
like *n.* or *g.*	like *n.* or *g.*
обóими	обéими
об обóих	об обéих

Оба случая интересны	Both instances are interesting
Обе лампы на столé	Both lamps are on the table

In cases other than the nominative, the noun and the adjective agree with **óба** and **óбе** in each case.

104. COLLECTIVE NUMERALS. These are formed from the cardinal numerals as far as *ten*; however, those referring to *eight, nine* and *ten* are rarely used.

(1) Form:
  двóе
  трóе   two of something, twosome
  чéтверо   three of, etc.
  пятеро
  шéстеро
  сéмеро
  вóсьмеро ⎫
  дéвятеро ⎬ (rarely found)
  дéсятеро ⎭

The words **пятóк** (five), **десятóк** (ten), **дюжина** (dozen), **сóтня** (a hundred) may also be considered collective numerals.

(2) These collective numerals generally take the genitive plural. They are used

 (a) With nouns that include more than one gender.

У них **чéтверо** гостéй	They have four guests.
У меня **двóе** детéй	I have two children

 (b) With nouns that have only a plural number.

У мéня **трóе санéй**	I have three sleighs
У профéссора **двóе часóв**	The professor has two watches

The addition of the prefix **в** to any of these collective numerals results in adverbs that govern the comparative degree of the adjective.

| Этот аппарат **вдвое** тяжелее другого | This apparatus is twice as heavy as the other one |
| Эта книга **втрое** труднее той | This book is three times as difficult as that one |

105. FRACTIONS. The numerals are as follows:

половина	a half
треть	a third
четверть	a quarter
восьмая	an eighth
полтора	one and a half

Other fractional numbers are rendered in the same way as in English; i.e., the numerator is a cardinal number while the denominator is the ordinal. If the fraction is "*one* sixth", then the denominator is in the *nominative singular* of the *feminine* gender.

Одна шестая

Шестая is feminine because **часть** is understood. If the fraction is "*two* sixths" or "*three* eighths" and the like, then the denominator is in the *genitive plural*.

две шестых
три восьмых

Половина—*half*: **пол**, meaning *half of*, may be compounded with the genitive of various nouns of measure: e.g., **полчаса, полгода, полмили, полфунта**.

УПРАЖНЕНИЯ –EXERCISES

A. Read and translate the following:

четыре тысячи четыреста
двести двадцать
пятьсот девятнадцать
сто девять
тридцать восемь
двести двадцать восемь
семьсот тридцать шесть
тысяча восемьсот восемьдесят шесть

тысяча шестьдесят четыре
две тысячи пятьсот
две тысячи триста
три тысячи шестьсот шестьдесят один
девятьсот девяносто пять
пять тысяч шестьсот сорок девять

Семнадцатый Урок

B. Read and translate:

три четверти	четыре десятых
две восьмых	пять двадцатых
пять шестьнадцатых	одна тридцатая
три восьмых	две пятнадцатых
шесть пятых	три двенадцатых
две третьих	пять десятых
одна двенадцатая	четыре восьмых
пять десятых	три пятых

C. It is of utmost importance to the scientist to differentiate between different numbers having one root, e.g., nine, nineteen, nineteenth, etc. Translate the following and explain the forms used:

четыре фунта	четыреста книг
четвёртый час	четырнадцать студентов
четверть мили	четверо профессоров

D. Now write down the corresponding series of forms for derivatives of three, five, six, seven, eight, nine, and two.

E. Translate into Russian, writing out the figures:

1. 1 new book and 8 blue books. 2. 18 laboratories and 24 students. 3. 22 kilograms. 4. 90 elements. 5. The temperature was 36° C. 6. 23 scientists. 7. 103 meters. 8. 4 microscopes and 7 magnets. 9. The results of six experiments. 10. 1½ meters. 11. The airplane has four motors and two wings. 12. 7 metals. 13. The professor spoke to 200 students. 14. 26 groups and 28 institutes. 15. 164 astronomers. 16. 12 minerals and 8 vitamins. 17. The chemist explained 99 elements. 18. There are 35 machines in the factory. 19. The temperature is 212° F. 20. 16 classes of functions. 21. One million dollars, or two million dollars. 22. 463 grams. 23. 40 meters or 400 centimeters. 24. I saw 33 pilots. 25. 75 airplanes arrived in Moscow. 26. 1958. 27. 1664. 28. 1835. 29. 1442. 30. 853.

AERONAUTICAL ENGINEERING
Авиационный двигатель
(continued)

Газовая турбина состоит из соплового аппарата и ротора турбины. Сопловой аппарат представляет собой два обода с заключёнными между ними направляющими лопатками. Ротор турбины состоит из диска, рабочих лопаток и объёмного вала. Рабочие лопатки выполняются в двух вариантах: неохлаждаемые и пустотелые с воздушным или жидкостным охлаждением. Крутящий момент от вала турбины к валу компрессора передаётся либо посредством соединительной муфты с внутренними шлицами, либо вал турбины и задняя полуось компрессора образуют единую жёсткую систему.

Реактивное сопло образует кольцевой сходящийся канал, проходное сечение которого в некоторых двигателях автоматически регулируется посредством подвижного профилированного конуса в зависимости от скорости и высоты полёта. Однако чаще реактивное сопло в двигателях не регулируется. Корпус реактивного сопла крепится к заднему фланцу корпуса блока камер сгорания или к бандажу.

Прямоточные авиационные двигатели используют для сжатия скоростей напор набегающего потока воздуха в полёте. Реакция вытекающей струи газов создаёт непосредственно тягу, поэтому прямоточные авиационные двигатели относятся к классу реактивных ав. двигателей. С увеличением скорости полёта степень сжатия воздуха в диффузоре воздушно-реактивного ав. двигателя возрастает. В соответствии с этим в прямоточном воздушно-реактивном ав. двигателе отсуствует как компрессор, так и турбина, приводящая его во вращение.

сопловой аппарат jet apparatus	крутящий момент turning momentum
представлять собой to represent	
обод rim, hoop	передаваться to be transferred
заключённый enclosed	посредством by means of
направляющий directing	задний rear
выполняться to be made or executed	образовать to form
неохлаждаемый uncooled	кольцевой ring (adj.)
пустотелый hollow	конус cone
жидкостный liquid	в зависимости от depending on
охлаждение cooling	крепиться to be attached to

BIOLOGY

Почва

(continued)

Это показывает, что в его* состав входят почвенные минеральные соли.

Итак, почва состоит из двух частей: горючей, или органической, — перегноя, и несгораемой, минеральной — песка, глины, минеральных солей.

В почве находится очень небольшое количество минеральных солей, растворимых в воде. Примерно, на 100 г почвы приходится

* Reference here is to the solution discussed in the preceding lesson.

от 0,1 *г* до 1 *г* солей. Значение же их в жизни растения очень велико. Минеральные соли являются питательными веществами, которые растение получает из почвы.

Только очень небольшое количество минеральных веществ почвы растворяется в воде и потому легко усваивается корнями растений. Бо́льшая же часть их нерастворима в воде и лишь частично может растворяться в кислотах. Она уже менее доступна для питания растений. Нерастворимая ни в воде, ни в кислотах часть почвы совсем недоступна для питания растений. Правда, в почве под влиянием воды, воздуха и жизнедеятельности микробов происходят постоянные химические изменения. Тогда при известных условиях часть нерастворимых в воде минеральных веществ почвы может превращаться в растворимые. Поэтому нерастворимую часть почвы можно рассматривать как некоторый запас питательных минеральных веществ, который растения могут использовать на будущее время. В твёрдой нерастворимой части почвы растение укрепляется своими корнями.

соль salt
горючий combustible, inflammable
несгораемый incombustible
велико́ great
усва́ивать to assimilate (-ся, to be assimilated)
бо́льшая the greater
доступный accessible

известный known
нерастворимый insoluble
запас store
использовать to utilize
укрепить (укрепляю 1st pers. sing. pres. tense) to be strengthened, reinforced

CHEMISTRY

Жидкий воздух

(*continued*)

Критические температуры основных газов воздуха лежат, наоборот, очень низко: кислорода при $-119°$ и азота при $-147°$. Поэтому воздух можно перевести в жидкое состояние, лишь охладив его предварительно ниже указанных температур. Между тем, предшественники Кальете и Пиктэ пытались получить жидкий воздух, применяя давления до нескольких десятков тысяч атмосфер, но не заботясь о достаточном охлаждении.

Экспериментальное определение критической температуры производится следующим образом: в очень толстостенной стеклянной трубке запаивается небольшое количество исследуемого жидкого вещества (если нужно под давлением). На границе раздела жидкости и её пара образуется мениск. При постепенном нагревании трубки в ней всё время увеличивается давление, поэтому жидкость целико́м не испаря́ется и мени́ск отчётливо ви́ден. Вблизи́ крити́ческой температу́ры мени́ск начина́ет одна́ко станови́ться всё бо́лее пло́ским и наконе́ц соверше́нно исчеза́ет. После́днее ука́зывает на то, что вещество́ во всём объёме тру́бки нахо́дится в единообра́зном состоя́нии. Та температу́ра, при кото́рой происхо́дит исчезнове́ние мени́ска, и явля́ется крити́ческой температу́рой иссле́дуемого вещества́.

охлади́ть to cool
предвари́тельно beforehand
ука́занный indicated
предше́ственник predecessor
пыта́ться to attempt
забо́титься to look after, to worry over
определе́ние determination
сле́дующий following

толстосте́нный thick-walled
тру́бка pipe
грани́ца boundary
мени́ск meniscus
увели́чиваться to become increased
испаря́ться to be evaporated
единообра́зный homogeneous
исчезнове́ние disappearance

PHYSICS

Магни́тное по́ле и силовы́е ли́нии магни́тного по́ля

Магни́тное по́ле. Напряжённость по́ля. Подо́бно электри́ческому заря́ду магни́тный по́люс произво́дит де́йствия на тела́, находя́щиеся на расстоя́нии от него́: притя́гивает желе́зные предме́ты, враща́ет магни́тную стре́лку.

Простра́нство, в кото́ром обнару́живается де́йствие магни́та на тела́, называ́ется магни́тным по́лем магни́та.

Для сравне́ния разли́чных поле́й вво́дится осо́бая величина́, называ́емая напряжённостью по́ля.

Напряжённость по́ля есть величина́, измеря́емая си́лой, с кото́рой по́ле де́йствует на едини́цу положи́тельной магни́тной ма́ссы.

Е́сли обозна́чить напряжённость магни́тного по́ля че́рез H, то:

$$H = \frac{F}{m_1}; \text{ для то́чечной магни́тной ма́ссы: } H = \frac{m}{r^2}.$$

Едини́ца напряжённости в систе́ме CGSM называ́ется эрсте́д.

Эрсте́д есть напряжённость тако́го по́ля, кото́рое де́йствует на едини́цу магни́тной ма́ссы с си́лой в 1 ди́ну.

Силовы́е ли́нии магни́тного по́ля. Изучи́ть магни́тное по́ле магни́та — э́то зна́чит — уме́ть для ка́ждой то́чки указа́ть ве́ктор напряжённости по́ля. Направле́ние де́йствующих в по́ле сил мо́жно бы́ло бы изучи́ть, размеща́я по по́лю ма́ленькие магни́тные стре́лки. Магни́тные стре́лки тем точне́е пока́зывали бы направле́ние сил, чем ме́ньше бы́ли бы са́мые стре́лки. Наилу́чшими показа́телями явля́ют-

Семнадцатый Урок

ся мелкие железные опилки, которые в магнитном поле сами становятся магнитами.

Посыпая экран, под которым лежит прямой магнит, железными опилками, получают определённое расположение опилок.

Линии, по которым располагаются железные опилки в магнитном поле, называются силовыми линиями магнитного поля. Зная направление силовой линии, можно легко найти направление напряжённости в любой точке.

подобно similar
заряд charge
стрелка needle
напряжённость potential
величина volume, dimension

эрстед oersted
силовая линия line of force
размещать to distribute
опилки filings
экран screen

ВОСЕМНА́ДЦАТЫЙ УРО́К

EIGHTEENTH LESSON

The Passive Voice. Comparison of Adjectives and Adverbs.

105. THE PASSIVE VOICE.

(1) The passive voice, especially when the agent is expressed, is formed as in English, with the verb *to be* (**быть**) and a *passive participle* in its shorter form.

The *present* passive participle is used for the *imperfective* aspect.

The *past* passive participle is used for the *perfective* aspect.

The passive participle agrees with the subject of the verb in gender and number. The agent or instrument is generally rendered by the instrumental case.

(a) *Present passive* participle for the *imperfective*. (*Masc. Sing.*)

Он о́чень студе́нтами уважа́**ем**	He is greatly respected by the students
Он был студе́нтами о́чень уважа́**ем**	He was greatly respected by the students

In both these instances the subject is masculine singular and the passive participle corresponds accordingly. The *present participle* is used because the action is *imperfective*.

The verb *to be* is omitted from the first sentence because its present tense form is rarely used, even in auxiliary capacity.

(b) *Past passive* participle for the *perfective*. (*Fem. Sing.*)

Одна́ из таки́х фотогра́фий была́ предста́влена на рису́нке	One of those photographs was presented on the diagram

Plural Subject

На таки́х пласти́нках бы́л**и** полу́чен**ы** фотогра́ф**ии**	Photographs were received (made) on these plates

Восемна́дцатый Уро́к

(c) Occasionally when a sentence conveys the meaning of a state begun in the past and continuing into the present, a present tense of the verb *to be* is used with the past passive participle.

| Э́та карти́на напи́сана Репи́ным | This picture was painted by Repin |

Although the actual process of painting the picture happened in the past, it still remains a painting.

| Э́тот дом постро́ен бра́том | This house is (was) built by my brother |

Though the actual building took place in the past, the result of the process, or the state achieved, still stands.

Review of the auxiliary verb **быть**—*to be.*

SINGULAR　　　　　　　　　　　PLURAL

PRESENT TENSE

Usually omitted. Only есть is occasionally used. Cf. ¶36a

PAST TENSE

я ⎫　　　　　　　　　　　мы ⎫
ты ⎬ был, -а́, -о　　　　　вы ⎬ бы́ли
он ⎭　　　　　　　　　　　они́ ⎭

FUTURE TENSE

я бу́ду　　　　　　　　　　мы бу́дем
ты бу́дешь　　　　　　　　вы бу́дете
он бу́дет　　　　　　　　　они́ бу́дут

CONDITIONAL OR SUBJUNCTIVE TENSE

я ⎫　　　　　　　　　　　　мы ⎫
ты ⎬ был, -а́, -о, бы　　　вы ⎬ бы́ли бы
он ⎭　　　　　　　　　　　они́ ⎭

IMPERATIVE

будь!　　　　　　　　　　　бу́дьте!
пусть бу́дет!　　　　　　　пусть бу́дут!

PARTICIPLES

　　　　　　　　　　　　ACTIVE　　　　　　　　　　PASSIVE

Present Tense　су́щий, -ая, -ее
Past Tense　　 бы́вший, -ая, -ее ⎫
Future Tense　бу́дущий, -ая, -ее ⎬　　None

GERUND

	ACTIVE	PASSIVE
Present Tense	бу́дучи	
Past Tense	быв or бы́вши	None
Future Tense	None	

(2) *Russian avoids the use of the true passive* voice, particularly in the spoken language. Whenever possible it substitutes an *active construction*, especially when an *agent or instrument* is indicated.

Наблюде́ние **де́лает студе́нт**	The observation is made by the student (the student is making the observation)
Объясне́ние **даёт профе́ссор**	An explanation is given by the professor (the professor gives an explanation)

(3) When there is *no agent* expressed, Russian will simply employ the *third person plural* to express the English passive.

Говоря́т, что по фотопласти́нкам всё ви́дно	It is said (they say) that everything is seen from the photographic plates
За́писи **де́лают** ка́ждый час	Notes are taken hourly (they take notes hourly)
Нам **сказа́ли**, что ана́лиз не то́чен	We are told (they told us) that the analysis is not accurate

(4) *The reflexive verb* is frequently used in Russian to express a passive meaning when there is *no agent expressed*, and especially when the subject is a thing.

It is formed with the reflexive pronoun **ся** attached to the end of the verb.

Се́рдце **нахо́дится** в груди́	The heart is (found) in the chest
Таки́е слу́чаи ча́сто **встреча́ются** на рабо́те	Such instances occur frequently at work
Дом **стро́ится** на углу́	A house is being built on the corner
Су́щность э́того явле́ния **заключа́ется** в сле́дующем фа́кте	The essence of this phenomenon lies (is enclosed) in the following fact

106. COMPARISON OF ADJECTIVES. Like most languages, Russian has three degrees of comparison

        Positive
        Comparative
        Superlative in comparison, and
        Absolute superlative, with no comparison

THE *POSITIVE* DEGREE has been discussed in the declension of adjectives earlier. In its longer form it agrees in gender, number, and case with the noun it modifies or refers to. In its shortened form it is indeclinable.

(1) THE *COMPARATIVE* DEGREE can be formed in two manners.

    (a) By dropping the double vowel ending of the attributive form of the adjective and adding the ending **ее**. This form is not declined and is used only predicatively.

        нов**ый**, нов**ее**   new, newer

    (b) By adding **более** (more) or **менее** (less) to the attributive form of the adjective. In this case the adjective is fully declined.

Теперь он **более уверенный** в себе	Now he is more self-confident
Более красивой сестры он никогда не видал	A more beautiful sister he had never seen

(2) Uses of the comparative.

    (a) The comparative may be used alone.

Его дом нов**ее**   His house is newer

    (b) It may be followed by the object of comparison, which is rendered in the *genitive* case.

Она красив**ее** сестры   She is prettier than the sister

    (c) Or it may be followed by **чем** or **нежели** (both mean *than*). In this case the noun to which the comparison is made is placed in the *nominative* case. This form *must* be used when the comparative is followed by the possessive pronoun *his, her*, etc.

Она красив**ее чем** сестра	She is prettier than the sister
Мой курс интереснее, **чем** его	My course is more interesting than his

Eighteenth Lesson

107. THE SUPERLATIVE DEGREE.

(1) The commonest superlative form of the adjective is formed by adding the pronoun **самый** to the positive degree of the adjective.

са́мый ва́жный	the most important
са́мый лу́чший	the best
са́мый ху́дший	the worst

(2) The superlative may be formed by adding the ending **-ейший** to the root. This form is in less frequent usage and is employed when

(a) There is no object of comparison, or as an absolute superlative.

Э́то нов**е́йшая** кни́га   This is the latest book

(b) Or when the subject or object described by the superlative is not, in effect, supreme or unique.

Оди́н из умн**е́йших** учёных прочита́л докла́д   One of the cleverest scientists read a paper (the implication is that there were other scientists of equal degree of excellence)

(3) The superlative may also be formed in some cases by the addition of prefixes:

(a) **пре** to the positive degree of the adjective.

Она́ **прелюбе́зная** да́ма   She is a most amiable lady

There is no real comparison here. It is an absolute superlative like 2(a).

(b) **наи-** to the comparative degree to indicate comparison.

Он **наилу́чший** учени́к   He is the best pupil

(4) The superlative may also be formed by the simple comparative degree followed by **всего́, всех**, meaning of all.

Он зна́ет **бо́льше всех**   He knows most of all (or is best informed)

108. THE ADVERB. The adverb is usually formed by dropping the original endings of the adjectives and adding **-o**. In other words, its form is often identical with the neuter abbreviated form of the corresponding adjective.

краси́в**о**	beautiful (n.) and beautifully
легк**о́**	easy (n.) and easily

Its comparison follows the same lines as the adjectives.

A smaller group of adverbs is derived from adjectives terminating in **-ский.** These become **-ски.**

Он говори́т по-ру́сски   He speaks Russian.

109. IRREGULAR COMPARISONS. Some adjectives in broad usage have become irregular and are listed below.

near	бли́зкий	бли́же	ближа́йший
rich	бога́тый	бога́че	богате́йший
tall, high	высо́кий	вы́ше	вы́сший, высоча́йший
distant	да́льний	да́льше	дальне́йший
long	дли́нный	длинне́е	длинне́йший
dear	дорого́й	доро́же	дража́йший
short	коро́ткий	коро́че	кратча́йший
big	кру́пный	крупне́е	крупне́йший
little	ма́лый	ме́ньше	мале́йший
small, fine	ме́лкий	ме́льче	мельча́йший
low	ни́зкий	ни́же	нижа́йший
severe	стро́гий	стро́же	строжа́йший
thin	то́нкий	то́ньче	тонча́йший
good	хоро́ший	лу́чше	лу́чший, са́мый лу́чший
clean	чи́стый	чи́ще	чисте́йший
wide	широ́кий	ши́ре	широча́йший

110. THE ADVERBIAL PARTICIPLE OR GERUND. An adverb formed from a verb rather than an adjective is called a gerund. This form is extensively used in Russian when the subject of the action contained in the adverb participle is the same as the subject of the main verb of the sentence. It is a form that eliminates many subordinate clauses and lends to stylistic succinctness.

An adverbial participle blends the meaning of the verb from which it was derived and the function of an adverb—modifying the main verb of the sentence.

Russian has six participial forms. Besides the *four adjective* participles (discussed in Lesson 14) which are declinable, have the present and past tense of the active voice, and the present and past tenses of the passive voice, there are *two adverbial participles*, which, like the regular adverbs, are not declinable. These have only a present and a past tense.

111. FORMS OF THE GERUND.

(1) The *present* adverbial participle is formed on the third person plural of the present tense of the verb (usually of the *imperfective* aspect). The last two letters of the ending **-ют, -ут, -ят, -ат** are replaced by **-я**, but by **-а** if the stem terminates in **-ж, -ч, -ш, -щ**.

INFINITIVE	3RD PERS. PL. PRES.	PRES. ADV. PART.
чита́ть to read	чита́ют	чита́я
переводи́ть to translate	перево́дят	переводя́
служи́ть to serve	слу́жат	служа́

The very common verbs **дава́ть, -знава́ть, -става́ть** and their compounds render the present adverbial participle as **дава́я, -знава́я, -става́я**.

The gerund of the verb **быть** is **бу́дучи**.

(2) The *past* adverbial participle is formed from the masculine singular of the past tense of the perfective aspect. The ending **-л** is replaced by **-в** and occasionally by **-вши, -ши**.

INFINITIVE	MASC. SING. PAST	PAST ADV. PART
сказа́ть to tell	сказа́л	сказа́в, сказа́вши
око́нчить to finish	око́нчил	око́нчив, око́нчивши

(3) Gerunds in the past derived from *reflexive* verbs always take the ending **-ши** and are then followed by the reflexive particle **-сь**.

| умы́ться | умы́лся | умы́вшись | having washed oneself |

(4) **Идти́**, its compounds, and some other perfective verbs have gerunds which are *present in form* but *past in meaning*.

вы́йти → вы́йдя   having left, *not* on *or* while leaving

112. USES OF THE GERUND. Both tenses of the adverbial participle or gerund are employed in subordinate adverbial clauses as replacement for a finite verb and conjunction.

Как то́лько он око́нчил рабо́ту, он ушёл
Око́нчив рабо́ту, он ушёл } As soon as he finished his work he left

(1) The gerund is frequently employed to indicate an *action or condi-*

tion contemporary with the action of the main verb which may be in any tense or aspect.

Он читáет стóя	He reads standing up
Ходя́ по лаборатóрии, проф́ессор помогáл студéнтам	
Профéссор, ходя́ по лаборатóрии, помогáл студéнтам	The professor helped the students as he walked around the laboratory
Профéссор помогáл студéнтам, ходя́ по лаборатóрии	

The position of a clause introduced by a gerund is not fixed, but it is always set off by commas.

(2) The gerund may also be employed to indicate *cause*.

Не имéя дéнег, он остáлся дóма	Since he did not have money he stayed at home

УПРАЖНÉНИЯ — EXERCISES

A. Translate into Russian:

1. A larger instrument he had never seen. 2. The student came later than the professor and began to work. 3. The coarse particles were seen in the microscope but the finer ones were not seen as easily. 4. This was the best experiment in the long history of our famous laboratory. 5. The lowest temperature at which the liquid boils is 35° C. 6. The simplest apparatus for the measurement of length is the most ordinary ruler. 7. The length of the new table can be longer or shorter depending on the size of your laboratory. 8. The new magnet is larger and stronger than the other one. 9. The magnetism of cobalt is much weaker than the magnetic force of iron. 10. One of the most important scientists read a paper at the last conference of scientists in the university.

B. Translate into Russian:

1. Increasing the pressure we noticed the great plasticity of the substance. 2. Noticing the change in color, he increased the heat. 3. The remaining deformation is called residual deformation. 4. The green liquid going through the new filters left a great deal of the green dye on the top layer of the filter. 5. Filling the glass sphere with new gas, we can observe that all gases have weight. 6. Since he did not

have the new apparatus for his important work, he went home.
7. Studying the flow of electrical current in gases, he noted many interesting phenomena.   8. As we compared this telescope with the large telescope in California, we easily understood why our results were so poor.

C. As you read your text exercise list all the passive expressions present in it and explain why each specific form was used.

D. Tabulate all the participles used in the text exercise for your subject. Explain the form and usage, and indicate alternative forms of expression if they are possible.

AERONAUTICAL ENGINEERING

Авиацио́нный дви́гатель (*continued*)

Рабо́чий проце́сс прямото́чного дви́гателя в при́нципе не отлича́ется от турбореакти́вного дви́гателя. Во́здух набега́ющий на дви́гатель ско́ростью полёта, сжима́ется за счёт преобразова́ния кинети́ческой эне́ргии пото́ка в диффу́зоре. Сжа́тый в диффу́зоре во́здух поступа́ет в ка́меру сгора́ния, куда́ с по́мощью насо́са и форсу́нок впры́скивается то́пливо. Образова́вшаяся в ка́мере топливовозду́шная смесь сгора́ет теорети́чески при постоя́нном давле́нии $\phi = $ const. По́сле сгора́ния га́зы расширя́ются в реакти́вном сопле́ до атмосфе́рного давле́ния, увели́чивая свою́ ско́рость до $V_4 > V_0$.

Тя́га, развива́емая прямото́чным возду́шно-реакти́вным дви́гателем, как и в слу́чае турбореакти́вного дви́гателя, выража́ется фо́рмулой:

$$P = \frac{G_8}{g}(V_4 - V_0) \ [кг].$$

При ни́зких ско́ростях полёта, когда́ скоростно́й напо́р поступа́ющего в дви́гатель во́здуха не обеспе́чивает доста́точно высо́кой сте́пени сжа́тия, прямото́чные дви́гатели развива́ют ма́лую тя́гу и облада́ют значи́тельно ху́дшей экономи́чностью по сравне́нию с турбореакти́вными дви́гателями. Одна́ко с увеличе́нием ско́рости полёта экономи́чность прямото́чных возду́шно-реакти́вных дви́гателей возраста́ет и при ско́ростях полёта приме́рно 2.000 км/час, стано́вится ра́вной экономи́чности турбореакти́вных дви́гателей. При ско́ростях полёта свы́ше 2–3 ты́сяч км/час. прямото́чные дви́гатели бу́дут име́ть преиму́щества по экономи́чности, ве́су и простоте́ констру́кции.

прямото́чный direct-flow; uniflow (*adj.*)	насо́с suction
отлича́ться to differ from	расширя́ться to expand
сжима́ться to contract	увели́чивать to increase
преобразова́ние transformation	тя́га pull
сжа́тый compressed	развива́ться to develop
с по́мощью with the help of	в слу́чае in case of
	преиму́щество advantage

BIOLOGY

Физи́ческие сво́йства по́чвы

Е́сли вы́резать из по́чвы небольшо́й кирпи́чик, положи́ть его́ на бума́гу и све́рху надави́ть на него́ па́льцем, то он рассы́плется на ме́лкие ча́сти. Тогда́ я́сно мо́жно различи́ть кру́пные комо́чки — величино́й с лесно́й оре́х, бо́лее ме́лкие — разме́ром с зерно́ пшени́цы и мельча́йшие части́цы, как пыль. По́чвы, распада́ющиеся на бо́лее или ме́нее кру́пные комо́чки, называ́ются комкова́тыми. Их отлича́ют от пылева́тых почв, кото́рые состоя́т из мельча́йших части́ц. В распылённых по́чвах ме́лкие части́цы пло́тно прилега́ют одна́ к друго́й, образу́я о́чень у́зкие по́ры. Наоборо́т, ме́жду комо́чками комкова́тых почв образу́ются сква́жины.

Физи́ческие сво́йства по́чвы зави́сят от величины́ по́чвенных части́ц, от их расположе́ния и от соста́ва. Одни́ по́чвы, наприме́р гли́нистые, лу́чше уде́рживают во́ду, други́е, наприме́р песча́ные, легко́ её пропуска́ют. В глубину́ одни́х почв легко́ проника́ет во́здух, в други́е он не прохо́дит. Одни́ по́чвы хорошо́ прогрева́ются, други́е — сла́бо.

Сво́йство по́чвы пропуска́ть во́ду называ́ется *водопроница́емостью по́чвы*. Водопроница́емость песча́ных почв бо́льше, чем гли́нистых.

Вода́, попа́вшая в по́чву, не вся проса́чивается вглубь, но часть её впи́тывается. Сво́йство по́чвы заде́рживать во́ду называ́ется *влагоёмкостью*.

Влагоёмкость по́чвы зави́сит от величины́ сква́жин и от прису́тствия набуха́ющих от воды́ веще́ств. Так, наприме́р, песо́к с его́ кру́пными сква́жинами бы́стро пропуска́ет во́ду. Гли́нистые же по́чвы облада́ют бо́льшей влагоёмкостью. Вода́ заде́рживается не то́лько в ме́лких по́рах ме́жду части́цами, но и в набуха́ющих части́цах гли́ны.

Расте́ния неодина́ково обеспе́чены водо́й в разли́чных по́чвах. Лу́чшие по́чвы по свои́м во́дным сво́йствам — мелкокомкова́тые по́чвы.

Eighteenth Lesson

кирпи́чик   brick
све́рху   from above
надави́ть   to press
па́лец (па́льца, *declined* like коне́ц finger)
рассыпа́ться   to crumble
ме́лкий   fine
комо́чек (*gen. s.* комо́чки)   little lump
величина́   size
лесно́й   forest
оре́х   nut
разме́р с   the size of
зерно́   grain
пшени́ца   wheat
мельча́йший   the very finest
пыль   dust
комкова́тый   cloddy, lumpy
пылева́тый   dusty
пло́тно   closely
прилега́ть   to cling

у́зкий   narrow
по́ра   pore
скважина   gap, interstice, opening
гли́нистый   clayey
уде́рживать   to keep, hold
песча́ный   sandy
легко́   easily
прогрева́ться   to be heated through
сла́бо   weakly
пропуска́ть   to let through
водопроница́емость   permeability to water
проса́чиваться   to seep through
влагоёмкость   water capacity, moisture capacity
зави́сеть от . . .   to depend on
прису́тствие   presence
заде́рживать   to hold back, detain
набуха́ющий   swollen
обеспе́ченный   guaranteed

CHEMISTRY

Жи́дкий во́здух

(continued)

Практи́чески примени́мый тип маши́ны для получе́ния жи́дкого во́здуха был впервы́е разрабо́тан Ли́нде (1895 г.). Он осно́ван на том, что га́зы (грома́дное большинство́) при увеличе́нии давле́ния нагрева́ются, при уменьше́нии же, наоборо́т, охлажда́ются. Схе́ма маши́ны Ли́нде дана́ на рису́нке. Первонача́льная по́рция освобождённого от CO_2 H_2O и пы́ли во́здуха заса́сывается че́рез кран А насо́сом Б и сжима́ется им до давле́ния в 200 ат. (при закры́том кра́не Д). Нагре́вшийся при сжа́тии газ охлажда́ется в змееви́ке В холо́дной водо́й. Зате́м открыва́ется кран Д и во́здух расширя́ется в простра́нство Е, где давле́ние равно́ всего́ лишь 20 ат. При э́том уже́ пе́рвая по́рция охлажда́ется приме́рно до −30°, по́сле чего́ она́ вновь заса́сывается насо́сом по вне́шней тру́бке змееви́ка Г, охлажда́я по доро́ге сле́дующую по́рцию во́здуха, иду́щую по вну́тренней тру́бке

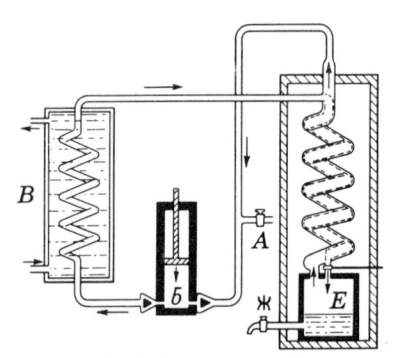

Рис. 14. Схе́ма маши́ны Ли́нде.

того же змеевика. Вторая порция охлаждается при расширении уже примерно до −60° и т.д. Наконец достигается температура −180°, при которой для сжижения воздуха уже достаточно имеющихся в пространстве Е 20 ат. давления. Воздух начинает сгущаться и собирается на дне приёмника Е, откуда и может быть выпускаем через кран Ж. При помощи не показанных на схеме дополнительных приспособлений машина работает автоматически и непрерывно.

разработать to develop
увеличение increase (*noun*)
схема scheme
первоначальный original
засасываться to be pumped

насос pump
кран stopcock, spigot
змеевик coil, spiral tube
достигать to reach
дополнительный additional

PHYSICS

Магнетизм. Силовые линии магнитного поля

(*continued*)

Напряжённость в любой точке направлена по касательной к силовой линии в этой точке. Поэтому силовую линию можно определить следующим образом: *силовой линией называется такая линия, касательная к которой в любой точке даёт направление напряжённости поля в этой точке.*

Силовым линиям приписывают направление: *силовая линия считается выходящей из северного полюса магнита и входящей в южный.* Тогда сила, с которой поле действует на северный, или положительный, полюс в какой-нибудь точке поля, направлена по касательной к силовой линии; сила же, с которой поле действует на южный, или отрицательный, полюс, направлена также по касательной, но в сторону, противоположную направлению силовой линии.

Исследования показывают, что существует поле и внутри магнита, так что и внутри магнита проходят силовые линии.

Таким образом, *силовые линии магнитного поля являются замкнутыми кривыми**).

Рисунок 15 даёт схематическое изображение силовых линий поля прямого магнита.

Рисунок 16 даёт расположение силовых линий подковообразного магнита.

---

* Кажущийся разрыв силовых линий объясняется малой силой поля, недостаточной для перемещения опилок на дальнем расстоянии.

Вспо́мним, что таки́е по́люсы притя́гиваются; при притяже́нии силовы́е ли́нии укора́чиваются, сокраща́ются. Явле́ние происхо́дит так, как бу́дто бы вдоль силово́й ли́нии име́лось натяже́ние, как в рези́новом шнуре́.

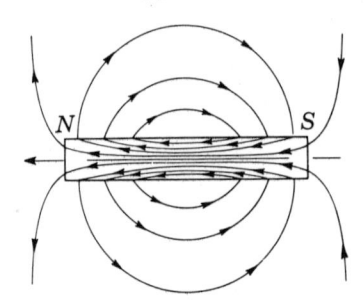

Рис. 15. Схе́ма расположе́ния силовы́х ли́ний прямо́го магни́та.

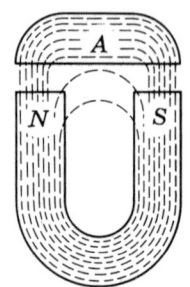

Рис. 16. Силовы́е ли́нии подковообра́зного магни́та.
A = желе́зный я́корь

Таки́е по́люсы отта́лкиваются; при э́том отта́лкивании силовы́е ли́нии, иду́щие по одному́ направле́нию, удаля́ются друг от дру́га, как бы та́кже отта́лкиваются. Явле́ние происхо́дит так, как бу́дто бы поперёк силовы́х ли́ний существова́ло боково́е давле́ние, опя́ть-таки́ подо́бно давле́нию в сжима́ющемся рези́новом шнуре́.

Изобража́я состоя́ние по́ля при по́мощи силовы́х ли́ний и припи́сывая им натяже́ние вдоль них и боково́е давле́ние перпендикуля́рно к ним, Фараде́й (1791–1867) дал очень удо́бный приём не то́лько опи́сывать изве́стные изуча́емые явле́ния, но и предска́зывать но́вые.

каса́тельный tangent	укора́чиваться to become shorter
за́мкнутые кривы́е closed curves	сокраща́ться to become briefer
подковообра́зный horse shoe	предска́зывать to predict
разноимённый different-named	

ДЕВЯТНА́ДЦАТЫЙ УРО́К

NINETEENTH LESSON

Time

113. THE MONTHS OF THE YEAR. Names of the months in Russian resemble those in English. They are all in the masculine gender and are fully declinable.

January	янва́рь	in January	в январе́
February	февра́ль	in February	в феврале́
March	март	in March	в ма́рте
April	апре́ль	in April	в апре́ле
May	май	in May	в ма́е
June	ию́нь	in June	в ию́не
July	ию́ль	in July	в ию́ле
August	а́вгуст	in August	в а́вгусте
September	сентя́брь	in September	в сентябре́
October	октя́брь	in October	в октябре́
November	ноя́брь	in November	в ноябре́
December	дека́брь	in December	в декабре́

The word for *month* in Russian is the masculine noun **ме́сяц**.
The word for *week* is the feminine noun **неде́ля**.
The word for *day* is the masculine noun **день**.

114. THE DAYS OF THE WEEK. Unlike English, Russian does not capitalize the names of the days of the week or of the months of the year. For the Russian, the week starts on Monday, and the student will notice correlation between the ordinal numerals and the day names.

Monday	понеде́ль-ник	[неде́ля, *week*]	в понеде́ль-ник	on Monday
Tuesday	вто́рник	[второ́й, *second*]	во вто́рник	on Tuesday
Wednesday	среда́	[сре́дний, *middle*]	в сре́ду	on Wednesday

Thursday	четве́рг	[четвёртый, *fourth*]	в четве́рг	on Thursday
Friday	пя́тница	[пя́тый, *fifth*]	в пя́тницу	on Friday
Saturday	суббо́та	[*Sabbath*]	в суббо́ту	on Saturday
Sunday	воскресе́нье	[воскресе́нье, *resurrection*]	в воскресе́нье	on Sunday

USE: **в** + the *accusative sing.* of the name of the day of the week means *on*. Note that *Wednesday*, *Friday*, and *Saturday* are *feminine* nouns and therefore their accusative is different from the nominative. The forms of the other names of the week (which are inanimate masculines) do not change from the nominative to the accusative.

Я иду́ в теа́тр **в пя́тницу**	I am going to the theater Friday (a specific day)
Я е́ду в Нью Йорк **в суббо́ту**	I am going to New York Saturday

But: **по** + the *dative plural* of the day of the week implies a weekly occurrence.

По среда́м у меня́ уро́к фи́зики	I have a physics class on Wednesdays
По суббо́там я хожу́ в теа́тр	On Saturdays I go to the theater

115. DATES.

(1) In expressions of *date*, the neuter word **число́** (date) is understood; therefore the ordinal numeral, which gives the date in Russian, appears in the neuter gender.

Како́е or **Кото́рое** сего́дня **число́**?	What is the date?
Сего́дня **пя́тое** октября́	Today is the fifth of October

(2) "On what date . . . ?" is expressed by the *genitive* of the ordinal number. In compound ordinals only the last number is declined.

Како́го or **Кото́рого** числа́ он уе́хал?	On what date did he leave?
Он уе́хал **пе́рвого** сентября́	He left on September first
Он вернётся **тридца́того** декабря́	He will return on December thirtieth

(3) "The year is . . ." is rendered by the *nominative* of the ordinal.

Тепе́рь **ты́сяча девятьсо́т пятьдеся́т седьмо́й год**	It is now 1957

Девятна́дцатый Уро́к

(4) But, "in the year . . ." is rendered by **в** and the *ordinal* in the *prepositional* case.

    В ты́сяча девятьсо́т со́рок пя́том году́   in 1945

116. TIME OF THE DAY. In reading time the Russian calls off the hour each time.

1:00 A.M. is read as *"one hour of the night"* and hour is in the *nominative* case.

2:00 A.M. is read as *"two hours of the night,"* and since *two* governs the *genitive singular*, "hours" here will be in the genitive singular.

5:00 A.M. is read as *"five hours,"* but since *five* governs the *genitive plural*, "hours" here will be in the plural.

(1) Recall these principles and observe the following table.

1:00 A.M.	час но́чи
2:00 A.M.	два часа́ но́чи
5:00 A.M.	пять часо́в утра́
10:00 A.M.	де́сять часо́в утра́
12:00 noon	по́лдень; двена́дцать часо́в дня
7:00 P.M.	семь часо́в ве́чера
12:00 P.M. midnight	по́лночь, двена́дцать часо́в но́чи

Notice that the *cardinal* numbers are used for the *precise* hour.

(2) The Russian is very anticipatory in his time-reading. As soon as the hour has past, he *starts looking toward the next hour* which up to the halfway mark is expressed by the *ordinal*, in the *genitive* case. Literally he reads

1:05 as *five minutes of the second hour*:	пять мину́т второ́го
2:15 as *quarter of the third* (hour):	че́тверть тре́тьего
3:30 as *half of the fourth* (hour):	полови́на четвёртого
5:45 as *without a quarter six* (now the cardinal is used):	без че́тверти шесть

Since the preposition **без** governs the genitive, **че́тверть** is in that case, as is *ten* in 7:50)

7:50 as *without ten eight*:	без десяти́ во́семь

УПРАЖНЕ́НИЯ — EXERCISES

A. Translate into Russian, writing out all numerals and dates:

1. At what time did Professor Ivanov come to the laboratory? 2. He arrived at 7:45 A.M. and left at 5:15 P.M. 3. He read his first lecture at 9 A.M. and his second at 10:30 and he went home at noon. 4. The university opens on September 23rd and closes June 18th. 5. In 1958 it closed on June 19th and opened September 25th. 6. Today is Saturday and there are no classes. 7. On Saturday and Sunday we do not work, we go to the country (в дере́вню). 8. If we cannot go to the country, we go to the theater or to the museum. 9. On Thursday evening (*instr.*) I went to the observatory. 10. We have examinations in January and in May. 11. In July and August we work in a large laboratory with a famous scientist. 12. My examinations start on January 17th and finish on February 3rd. 13. What time is it? It is 20 minutes to 3. 14. No, it is 20 minutes after 3. 15. I am going home at 4:20, because on Tuesday I went home at 10 in the evening. 16. We have dinner (обе́дать, *inf.*) at 6:45.

B. Identify and explain all the participial expressions in your text.

C. Write out in Russian the following days of the week and dates:

Thursday, January 20, 1907
Sunday, September 30, 1881
Wednesday, April 3, 1914
Friday, July 15, 1938
Friday, June 23, 1944

Tuesday, August 1, 1890
Saturday, February 15, 1910
Thursday, May 29, 1915
Monday, July 4, 1776
Sunday, March 30, 1823

AERONAUTICAL ENGINEERING

Аэродина́мика

Аэродина́мика — нау́ка о движе́нии во́здуха и други́х га́зов и о возде́йствии га́зов на обтека́емые и́ми тела́. Аэродина́мика приобрела́ исключи́тельное значе́ние в связи́ с разви́тием авиа́ции и турбинострое́ния.

Теорети́ческая аэродина́мика явля́ется отде́лом о́бщей меха́ники и стреми́тся, исходя́ из немно́гих положе́ний, кото́рые полу́чены путём о́пыта, найти́ основны́е закономе́рности движе́ния га́зов и их де́йствия на тела́. Сло́жность проце́ссов, изуча́емых аэродина́микой, заставля́ет схематизи́ровать возду́шную среду́ для возмо́жности установле́ния коли́чественных закономе́рностей. Совреме́нная аэродина́мика по́льзуется не́сколькими теорети́ческими схе́мами, называемыми иногда моделями воздуха, именно: ударная теория Ньютона, теория воздуха как идеальной жидкости, теория вязкой жидкости, упругой жидкости (газовая динамика) и упругосжимаемой жидкости.

В ударной теории Ньютона, развитой им в ,,Математических началах натуральной философии,'' предполагается, что воздух состоит из отдельных, не связанных друг с другом материальных частиц; эти частицы при движении тела ударяются о его поверхность. Обычно в аэродинамике рассматривают это явление в обращённом виде, т.е. принимают, что тело неподвижно, а воздух набегает; тогда частицы воздуха ударяются (отсюда название теории) о тело и тем создают действующую на него силу. Ударная теория Ньютона находила ранее широкое применение при вычислении сопротивления снарядов, при расчёте крыш на давление ветра и при расчёте летательных аппаратов. Согласно этой теории, сила давления R воздушного потока на площадку S, поставленную под углом a к направлению потока, выражается формулой:

$$R = pSv^2 \sin^2 a,$$

где v скорость движения тела или набегающего на неподвижное тело воздуха, p плотность воздуха. Опытная проверка этой формулы показала, что она даёт совершенно неправильные числовые значения. Величина силы в зависимости от угла a оказывается пропорциональной не $\sin^2 a$ а приблизительно $\sin a$. Верной оказывается в этой формуле лишь зависимость силы p от так называемой аэродинамической тройки pSv^2.

обтекать to flow around, bypass, circumvent
приобрести to acquire
исключительный exclusive
отдел division
стремиться to strive
ударный blow, shock, collision, impact

развить to develop
предпологать to presuppose
поверхность surface
набегать to run against
неподвижный fixed
оказаться to turn out to be

BIOLOGY

Явления роста и развития растений

Особенности роста вегетативных органов растения: корня, стебля, листа. Сухое семя может долго лежать почти без изменений. Под влиянием влаги и тепла семя прорастает. За счёт запасов, находящихся в семени, начинается рост корня, стебля и листьев зародыша. Появляется росток, т.е. молодое растеньице.

Вместе с появлением корней и листьев начинается приток питательных веществ в растение из почвы. Из углерода, воды и минеральных солей образуются в листьях органические вещества. Вещества эти идут на питание клеток растения, на дальнейший рост корней, стеблей и увеличение листовой поверхности.

Корень и стебель растут в противоположных направлениях. Точка роста стебля скрыта в верхушечной почке. Растущий участок стебля находится у его вершины.

Корень, напротив, растёт своим нижним концом. Из взрослых развившихся клеток точки роста образуются постепенно все ткани корня.

Таким образом, у растеньица, вышедшего из семени, имеются две точки роста: одна — на конце корня, другая — на вершине стебля. Каждая почка бокового побега, каждое разветвление корня имеют особые точки роста.

Участок роста листьев лежит у их основания.

рост growth	поверхность surface
особенность peculiarity	противоположный opposite
сухой dry	направление direction
лежать to lie	скрыта hidden
почти almost	верхушечный top
влага moisture	почка leaf bud, shoot
тепло warmth	вершина top
прорастать to germinate	боковой побег side shoot
росток growth	точка point
приток inflow, intake, supply	разветвление branching
увеличение increase	

CHEMISTRY

Химическое равновесие

Если смешать газообразные водород и кислород, то взаимодействие между ними по реакции $2H_2 + O_2 = 2H_2O$ при обычных условиях практически не происходит. Лишь при нагревании смеси газов начинают образовываться заметные количества воды. Исходя из данных опыта установлено, что при 400° для полного соединения водорода с кислородом требуется 80 дней, при 500° — 2 часа, а при 600° реакция протекает со взрывом, т.е. моментально.

Таким образом скорость образования воды из элементов оказывается очень сильно зависящей от внешних условий. Для возможности количественного изучения этой зависимости необходимо прежде всего условиться относительно тех единиц, в которых выражается сама скорость реакции. *Скорость химических реакций измеряется изменением концентраций реагирующих веществ за единицу времени* Концентрации чаще всего выражают при этом числом молей в литре, время — в секундах, минутах и т.д. в зависимости от скорости изучаемой реакции.

Так как молекулы могут взаимодействовать друг с другом лишь при столкновениях, очевидно, что чем больше будет последних, тем быстрее пойдёт реакция. Но число столкновений в первую очередь зависит от концентраций обоих реагирующих веществ: чем эти концентрации значительнее, тем больше будет и столкновений. Примером, иллюстрирующим влияние концентрации, может служить резко различная энергичность сгорания различных веществ в воздухе (около 20% кислорода) и в чистом кислороде.

На основе изучения реакций в газовых смесях и растворах Гульдберг и Воге установили в 1867 г. так называемый *закон действия масс*, формулирующий влияние концентрации на скорость химических реакций: скорость химической реакции прямо пропорциональна произведению концентраций реагирующих веществ. Так, для реакции $A + B = C$ будем иметь: $v = k \cdot [A] \cdot [B]$ где v — её скорость, к — коэффициент пропорциональности (так называемая константа скорости). $[A]$ и $[B]$ — соответствующие молекулярные концентрации веществ A и B. Если во взаимодействие вступает не одна, а сразу несколько молекул какого-либо вещества, то концентрация последнего должна быть возведена в степень с показателем, равным числу молекул для скорости образования воды из элементов по реакции $2H + O_2 = 2H_2O$ будет иметь вид: $v = k \cdot [H_2]^2 \cdot [O_2]$.

заметный   noticeable
данные   data
установлено   establish
требоваться   to be necessary
протекать   to take place. flow
взрыв   explosion

зависящий   depending
внешний   external
условливаться   to agree on
чаще   more frequently
столкновение   collision
значительнее   the more significant

PHYSICS

Магнитная индукция

Возбуждение магнетизма в кусках железа и стали, введённых в магнитное поле, называется магнитной индукцией, или магнитным влиянием. По удалении железа или стали из магнитного поля магнетизм мягкого железа легко исчезает, магнетизм стали сохраняется, и требуется значительное магнитное влияние в противоположном направлении для его уничтожения.

Магнетизм, сохраняющийся в теле по удалении его из магнитного поля, называется остаточным магнетизмом.

Остаточный магнетизм объясняют существованием в теле так называемой задерживающей (коэрцитивной) силы. Так как задерживающая сила в стали гораздо больше, чем в мягком железе, то можно сказать, что остаточный магнетизм в стали устойчивее, чем в железе; поэтому постоянные магниты делаются из стали.

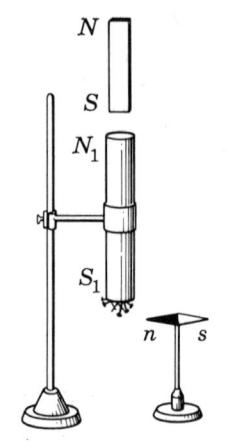

Рис. 17. Намагничение через индукцию.

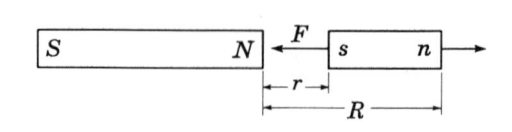

Рис. 18. Объяснение притяжения тел магнитом.

Проделанный опыт позволяет ответить на вопрос, как происходит притяжение магнитом железа и стали. Из опыта видно, что при самом внесении в магнитное поле куска железа или стали он становится магнитом, причём ближайшие полюсы — наводящий и наведённый — всегда разноимённы. Полюс N (рис. 18) наводящего магнита притягивает наведённый полюс s и отталкивает наведённый полюс n; но так как расстояние r от N до n меньше расстояния R от N до n, а действие уменьшается с расстоянием, то притяжение больше отталкивания и кусок притягивается к магниту.

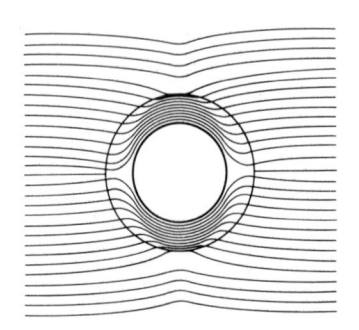

Рис. 19. Силовые линии идут почти целиком внутри железа.

Сравнивая ход силовых линий внутри железа (рис. 19 ср. с рис. 15) с ходом силовых линий в том же месте в воздухе при отсутствии железа, можно видеть, что силовой поток, т. е. число силовых линий, через поперечное сечение железа будет гуще, чем силовой поток через такое же сечение в воздухе (рис. 15). Под действием магнита, образующего поле, железо намагничивается по индукции и само создаёт магнитное поле. Поэтому около того места, где находится железо, оба поля складываются, и число силовых линий, проходящих через 1 $см^2$, увеличивается.

возбуждение магнетизма production of magnetism	задерживающий retarding
удаление removal	гораздо considerably
уничтожение destruction	разноимённый different-named
сохраняться to be preserved	наводящий inducing
остаточный residual	наведённый induced
расстояние distance	гуще denser
	проходящий going through

ДВАДЦА́ТЫЙ УРО́К

TWENTIETH LESSON

Word-Building

117. PREFIXES. Russian makes great use of prefixes and suffixes to change the meanings of words. Familiarity with these opens up broader vistas into the language, and closer acquaintance with the following material is imperative.

(1) Below are the commonest prefixes of the Russian language. Attached to different words (often verbs of motion like *to carry, walk, fly, swim, come, move*) they alter the meanings of the parent word. In very many of these prefixes the student will recognize prepositions that he has long since learned. Quite a few have equivalent Latin prepositions that have entered into our own language also as prefixes. Examine the table below and note how the meaning of the word *to walk* changes under the influence of the prefix. For some philological or historical reason *to walk* has not combined with several common prefixes, and in these cases we have given other verbs in parentheses.

MASTER VERB: **Ходи́ть**—*to walk*

RUSSIAN PREFIX	MEANING	LATIN	COMPOUND	TRANSLATION
в, (во)	in, into	*in*	входи́ть	to enter
воз, вз, вос,	up, off, away or again	*re*	восходи́ть	to arise
вс			всходи́ть	to arise
вы	out of	*ex*	выходи́ть	to go out, to *ex*it
до	up to, to the end (up to a certain point)	*ad*	доходи́ть	to reach, to get as far as (to *ad*vance)
за	beyond, behind or starting an action	*ad*	заходи́ть	to go behind or beyond, to stop on the way, to call on

Двадца́тый Уро́к

RUSSIAN PREFIX	MEANING	LATIN	COMPOUND	TRANSLATION
из, изо, ис	away from, out of	*ex*	исходи́ть	to issue, to proceed from, to *e*manate, *e*merge
ме́жду, меж,	between, inter-	*inter*	(междукристалли́ческий (*a*.)	*inter*crystalline)
			(межледнико́вый (*a*.)	*inter*glacial)
на	onto, toward		находи́ть	to come upon, find
над	above	*super*,	(надписа́ть	to *in*scribe, *super*scribe)
не	un-, non-	*in*	(недосы́щенный (*a*.)	*un*saturated)
нед	below, un-	*sub*	(недоде́ланный (*a*.)	*un*finished, *un*approachable)
о, об, обо	about, around (*determinant of a state*)	*circum*	обходи́ть	to go around, *circum*vent
от	away from	*de, ab*	отходи́ть	to go away from (*de*part)
пере	back and forth across	*trans*	переходи́ть	to cross, *tra*verse
			(переводи́ть	*trans*fer, *trans*late)
при	motion towards	*ad*	приходи́ть	to *a*rrive, come
про	through, past	*per*	проходи́ть	to pass through, *per*meate
раз, рас	to separate (*to intensify action*)		расходи́ться	to separate
с, со	down from with	*de* *con*	сходи́ть сходи́ться	to *de*scend to *con*verge
у	away from (determination of a condition)	*de, ab*	уходи́ть	to go away from

The Latin equivalents occur as prefixes in so many English words that they offer a useful guide to the general pattern in Russian.

(2) The prefixes **на**, **по**, **про**, **с**, and **у** render the perfective form of the verb with the same meaning.

(3) Another active group of Russian prefixes is **из** and **у**, which are often employed for syntactic conversion of adjectives, nouns, and verbs into other forms. They are occasionally used to change the meaning or merely the nuance.

излечи́ть (*imperfect.* -ивать) ✓ to cure, to heal лечи́ть (*root*) to cure	излече́ние cure излечи́мость curability излечи́мый (*a.*) curable
изли́шествовать ✓ to abound, be plentiful ли́шний (*root*) superfluous	изли́шество (*n.*) excess, superfluity изли́шества (*pl.*) luxuries изли́шний (*a.*) excess, superfluous
изложи́ть (*imp.* излага́ть) ✓ to state, give an account of, to set forth ложи́ть (*root*) to lay, set	изложе́ние (*n.*) account, statement, exposure изло́женный (*a.*) stated, written (*a passive past part. form used as adj.*)
излуча́ть (*perf.* -ить) ✓ to emit, radiate луч (*root*) ray	излуче́ние (*n.*) emission, radiation of light. излучённый (*a.*) emitted, radiated (*passive past part.*) излуча́ющий (*a.*) emitting, radiating (*pres. active part.*) излуча́емость (*f.*) emissivity, emissive power излуча́тель (*m.*) emitter, radiator излуча́тельный (*a.*) emitting, emissive, radiating
измельча́ть (*perf.* ить) ✓ to grind, crush, etc. ме́лкий (*root*) fine	измельча́ние (*n.*) grinding, pulverization измельча́ющий (*a.*) grinding, crushing (*pres. active part. used as adj.*) измельчённый (*a.*) ground, granulated, crushed (*past pass. part. used as adj.*) измельчи́тель (*m.*) crusher, pulverizer
уменьша́ть (*perf.* -ить) ✓ to decrease	уменьше́ние (*n.*) diminution, lessening, reduction, decrease

Двадцатый Урок

ме́ньше (*root*) comparative degree of the adjective little, i.e. less	уменьшённый (*a.*) diminished, lessened, decreased, reduced (*passive past part. used as adj.*)
	уменьши́тельный (*a.*) diminutive
уничтожа́ть (уничто́жить ✓ *perf.*) to destroy	уничтоже́ние (*n.*) destruction, extermination
ничто́ (*root*) nothing	уничто́женный (*a.*) destroyed, exterminated (*past passive part. used as adj.*)
	уничтожи́тельный (*a.*) destructive

118. SUFFIXES—NOUNS. Russian is rich in suffixes which are attached to nouns and adjectives to give them special meanings or force. In scientific Russian the following are the most important and frequent.

(1) In order to express the instrument or agent that performs the function of the parent verb Russian attaches **-тель** to the verb. Its parallel suffixes in English are *-er, -or, -ator, -ant, -ent*.

VERB	TRANSLATION	NOUN	TRANSLATION
выта́лкивать	to expel →	выта́лкива**тель**	eject*or*, lifting-out device
вычисля́ть	to calculate →	вычисли́**тель**	calculat*or*, comput*er*
включа́ть	to insert, inclose, (*elect.*) to switch on →	включа́**тель**	switch (*elect.*)
глуши́ть	to bank (fire), to dampen, quench, suppress →	глуши́**тель**	damp*er*, muffl*er*, baffle, attenuat*or*
дви́гать	to set in motion →	дви́га**тель**	engine, propell*er*
кра́сить	to color, paint, dye →	краси́**тель**	dyestuff
промыва́ть	to wash →	промыва́**тель**	the washing agent
ускори́ть	to accelerate →	ускори́**тель**	accelerat*or*

(2) Nouns terminating in **-ак**, **-як**, **-ок**, **-ик** designate a person or things associated with the root.

рыба	fish →	рыб**а́к**	fisherman
отлива́ть	to pour off →	отли́в**ок**	cast, casting
остава́ться	to remain →	оста́т**ок**	remainder or sediment
проводи́ть	to guide, conduct →	проводн**и́к**	conductor, guide
пар	steam →	парн**и́к**	hotbed, hothouse, seed bed
радиопереда́ча	transmission →	радиопереда́тч**ик**	transmitter
радиоприём	radio reception →	радиоприёмн**ик**	receiver, receiving set
фи́зика	physics →	фи́з**ик**	physicist

Occasionally the connection between the conceptual content of the root and its derivation is tenuous, e.g.:

мышь	mouse →	мышь**я́к**	arsenic

(3) Verbal nouns ending in **-ние** usually denote the process or result of the action contained in the parent verb.

включа́ть	to inclose, insert →	включе́**ние**	inclusion, enclosure
выса́сывать	to suck off, to draw-off, to exhaust, to evacuate →	выса́сыва**ние**	exhaustion, sucking
денатури́ровать	to denature →	денатури́рова́**ние**	denaturing
настра́ивать	to adjust →	настра́ива**ние**	adjustment, timing, setting
расчища́ть	to clear away →	расчище́**ние**	clearing
рафини́ровать	to refine →	рафини́рова**ние**	refining, purification

(4) Feminine nouns are formed from adjectives with the suffix **-ость**, **-есть** to imply abstract qualities or things characterized by the adjective.

Двадца́тый Уро́к 201

вя́зкий	viscous, sticky, pasty, stringy, tough, tenacious →	вя́зк**ость**	viscosity, stickiness
гибкий	flexible, pliant →	гибк**ость**	flexibility
зре́лый	mature →	зре́л**ость**	maturity
пло́тный	dense, thick, consistent →	пло́тн**ость**	density, thickness, massiveness
расша́танный	shaky →	расша́танн**ость**	looseness, shakiness, instability
упру́гий	resilient, elastic, flexible →	упру́г**ость**	elasticity, resilience, spring, rebound

119. SUFFIXES—ADJECTIVES.

(1) The commonest adjective suffix employed for forming an adjective from a noun is -**н** plus the regular endings for the various genders. This is tacked on to the terminal consonant of the noun stem: **-ный, -ная, -ное, -ний, -няя, -нее**:

| ле́то | summer → | ле́т**ний** | summery |
| ры́ба | fish → | ры́б**ный** | fishy |

Occasionally the **н** is doubled when the noun root already has an **н**.

| о́сень | fall → | осе́**нний** | autumnal |
| весна́ | spring → | весе́**нний** | vernal |

(2) Other common suffixes are **-кий, -овый, -евый,** and **-яно́й**:

низ	bottom →	ни́з**кий**	low
дуб	oak →	дуб**о́вый**	oaken, oak
ель	fir →	ел**о́вый**	of fir
кость	bone →	кост**яно́й**	bony

(3) The endings **-истый, -оватый, -еватистый** are very frequent in chemistry and other technical Russian:

| азо́т | nitrogen → | азо́т**истый** | nitrous, nitrogenous, nitride |

вода́	water →	водяни́стый	watery
ка́мень	stone →	камени́стый	stony
рези́на	rubber →	рези́нистый	rubbery
хлор	chlorine →	хлори́стый	chlorine, chlorous

(4) The endings **-ова́тый, -ева́тый**, which are of equal frequency, reduce the value of the meaning of the parent adjective:

кра́сный	red →	красно́ватый	redd*ish*
го́рький	bitter →	горькова́тый	bitter*ish*
тёплый	warm →	теплова́тый	sort of warm, or warm*ish*

120. WORD BUILDING. Russian, like German, prefers to build a word of several components, rather than use two or three words, one modifying another. A compound word is built by removing the inflectional ending from one of the components, usually the attributive part, and connecting it to the main word with **o** or **e**.

NOUNS

гро́мкий + говори́тель →	громкоговори́тель
loud speaker	loud speaker
ра́дио + ма́ркер →	радиома́ркер
radio marker	marker beacon
ра́дио + приём →	радиоприём
radio reception	radio reception
ра́дио + устано́вка →	радиоустано́вка
radio installation	radio installation

ADJECTIVES

The connection is formed as in nouns by **o** or **e**.

све́тлый + се́рый →	светлосе́рый
light gray	light gray
тёмный + кра́сный →	тёмнокра́сный
dark red	dark red
хлори́стый + водоро́дный →	хлористоводоро́дный
chloric hydrogenous	hydrochloric

Compound nouns and adjectives are declined according to the rules governing the other nouns or adjectives with similar endings.

Двадца́тый Уро́к

AERONAUTICAL ENGINEERING

Аэродина́мика

(continued)

Применéние фóрмулы Ньютóна к задáчам аэродинáмики принеслó большóй вред развитию авиáции, т. к. с пóмощью э́той тебрии мóжно бы́ло доказáть невозмóжность полёта на аппарáтах тяжелéе вóздуха. Фóрмула Ньютóна до сих пор встречáется в спрáвочниках по строи́тельному дéлу, но производи́мые с её пóмощью расчёты крóвель на давлéние вéтра даю́т совремéнно невéрные результáты. Фóрмулами, оснóванными на теóрии Ньютóна, мóжно пóльзоваться как приближёнными тóлько для скоростéй полёта, в нéсколько раз превосходя́щих скóрость звýка, и для расчёта межпланéтных ракéт, летя́щих в косми́ческом прострáнстве.

Теóрия идеáльной жи́дкости былá впервы́е разрабóтана рýсским академиком Л. Э́йлером. В э́той теóрии материáльная средá обы́чно называ́ется жи́дкостью, т. к. онá считáется несжимáемой. Вóздух при умéренных скоростя́х движéния мóжно считáть несжимáемым, чем и оправдывается применéние фóрмул Э́йлера при решéнии ужé чи́сто аэродинами́ческих задáч, как напримéр, при разрабóтке теóрии кры́льев или пропéллеров. В дальнéйшей разрабóтке теóрии идеáльной жи́дкости принимáло учáстие большóе число́ математиков и механиков, и в результáте их рабо́ты онá доведенá тепéрь до большо́го совершéнства. Модéль вóздуха, котóрую применя́л Э́йлер, схематизи́рует реáльный вóздух. Считáется, что жи́дкая средá не состои́т из реáльных молéкул, а явля́ется конти́нуумом, т.е. непреры́вно распределенá по всемý прострáнству. Си́лы взаимодéйствия сосéдних частéй жи́дкости принимáются перпендикуля́рными к повéрхности их раздéла; други́ми словáми, принимáют, что внутри́ жи́дкости отсýтствует трéние. Однáко в реáльном вóздухе, как покáзывают о́пыты, си́лы трéния весьмá замéтны. При изучéнии обтекáния тел тóчно так же считáют, что нет трéния мéжду повéрхностью тéла и жи́дкостью. Все допущéния дéлают сáми по себé безупрéчные математи́ческие вы́воды э́той теóрии лишь приближёнными иногдá дáже грýбо приблизи́тельными в применéнии их к реáльному вóздуху. Тем не мéнее, онá даёт о́чень мнóго цéнных приёмов расчёта для инженéра, и éю широкó пóльзуются на прáктике. Обы́чно удаётся течéние раздели́ть на две чáсти: однá характеризýется бо́льшим внýтренним трéнием, а в другóй трéние малó, и во́здух мо́жно считáть идеáльной жи́дкостью. Вводя́ такóе разделéние течéния, мо́жно с пóмощью дополни́тельных гипóтез стрóить разли́чные так называ́емые инженéрные теóрии аэродинáмики, игрáющие большýю вспомогáтельную роль в тéхнике.

применéние application
невозмóжность impossibility
спрáвочник handbook
строи́тельный construction
производи́ть produces
расчёт calculation
межпланéтный interplanetary
опрáвдывается is justified

си́ла power, force
трéние friction
обтекáние flowing around, passing around (*noun*)
приблизи́тельный approximate
дополни́тельный additional
вспомогáтельный auxiliary

BIOLOGY

Влияние температу́ры на рост

В прáктике растениевóдства давнó извéстно, что рост растéния, так же как и развитие егó из сéмени, в значи́тельной стéпени зави́сит от окружáющей температу́ры. Здесь тáкже мóжно установи́ть ми́нимум, при котóром растéние едвá начинáет расти́, затéм óптимум, при котóром рост идёт всегó быстрéе, и максимáльную температу́ру, вы́ше котóрой рост ужé прекращáется.

Не однá и та же температу́ра необходи́ма рáзным растéниям для начáла их рóста. При ни́зкой сравни́тельно температу́ре трóгаются в рост веснóй ози́мые посéвы. Мнóгие ранневесéнние растéния мóгут расти́ и развивáться при температу́ре, бли́зкой к 0°, пробивáясь иногдá из пóчвы сквозь тóлщу снéга. Напрóтив, ты́ква начинáет расти́ при температу́ре óколо 14° Ц.

Наблюдéниями устанóвлено, что и óптимум температу́ры бывáет разли́чен для рáзных растéний. Так, пшени́ца лу́чше всегó растёт при температу́ре вóздуха óколо 29° Ц, а ты́ква — при температу́ре в 34° Ц. Извéстно, что растéния, происходя́щие из тропи́ческих стран, начинáют расти́ при бóлее высóкой температу́ре.

Чтóбы имéть возмóжность постáвить растéние в благоприя́тные температу́рные усло́вия, нáдо знать егó óптимум. При э́том нáдо имéть в виду́, что для рáзных стáдий развиия одногó и тогó же растéния обы́чно трéбуется разли́чная температу́ра. Так, развитие семя́н хлéбных злáков начинáется óколо 0°, для рóста их зелёных частéй трéбуется температу́ра не менéе 5–6°, а для цветéния — бóльше 15°.

растениевóдство floriculture
установля́ть to establish
едвá hardly
прекращáться to cease
необходи́мо to be necessary, required

сравни́тельно comparatively
трóгаться в рост to start growth
веснóй in spring
ози́мый посéв early planting
ранневесéнний early spring (*adj.*)

расти́ to grow	тропи́ческая страна́ tropical country
пробива́ться to break through	благоприя́тное усло́вие favorable
то́лща layer	cor dition
снег snow	ста́дия stage
ты́ква pumpkin	тре́боваться to be necessary
наблюде́ние observation	хле́бные зла́ки breadstuffs
происходи́ть to come from, be derived from	зелёный green
	цвете́ние flowering

CHEMISTRY

Хими́ческое равнове́сие

(continued)

Кро́ме концентра́ций реаги́рующих веще́ств на ско́рость реа́кции должна́ ока́зывать возде́йствие та́кже и температу́ра, так как при её повыше́нии возраста́ет ско́рость движе́ния моле́кул, в связи́ с чем увели́чивается и число́ столкнове́ний ме́жду ни́ми.

О́пыт пока́зывает, что при повыше́нии температу́ры на ка́ждые 10° ско́рости реа́кции увели́чиваются обы́чно в три ра́за. Ме́жду тем согла́сно кинети́ческой тео́рии увеличе́ние числа́ столкнове́ний при повыше́нии температу́ры должно́ быть несравне́нно ме́ньшим, чем то соотве́тствует подо́бным ускоре́ниям реа́кций.

Это расхожде́ние тео́рии и о́пыта явля́ется одна́ко лишь ка́жущимся. Действи́тельно, хими́ческая реа́кция ме́жду те́ми и́ли ины́ми вещества́ми во́все не обяза́тельно должна́ происходи́ть при ка́ждом столкнове́нии их части́ц. Мо́жет име́ть ме́сто ряд таки́х встреч, по́сле кото́рых моле́кулы расхо́дятся неизменёнными, в други́х же слу́чаях, когда́ ста́лкиваются бо́лее акти́вные моле́кулы, они́ вступа́ют в хими́ческое взаимоде́йствие.

Относи́тельное число́ подо́бных ,,успе́шных" встреч в пе́рвую о́чередь определя́ется приро́дой сами́х реаги́рующих веще́ств. Поэ́тому при одина́ковом о́бщем числе́ столкнове́ний моле́кул ско́рости отде́льных реа́кций мо́гут быть весьма́ разли́чны. С друго́й стороны́, при повыше́нии температу́ры растёт не то́лько о́бщее число́ столкнове́ний, но и до́ля успе́шных — поэ́тому так бы́стро увели́чиваются ско́рости реа́кций при нагрева́нии. Для разли́чных веще́ств число́ акти́вных моле́кул возраста́ет при э́том не в одина́ковой сте́пени — отсю́да разли́чия в ускоре́ниях отде́льных реа́кций.

Е́сли при температу́рах 600–1000° водоро́д и кислоро́д со взры́вом соединя́ются, образу́я во́ду, то, наоборо́т, при 4000–5000° вода́ со взры́вом распада́ется на водоро́д и кислоро́д. Обознача́я это схемати́чески, бу́дем име́ть:

$$\xrightarrow{\text{при } 1000°}$$
$$\text{водоро́д} + \text{кислоро́д} = \text{вода́}$$
$$\xleftarrow{\text{при } 5000°}$$

Очеви́дно, что при не́которых температу́рных усло́виях должны́ быть возмо́жны о́бе реа́кции: и образова́ние воды и её разложе́ние. Это действи́тельно име́ет ме́сто в интерва́ле температу́р 2000–4000°, когда́ одновреме́нно происхо́дит и образова́ние моле́кул воды́ из водоро́да и кислоро́да и распа́д други́х моле́кул воды́ на водоро́д и кислоро́д. При э́тих усло́виях реа́кция взаимоде́йствия водоро́да с кислоро́дом стано́вится сле́довательно заме́тно *обрати́мой*. Вообще́ *обрати́мыми называ́ются реа́кции, протека́ющие одновреме́нно в обо́их противополо́жных направле́ниях*. Они́ обознача́ются двумя́ противополо́жно напра́вленными стре́лками, как э́то ви́дно из приводи́мого ни́же уравне́ния реа́кции образова́ния воды́.

$$2H_2 + O_2 \leftrightarrows 2H_2O.$$

Для скоросте́й обе́их взаи́мно обра́тных реа́кций мо́жно соста́вить сле́дующие выраже́ния:

$$v_1 = k_1 [H_2]^2 [O_2] \quad \text{и} \quad v_2 = k_2 [H_2O]^2$$

Е́сли v_1 бо́льше чем v_2, то в едини́цу вре́мени моле́кул воды́ бу́дет образо́вываться бо́льше, чем распада́ться. Обра́тно, е́сли $v_1 < v_2$ то распада́ться бу́дет бо́льше, чем образо́вываться. Наконе́ц, е́сли $v_1 = v_2$ число́ распада́ющихся и образу́ющихся в едини́цу вре́мени моле́кул бу́дет одина́ково.

повыше́ние rise, increase
возраста́ть to grow
несравне́нно incomparably
подо́бный similar
кажу́щимся from каза́ться to seem
обяза́тельно necessarily
столкнове́ние collision
неизмене́нный unchanged

успе́шный successful
вступа́ть to enter
относи́тельное relative
о́чередь turn (*n.*)
до́ля share
сте́пень degree
распа́д disintegration
противополо́жный opposite

Appendix I. Regular Noun Declensions

MASCULINE

NOUN	áтом	слу́чай	автомоби́ль	крите́рий
STEM	áтом	слу́ч-	автомоби́л-	крите́ри-

SINGULAR

ENDINGS	HARD	SOFT	SOFT	SOFT
Nom.	áтом	слу́чай	автомоби́ль	крите́рий
Gen.	áтома	слу́чая	автомоби́ля	крите́рия
Dat.	áтому	слу́чаю	автомоби́лю	крите́рию
Acc.	áтом	слу́чай	автомоби́ль	крите́рий
Instr.	áтомом	слу́чаем	автомоби́лем	крите́рием
Prep.	áтоме	слу́чае	автомоби́ле	крите́рии

PLURAL

Nom.	áтомы	слу́чаи	автомоби́ли	крите́рии
Gen.	áтомов	слу́чаев	автомоби́лей	крите́риев
Dat.	áтомам	слу́чаям	автомоби́лям	крите́риям
Acc.	áтомы	слу́чаи	автомоби́ли	крите́рии
Instr.	áтомами	слу́чаями	автомоби́лями	крите́риями
Prep.	áтомах	слу́чаях	автомоби́лях	крите́риях

NEUTER

NOUN	сво́йство	по́ле	сокраще́ние
STEM	сво́йств-	по́л-	сокраще́н-

SINGULAR

ENDINGS	HARD	SOFT	SOFT
Nom.	сво́йство	по́ле	сокраще́ние
Gen.	сво́йства	по́ля	сокраще́ния
Dat.	сво́йству	по́лю	сокраще́нию
Acc.	сво́йство	по́ле	сокраще́ние
Instr.	сво́йством	по́лем	сокраще́нием
Prep.	сво́йстве	по́ле	сокраще́нии

PLURAL

Nom.	свойства	поля́	сокраще́ния
Gen.	свойств	поле́й	сокраще́ний
Dat.	свойствам	поля́м	сокраще́ниям
Acc.	свойства	поля́	сокраще́ния
Instr.	свойствами	поля́ми	сокраще́ниями
Prep.	свойствах	поля́х	сокраще́ниях

FEMININE

NOUN	моле́кула	ми́ля	жи́дкость	тео́рия
STEM	моле́кул-	ми́л-	жи́дкост-	тео́ри-

SINGULAR

	HARD	SOFT	SOFT	SOFT
Nom.	моле́кула	ми́ля	жи́дкость	тео́рия
Gen.	моле́кулы	ми́ли	жи́дкости	тео́рии
Dat.	моле́куле	ми́ле	жи́дкости	тео́рии
Acc.	моле́кулу	ми́лю	жи́дкость	тео́рию
Instr.	моле́кулой (ою)	ми́лей (ею)	жи́дкостью	тео́рией (ею)
Prep.	моле́куле	ми́ле	жи́дкости	тео́рии

PLURAL

Nom.	моле́кулы	ми́ли	жи́дкости	тео́рии
Gen.	моле́кул	миль	жи́дкостей	тео́рий
Dat.	моле́кулам	ми́лям	жи́дкостям	тео́риям
Acc.	моле́кулы	ми́ли	жи́дкости	тео́рии
Instr.	моле́кулами	ми́лями	жи́дкостями	тео́риями
Prep.	моле́кулах	ми́лях	жи́дкостях	тео́риях

Appendix II. Irregular Nouns

MASCULINE NOUNS

(1) Some inanimate masculine nouns have an irregular **-а** or **-я** in the *nominative* and *accusative plural* ending:

(a)

Nom. Sing.		*Nom.* and *Acc. Pl.*
áдрес	address	адресá
вéчер	evening	вечерá
глаз	eye	глазá
гóлос	voice	голосá
гóрод	city	городá
дом	house	домá
лес	forest, woods	лесá
пóезд	train	поездá

(b) Animate masculine nouns terminating in **-ор** indicating profession belong to this group, as do some others, though in these the accusative plural is like the genitive plural.

Nom. Sing.		*Nom. Pl.*	*Accus. Pl.*
дóктор	doctor	докторá	докторóв
профéссор	professor	профессорá	профессорòв
учи́тель	teacher	учителя́	учителéй

But: Inanimate masculine nouns like **компрéссор** have **компрéссоры**, in both nominative and accusative plural.

(2) Masculine nouns ending in **-ок, -ец. -ень** lose the **о** or **е** when they are declined.

		Nom. Sing.		*Gen.* and *Dat. Sing.*
-ок	белóк	protein		белкá, белкý, etc.
	кусóк	piece		кускá, кускý, etc.
-ец	отéц	father		отцá. отцý, etc.
	мáрганец	manganese		мáрганца, мáрганцу, etc.
-ень	день	day		дня́, дню́, etc.

(3) A group of masculine and neuter nouns attach the *soft sign* to the root before adding the plural endings.

	Nom. Sing.	*Plural*
брат	brother	бра́тья, бра́тьев, бра́тьям, etc.
де́рево	tree	дере́вья, дере́вьев, дере́вьям, etc.
лист	leaf (*bot.*)	ли́стья, ли́стьев, ли́стьям, etc.

When **лист** means a sheet of paper its plural is regular: листы́, листо́в, etc.

перо́	pen, feather	пе́рья, пе́рьев, пе́рьям, etc.
стул	chair	сту́лья, сту́льев, сту́льям, etc.
друг	friend	друзья́, друзе́й, друзья́м, etc.

Note the change of **г** to **з** in the plural in друг.

сын	son	сыновья́, сынове́й, сыновья́м, etc.

Note the insertion of the syllable **-ов-** in the plural forms of сын.

(4) Some common words have a *different word* for the plural.

челове́к	man	**лю́ди**, люде́й, лю́дям, etc.
господи́н	gentleman	**господа́**, госпо́д, господа́м, etc.

(5) Masculine nouns with *similar endings* in the *nominative singular* and *genitive plural*.

	Nom. Sing.	*Gen. Pl.*
арши́н	arsheen ($\frac{8}{9}$ of a yard)	арши́н
глаз	eye	глаз
раз	time	раз

(6) Nouns ending in **-анин** or **-янин** have irregular endings in the *nominative* and *genitive plural*.

	Nom. Sing.	*Nom. Pl.*	*Gen. Pl.*
англича́нин	Englishman	англича́не	англича́н
граждани́н	citizen	гра́ждане	гра́ждан

(7) With the prepositions **в** and **на**, governing the prepositional case, several short masculine words ending in a consonant take the ending **у** or **ю**.

на мосту́	on the bridge
в году́	a year
в саду́	in the garden
во рту́	in the mouth

Приложе́ние II

(8) Some monosyllabic inanimate masculine nouns lose their root vowel when they are declined.

рот mouth рта, рту, рот, ртом, обо рте, but во рту.
лёд ice льда, льду, лёд, льдом, обо льде but на льду.

(9) **Мужчи́на** man, **па́па** papa, **дя́дя** uncle, **ба́тюшка** little father, and *masculine* diminutives and nicknames terminating in **-а** or **-я** are declined like *regular feminine nouns*.

FEMININE NOUNS

(1) A group of nouns whose *root ends in two consonants* insert **о** or **е** in the *genitive plural*.

Nom. Sing.		Gen. Pl.
спи́чка	match	спи́чек
ру́чка	handle, lever	ру́чек
земля́	land, earth	земе́ль
по́чка	bud, kidney	по́чек

(2) The irregular feminine nouns **дочь** and **мать** are declined similarly.

	SINGULAR	PLURAL
Nom.	дочь	до́чери
Gen.	до́чери	дочере́й
Dat.	до́чери	дочеря́м
Acc.	дочь	дочере́й
Instr.	до́черью	дочеря́ми (дочерьми́)
Prep.	о до́чери	о дочеря́х

NEUTER NOUNS

(1) A group of nouns whose *root ends in two consonants* insert **о** or **е** in the *genitive plural*. cf. Feminine Nouns (1).

Nom. Sing.		Gen. Pl.
окно́	window	о́кон
число́	number	чи́сел

(2) The irregular noun **дитя́**, child, is declined thus:

	SINGULAR	PLURAL
Nom.	дитя́	де́ти
Gen.		дете́й
Dat.		де́тям
Acc.		дете́й
Instr.		детьми́
Prep.		о де́тях

The masculine noun **ребёнок** generally replaces **дитя** in the singular.

(3) There are ten nouns terminating in **-мя**:

и́мя	name	**бре́мя**	burden
пла́мя	flame (*sing. only*)	**стре́мя**	stirrups
вре́мя	time	**пле́мя**	tribe
се́мя	seed (*gen. pl.* **семя́н**)	**те́мя**	crown of the head
зна́мя	banner, flag	**вы́мя**	udder

These are declined as follows:

	SINGULAR	PLURAL
Nom.	вре́мя	времена́
Gen.	вре́мени	времён
Dat.	вре́мени	времена́м
Acc.	вре́мя	времена́
Instr.	вре́менем	времена́ми
Prep.	о вре́мени	о времена́х

Appendix III. Regular Declension of Attributive Adjectives

	SINGULAR			PLURAL
	MASCULINE	FEMININE	NEUTER	ALL GENDERS

Но́вый, new

Nom.	но́в-ый	но́в-ая	но́в-ое	но́в-ые
Gen.	но́в-ого	но́в-ой	но́в-ого	но́в-ых
Dat.	но́в-ому	но́в-ой	но́в-ому	но́в-ым
Acc.	like N. or G.	но́в-ую	like N.	like N. or G.
Instr.	но́в-ым	но́в-ой (ою)	но́в-ым	но́в-ыми
Prep.	о но́в-ом	о но́в-ой	о но́в-ом	о но́в-ых

Дорого́й, dear

Nom.	дорог-о́й	дорог-а́я	дорог-о́е	дорог-и́е
Gen.	дорог-о́го	дорог-о́й	дорог-о́го	дорог-и́х
Dat.	дорог-о́му	дорог-о́й	дорог-о́му	дороги́м
Acc.	like N. or G.	дорог-у́ю	like N.	like N. or G.
Instr.	дорог-и́м	дорог-о́й (ой)	дорог-и́м	дорог-и́ми
Prep.	о дорог-о́м	о дорог-о́й	о дорог-о́м	о дорог-и́х

Си́ний, blue

Nom.	си́н-ий	си́н-яя	си́н-ее	си́н-ие
Gen.	си́н-его	си́н-ей	си́н-его	си́н-их
Dat.	си́н-ему	си́н-ей	си́н-ему	си́н-им
Acc.	like N. or G.	си́н-юю	like N.	like N. or G.
Instr.	си́н-им	си́н-ей (ею)	си́н-им	си́н-ими
Prep.	о си́н-ем	о си́н-ей	о си́н-ем	о си́н-их

Appendix IV.   Declension of Pronoun Forms

1. PERSONAL PRONOUNS

SINGULAR

	I	thou	he it	she
Nom.	я	ты	он оно́	она́
Gen.	меня́	тебя́	его́	её
Dat.	мне	тебе́	ему́	ей
Acc.	меня́	тебя́	его́	её
Inst.	мно́ю, -й	тобо́ю, -й	им	е́ю, -й
Prep.	мне	тебе́	о нём	о ней

PLURAL

	we	you	they
Nom.	мы	вы	они́
Gen.	нас	вас	их
Dat.	нам	вам	им
Acc.	нас	вас	их
Inst.	на́ми	ва́ми	и́ми
Prep.	нас	вас	о них

2. RELATIVE AND INTERROGATIVE PRONOUNS

SINGULAR

	who	what
Nom.	кто	что
Gen.	кого́	чего́
Dat.	кому́	чему́
Acc.	кого́	что
Inst.	кем	чем
Prep.	ком	чём

Приложе́ние IV

REFLEXIVE PRONOUN
oneself

себя́
себе́
себя́
собо́ю, -й
себе́

4. EMPHATIC PRONOUNS

	SINGULAR			PLURAL
	\- self \-			selves
	m.	*n.*	*f.*	*all genders*
Nom.	сам	само́	сама́	са́ми
Gen.	самого́		само́й	сами́х
Dat.	самому́		само́й	сами́м
Acc.	самого́	само́	самоё	сами́х
Inst.	сами́м		само́ю, -й	сами́ми
Prep.	само́м		само́й	сами́х

5. DEMONSTRATIVE PRONOUNS

	SINGULAR			PLURAL
	\- this \-			these
	m.	*n.*	*f.*	*all genders*
Nom.	э́тот	э́то	э́та	э́ти
Gen.	э́того		э́той	э́тих
Dat.	э́тому		э́той	э́тим
Acc.	like N. or G.		э́ту	like N. or G.
Inst.	э́тим		э́тою, -й	э́тими
Prep.	э́том		э́той	э́тих

	SINGULAR			PLURAL
	\- that \-			those
	m.	*n.*	*f.*	*all genders*
Nom.	тот	то	та	те
Gen.	того́		той	тех
Dat.	тому́		той	тем
Acc.	like N. or G.		ту	like N. or G.
Inst.	тем		то́ю, -й	те́ми
Prep.	том		той	тех

6. POSSESSIVE PRONOUN ADJECTIVES

Мой—*my*

	SINGULAR			PLURAL
	MASCULINE	FEMININE	NEUTER	ALL GENDERS
Nom.	мой	моя́	моё	мои́
Gen.	моего́	мое́й	моего́	мои́х
Dat.	моему́	мое́й	моему́	мои́м
Acc.	like N. or G.	мою́	like N.	like N. or G.
Instr.	мои́м	мое́ю (е́й)	мои́м	мои́ми
Prep.	о моём	о мое́й	о моём	о мои́х

Твой—*thy, your*

Твой, *thy, your*, and the reflexive **свой**, *his, her*, are declined in the same manner as **мой**.

The *third person singular and plural*, **его** *his*, **её** *her*, **его** *its*, and **их** *their*, are not declined.

Наш—*our*

Nom.	наш	на́ша	на́ше	на́ши
Gen.	на́шего	на́шей	на́шего	на́ших
Dat.	на́шему	на́шей	на́шему	на́шим
Acc.	like N. or G.	на́шу	like N.	like N. or G.
Instr.	на́шим	на́шею (ей)	на́шим	на́шими
Prep.	о на́шем	о на́шей	о на́шем	о на́ших

Ваш, *your*, is declined in the same manner as **наш**.

Appendix V. Numerals

	CARDINAL NUMERAL	ORDINAL NUMERAL	
1.	оди́н, одна́, одно́	пе́рвый, -ая, -ое	first
2.	два (*m. and n.*), две	второ́й, -а́я, -о́е	second
3.	три	тре́тий, тре́тья, -ье	third
4.	четы́ре	четвёртый, -ая, -ое	fourth
5.	пять	пя́тый, -ая, -ое	fifth
6.	шесть	шесто́й, -а́я, -о́е	sixth
7.	семь	седьмо́й, -а́я, -о́е	seventh
8.	во́семь	восьмо́й, -а́я, -о́е	eighth
9.	де́вять	девя́тый, -ая, -ое	ninth
10.	де́сять	деся́тый, -ая, -ое	tenth
11.	оди́ннадцать	оди́ннадцатый	eleventh
12.	двена́дцать	двена́дцатый	twelfth
13.	трина́дцать	трина́дцатый	thirteenth
14.	четы́рнадцать	четы́рнадцатый	fourteenth
15.	пятна́дцать	пятна́дцатый	fifteenth
16.	шестна́дцать	шестна́дцатый	sixteenth
17.	семна́дцать	семна́дцатый	seventeenth
18.	восемна́дцать	восемна́дцатый	eighteenth
19.	девятна́дцать	девятна́дцатый	nineteenth
20.	два́дцать	двадца́тый	twentieth
21.	два́дцать оди́н, одна́, одно́	два́дцать пе́рвый, пе́рвая, -ое	twenty-first
22.	два́дцать два, две	два́дцать второ́й, -а́я, -о́е	twenty-second
23.	два́дцать три	два́дцать тре́тий, -ья, -ье	twenty-third
30.	три́дцать	тридца́тый	thirtieth
40.	со́рок	сороково́й	fortieth
50.	пятьдеся́т	пятидеся́тый	fiftieth
60.	шестьдеся́т	шестидеся́тый	sixtieth
70.	се́мьдесят	семидеся́тый	seventieth
80.	во́семьдесят	восьмидеся́тый	eightieth

Appendix V

CARDINAL NUMERAL		ORDINAL NUMERAL	
90.	девяно́сто	девяно́стый	ninetieth
100.	сто	со́тый	hundredth
101.	сто оди́н	сто пе́рвый, -ая, -ое	101st
140.	сто со́рок	сто сороково́й	140th
200.	две́сти	двухсо́тый	200th
300.	три́ста	трёхсо́тый	300th
400.	четы́реста	четырёхсо́тый	400th
500.	пятьсо́т	пятисо́тый	500th
600.	шестьсо́т	шестисо́тый	600th
700.	семьсо́т	семисо́тый	700th
800.	восемьсо́т	восьмисо́тый	800th
900.	девятьсо́т	девятисо́тый	900th
1,000.	ты́сяча	ты́сячный	thousandth
1,001.	ты́сяча оди́н	ты́сяча пе́рвый, -ая, -ое	1001st
2,000.	две ты́сячи	двухты́сячный	2000th
5,000.	пять ты́сяч	пятиты́сячный	5,000th
10,000.	де́сять	десятиты́сячный	10,000th
100,000.	сто ты́сяч	сто ты́сячный	100,000th
1,000,000.	миллио́н	миллио́нный	millionth
2,000,000.	два миллио́на	двухмиллио́нный	2,000,000th
1,000,000,000.	миллиа́рд *or* биллио́н	миллиа́рдный (биллио́нный)	billionth

DECLENSION OF NUMERALS

Оди́н—*one*

	SINGULAR			PLURAL
	MASCULINE	FEMININE	NEUTER	ALL GENDERS
Nom.	оди́н	одн-**а́**	одн-**о́**	одн-**и́**
Gen.	одн-**ого́**	одн-**о́й**	одн-**ого́**	одн-**и́х**
Dat.	одн-**ому́**	одн-**о́й**	одн-**ому́**	одн-**и́м**
Acc.	like N. or G.	одн-**у́**	одн-**о́**	like N. or G.
Instr.	одн-**и́м**	одн-**о́ю (о́й)**	одн-**и́м**	одн-**и́ми**
Prep.	об одн-**о́м**	об одн-**о́й**	об одн-**о́м**	об одн-**и́х**

Приложе́ние V

Два—two

	MASCULINE AND NEUTER	FEMININE
Nom.	два	две
Gen.	двух	двух
Dat.	двум	двум
Acc.	like N. or G.	like N or G
Instr.	двумя́	двумя́
Prep.	о двух	о двух

Три—three, Четы́ре—four, Пять—five

ALL GENDERS

	три	четы́ре	пять
Nom.	три	четы́ре	пять
Gen.	трёх	четырёх	пяти́
Dat.	трём	четырём	пяти́
Acc.	like N. or G.	like N. or G.	пять
Instr.	тремя́	четырьмя́	пятью́
Prep.	о трёх	о четырёх	о пяти́

Со́рок—forty, Девяно́сто—ninety

FOR ALL GENDERS

	со́рок	девяно́сто
Nom.	со́рок	девяно́сто
Gen.	сорока́	девяно́ста
Dat.	сорока́	девяно́ста
Acc.	like N. or G.	like N. or G.
Instr.	сорока́	девяно́ста
Prep.	сорока́	девяно́ста

Сто—hundred, Две́сти—two hundred, Шестьсо́т—six hundred

FOR ALL GENDERS

	сто	две́сти	шестьсо́т
Nom.	сто	две́сти	шестьсо́т
Gen.	ста	двухсо́т	шестисо́т
Dat.	ста	двумста́м	шестиста́м
Acc.	like N. or G.	like N. or G.	like N. or G.
Instr.	ста	двумяста́ми	шестьюста́ми
Prep.	ста	о двухста́х	о шестиста́х

Полтора́—*one and a half*

	MASCULINE AND NEUTER	FEMININE
Nom.	полтора́	полторы́
Gen.	полу́тора	полу́тора
Dat.	like G.	like G.
Acc.	like N. or G.	like N. or G.
Instr.	like G.	like G.
Prep.	like G.	like G.

О́ба—*both*

	MASCULINE AND NEUTER	FEMININE
Nom.	о́ба	о́бе
Gen.	обо́их	обе́их
Dat.	обо́им	обе́им
Acc.	like N. or G.	like N. or G.
Instr.	обо́ими	обе́ими
Prep.	об обо́их	об обе́их

Appendix VI. Conjugations of Verbs

CONJUGATION OF THE AUXILIARY VERB **Быть**.—*to be*

SINGULAR · PLURAL

Present Tense—*I am*, etc.

Usually omitted. Only 3rd singular есть is occasionally used.

Past Tense—*I was, I have been*, etc.

| я, ты, он } был, á, о | мы, вы, они } бы́ли |

Future Tense.—*I shall be*, etc.

я бу́ду	мы бу́дем
ты бу́дешь	вы бу́дете
он бу́дет	они́ бу́дут

Conditional or Subjunctive Tense.—*that I might be, I would be*, etc.

| я, ты, он } был, á, о, бы | мы, вы, они } бы́ли бы |

Imperative.—*Be! let him be!* etc.

| будь! | бу́дьте! |
| пусть бу́дет! | пусть бу́дут! |

Participles

ACTIVE—*being* · PASSIVE

Present Tense	су́щий, ая, ее	
Past Tense	бы́вший, ая, ее	None
Future Tense	бу́дущий, ая, ее	

Gerund

	ACTIVE—*being*	PASSIVE
Present Tense	бу́дучи	
Past Tense	быв or бы́вши	None
Future Tense	None	

CONJUGATION I

Чита́ть—*to read*

IMPERFECTIVE	PERFECTIVE

Present Tense—*I read, am reading,* etc.

я чита́ю	None
ты чита́ешь	
он чита́ет	
мы чита́ем	
вы чита́ете	
они́ чита́ют	

Past—*I was reading, I used to read, I would read, I have or had been reading, I was accustomed to read,* etc.

Past—*I read, I have read, I had read,* etc.

я, ты, он чита́л	я, ты, он **прочита́л**
я, ты, она́ чита́ла	я, ты, она́ **прочита́ла**
оно́ чита́ло	оно́ прочита́ло
мы, вы, они́ чита́ли	мы, вы, они́ **прочита́ли**

Future—*I shall read, I shall be reading,* etc.

Future—*I shall read,* etc.

я бу́ду чита́ть	я **прочита́ю**
ты бу́дешь чита́ть	ты **прочита́ешь**
он, она́, оно́, бу́дет чита́ть	он **прочита́ет**
мы бу́дем чита́ть	мы **прочита́ем**
вы бу́дете чита́ть	вы **прочита́ете**
они́ бу́дут чита́ть	они́ **прочита́ют**

Приложе́ние VI

CONDITIONAL AND SUBJUNCTIVE—*that I may or might read, or would read* (also progressive and compound progressive forms), etc.

я, ты, он чита́л **бы**
я, ты, она́ чита́ла **бы**
мы, вы, они́ чита́ли **бы**

CONDITIONAL AND SUBJUNCTIVE—*that I may or might read*, etc.

я, ты, он **про**чита́л **бы**
я, ты, она́ **про**чита́ла **бы**
мы, вы, они́ **про**чита́ли **бы**

IMPERATIVE

чита́й! Read! (singular)
пусть* он чита́ет! Let him read!
чита́йте! Read! (plural)
пусть* они́ чита́ют! Let them read!

про́читай! Read! (singular)
пусть* он **про**чита́ет! Let him read!
прочита́йте! Read! (plural)
пусть* они́ **про**чита́ют! Let them read!

PARTICIPLES

	ACTIVE	PASSIVE
PRESENT	чита́ющий, **ая, ее**, *reading*	чита́емый, **ая, ое**, *being read*
PAST	чита́вший, **ая, ее**, *having read*	чи́танный, **ая, ое** *read, having been read*

GERUND

	ACTIVE	PASSIVE
PRESENT	чита́**я**, *reading*	
PAST	чита́в, чита́вши, *having read*	

CONJUGATION II†

Хвали́ть—*to praise*

IMPERFECTIVE		PERFECTIVE
\multicolumn{2}{c}{PRESENT TENSE— *I praise, am praising*}	
я хвал**ю́**	мы хва́л**им**	None
ты хва́л**ишь**	вы хва́л**ите**	
он хва́л**ит**	они́ хва́л**ят**	

* Пуска́й may replace пусть in these forms. The use of the subject pronoun is optional.

† The roots of many verbs of this conjugation end in sibilants or gutturals which modify the succeeding vowel of the ending according to the rules of vowel mutation discussed apropos of nouns and adjectives. See Lessons 5 and 10.

PAST—*I was praising, would praise, used to praise, I have or had praised*, etc.

я, ты, он хвали́л
я, ты, она́ хвали́**ла**
оно́ хвали́**ло**
мы, вы, они́ хвали́**ли**

FUTURE—*I shall praise, I shall be praising*, etc.

я, бу́ду хвали́ть
ты бу́дешь хвали́ть
он, она́ (оно́) бу́дет хвали́ть
мы бу́дем хвали́ть
вы бу́дете хвали́ть
они́ бу́дут хвали́ть

CONDITIONAL AND SUBJUNCTIVE—*that I may, or might, or would praise*; also progressive and compound progressive forms

я, ты, он хвали́л **бы**
я, ты, она́ хвали́ла **бы**
мы, вы, они́ хвали́ли **бы**

PAST—*I praised, have or had praised*, etc.

я, ты, он похвали́л
я, ты, она́ похвали́**ла**
оно́ похвали́**ло**
мы, вы, они́ похвали́**ли**

FUTURE—*I shall praise*, etc.

я похвалю́
ты похва́лишь
он, она́ (оно́) похва́лит
мы похва́лим
вы похва́лите
они́ похва́лят

CONDITIONAL AND SUBJUNCTIVE—*that I may or might praise*, etc.

я, ты, он похвали́л **бы**
я, ты, она́ похвали́ла **бы**
мы, вы, они́ похвали́ли **бы**

IMPERATIVE

хвали́! Praise! (singular)
пусть он хва́лит Let him praise!
хвали́**те**! Praise! (plural)
пусть они́ хва́лят! Let them praise!

похвали́! Praise! (singular)
пусть он похва́лит! Let him praise!
похвали́**те**! Praise! (plural)
пусть они́ похва́лят! Let them praise!

PARTICIPLES

	ACTIVE	PASSIVE
PRESENT	хваля́щий, **ая**, **ее**, *praising*	хвали́мый, **ая**, **ое**, *being praised*
PAST	хвали́вший, **ая**, **ее**, *having praised*	хва́ленный, **ая**, **ое**, *praised, having been praised*

Приложе́ние VI

Gerund

	Active	Passive
PRESENT	хвал**я́**, *praising*	
PAST	хвали́**в**, хвали́**вши**, *having praised*	

Appendix VII. Verbs with Irregularities

IMPERFECTIVE	PERFECTIVE
Брать: беру́, берёшь	взять: возьму́, возьмёшь to take
броса́ть I	бро́сить: бро́шу, бро́сишь to throw
Взве́шивать I	взве́сить: взве́шу, взве́сишь to weigh
ви́деть: ви́жу, ви́дишь	уви́деть to see
висе́ть: вишу́, виси́шь	No *Perf.* to hang
вкла́дывать I	вложи́ть II to put in
воспреща́ть I	воспрети́ть: воспрещу́, воспрети́шь to forbid
встава́ть: встаю́, встаёшь	встать: вста́ну, вста́нешь to rise
встреча́ть I	встре́тить: встре́чу, встре́тишь to meet
входи́ть: вхожу́, вхо́дишь	войти́: войду́, войдёшь to enter *Past:* вошёл, вошли́
выбира́ть I	вы́брать: вы́беру, вы́берешь to select
вынима́ть I	вы́нуть: вы́ну, вы́нешь to take out
вытира́ть I	вы́тереть: вы́тру, вы́трешь to wipe
ве́шать I	пове́сить: пове́шу, пове́сишь to hang
Говори́ть II	сказа́ть: скажу́, ска́жешь to say, to speak
Дава́ть: даю́, даёшь	дать: дам, дашь, даст, дади́м, дади́те, даду́т to give
держа́ть: держу́, де́ржишь	подержа́ть, *like* держа́ть to hold
доставля́ть I	доста́вить: доста́влю, доста́вишь to deliver, give
достига́ть I	дости́гнуть: дости́гну, дости́гнешь to achieve *Past:* дости́г, дости́гли
ду́мать I	поду́мать I to think
де́лать I	сде́лать I to do

Приложе́ние VII

IMPERFECTIVE	PERFECTIVE
Е́хать: е́ду, е́дешь	пое́хать, *like* е́хать to go (by vehicle)
Жать: жму, жмёшь	пожа́ть, *like* жать to squeeze
ждать: жду, ждёшь	подожда́ть: подожду́, подождёшь to wait
жела́ть I	пожела́ть I to wish
жить: живу́, живёшь	пожи́ть, *like* жить to live
Заводи́ть: завожу́, заво́дишь	завести́: заведу́, заведёшь to wind up, acquire, set up *Past*: завёл, завели́
завя́зывать I	завяза́ть: завяжу́, завя́жешь to tie to
зажига́ть I	заже́чь: зажгу́, зажжёшь, зажгу́т to set on fire *Past*: зажёг, зажгли́
зака́зывать I	заказа́ть: закажу́, зака́жешь to order
закле́ивать I	закле́ить: закле́ю, закле́ишь to glue
закрыва́ть I	закры́ть: закро́ю, закро́ешь to close
замеча́ть I	заме́тить: заме́чу, заме́тишь to note
занима́ть I	заня́ть: займу́, займёшь to occupy
запи́сывать I	записа́ть: запишу́, запи́шешь to write down, note
заходи́ть: захожу́, захо́дишь	зайти́: зайду́, зайдёшь to go in, come in *Past*: зашёл, зашли́
знако́мить: знако́млю, знако́мишь	познако́мить, *like* знако́мить to acquaint
Изуча́ть I	изучи́ть II to study
идти́: иду́, идёшь *Past*: шёл, шли	пойти́: пойду́, пойдёшь to go *Past*: пошёл, пошли́
интересова́ть: интересу́ю, интересу́ешь	No *Perf.* to interest
иска́ть: ищу́, и́щешь	поиска́ть, *like* иска́ть to search, look for
Класть: кладу́, кладёшь	положи́ть II to put, place
конча́ть I	ко́нчить II to finish, end
Лежа́ть: лежу́, лежи́шь	полежа́ть, *like* лежа́ть to lie

IMPERFECTIVE	PERFECTIVE
Мыть: мо́ю, мо́ешь	вы́мыть, *like* мыть to wash
Наде́яться I	No *Perf.* to hope for
накрыва́ть I	накры́ть: накро́ю, накро́ешь to cover
направля́ться I	напра́виться: напра́влюсь, напра́вишься to be directed, turn to
находи́ть, *see* ходи́ть	найти́ to find
начина́ть I	нача́ть: начну́, начнёшь to begin
носи́ть: ношу́, но́сишь	поноси́ть, *like* носи́ть to carry
нести́: несу́, несёшь	понести́: понесу́, понесёшь to carry
	Past: понёс, понесли́
Объясня́ть I	объясни́ть II to explain
обеща́ть I	пообеща́ть I to promise
опа́здывать I	опозда́ть I to be late
опуска́ть I	опусти́ть: опущу́, опу́стишь to lower
освобожда́ть I	освободи́ть: освобожу́, освободи́шь to free
осведомля́ться	осве́домиться: осве́домлюсь, осве́домишься to inform oneself
осма́тривать I	осмотре́ть: осмотрю́, осмо́тришь to examine
остава́ться: остаю́сь, остаёшься	оста́ться: оста́нусь, оста́нешься to remain
оставля́ть I	оста́вить: оста́влю, оста́вишь to leave
отвеча́ть I	отве́тить: отве́чу, отве́тишь to answer
открыва́ть I	откры́ть: откро́ю, откро́ешь to open
отлича́ться I	отличи́ться: отличу́сь, отличи́шься to distinguish oneself
отмеча́ть I	отме́тить: отме́чу, отме́тишь to note
относи́ться: отношу́сь, отно́сишься	отнести́сь; отнесу́сь, отнесёшься to refer to, to concern
	Past: отнёсся, отнесли́сь
отправля́ть I	отпра́вить: отпра́влю, отпра́вишь to dispatch
отстава́ть: отстаю́, отстаёшь	отста́ть: отста́ну, отста́нешь to lag

Приложе́ние VII

IMPERFECTIVE	PERFECTIVE
Переводи́ть: перевожу́, перево́дишь	перевести́: переведу́, переведёшь to transfer, translate
писа́ть: пишу́, пи́шешь	написа́ть, *like* писа́ть to write
пить: пью, пьёшь	вы́пить, *like* пить to drink
пла́вать I	попла́вать I to swim
плати́ть: плачу́, пла́тишь	заплати́ть, *like* плати́ть to pay
поднима́ться I	подня́ться: подниму́сь, подни́мешься to rise, get up
подпи́сывать I	подписа́ть: подпишу́, подпи́шешь to sign
пока́зывать I	показа́ть: покажу́, пока́жешь to show
получа́ть I	получи́ть II. to receive, get
по́мнить II	вспо́мнить II to remember
помеща́ться I	помести́ться: помещу́сь, поме́стишься to be placed, inserted
понима́ть I	поня́ть: пойму́, поймёшь to understand
поступа́ть I	поступи́ть: поступлю́, посту́пишь to behave, treat, act
посыла́ть I	посла́ть: пошлю́, пошлёшь to send
посеща́ть I	посети́ть: посещу́, посети́шь to visit
появля́ться I	появи́ться: появлю́сь, поя́вишься to appear
предлага́ть I	предложи́ть II to offer
предпочита́ть I	предпоче́сть: предпочту́, предпочтёшь to prefer *Past*: предпочёл, предпочли́
представля́ть I	предста́вить: предста́влю, предста́вишь to imagine, represent
привыка́ть I	привы́кнуть: привы́кну, привы́кнешь to become accustomed *Past*: привы́к, привы́кли
приготовля́ть I	пригото́вить: пригото́влю, пригото́вишь to prepare
прикле́ивать I	прикле́ить: прикле́ю, прикле́ишь to glue to
принадлежа́ть II	No *Perf.* to belong to
принима́ть I	приня́ть: приму́, при́мешь to receive accept
приноси́ть, *see* носи́ть	принести́ to bring

IMPERFECTIVE	PERFECTIVE
приходи́ть, *see* ходи́ть	прийти́ to come (on foot)
приезжа́ть	прие́хать: прие́ду, прие́дешь to come
проводи́ть: провожу́, прово́дишь	провести́: проведу́, проведёшь to conduct, to lead through
	Past: провёл, провели́
проверя́ть I	прове́рить II to check, ascertain
продолжа́ть I	продо́лжить II to continue
производи́ть: произвожу́, произво́дишь	произвести́: произведу́, произведёшь to produce
	Past: произвёл, произвели́
пропуска́ть I	пропусти́ть: пропущу́, пропу́стишь to let through
проси́ть: прошу́, про́сишь	попроси́ть, *like* проси́ть to ask (a favor)
просма́тривать I	просмотре́ть: просмотрю́, просмо́тришь to glance through
проходи́ть, *see* ходи́ть	пройти́ to go through
Рабо́тать I	порабо́тать I to work
разгова́ривать I	No *Perf.* to converse
расска́зывать I	рассказа́ть: расскажу́, расска́жешь to tell, relate
распределя́ть I	распредели́ть II to distribute
рвать: рву, рвёшь	разорва́ть, *like* рвать to tear
рекомендова́ть: рекоменду́ю, рекоменду́ешь	зарекомендова́ть, *like* рекомендова́ть to recommend
ре́зать: ре́жу, ре́жешь	поре́зать, *like* ре́зать to cut
реша́ть I	реши́ть II to decide
Слу́шать I	послу́шать I to listen to
слы́шать II	услы́шать II to hear
смотре́ть: смотрю́, смо́тришь	посмотре́ть, *like* смотре́ть to look
снабжа́ть I	снабди́ть: снабжу́, снабди́шь to supply
снима́ть I	снять: сниму́, сни́мешь to remove, photograph
сове́товать: сове́тую, сове́туешь	посове́товать, *like* сове́товать to advise
состоя́ть: состою́, состои́шь	No *Perf.* to be composed of, made of, formed
спеши́ть II	поспеши́ть II to hurry

Приложéние VII

IMPERFECTIVE	PERFECTIVE
становúться: становлю́сь, становишься	стать: ста́ну, ста́нешь to stand up, get up, become, commence
стара́ться I	постара́ться I to endeavor, take pains
стоя́ть: стою́, стои́шь	постоя́ть, *like* стоя́ть to stand
стро́ить II	постро́ить II to build
съеда́ть I	съесть: съем, съешь, съест, съеди́м, съеди́те, съедя́т to eat, consume *Past*: съел, съе́ли
Теря́ть I	потеря́ть I to lose
топи́ть: топлю́, то́пишь	затопи́ть, *like* топи́ть to lose to drown
тра́тить: тра́чу, тра́тишь	потра́тить, *like* тра́тить to spend
туши́ть II	потуши́ть II to extinguish
Убира́ть I	убра́ть: уберу́, уберёшь to remove, clean
ука́зывать I	указа́ть: укажу́, ука́жешь to indicate
укла́дывать I	уложи́ть II to put, pack, stow away
уме́ть I	суме́ть I to know how
употребля́ть I	употреби́ть: употреблю́, употреби́шь to use
устра́ивать I	устро́ить II to set up, arrange
уходи́ть, *see* ходи́ть	уйти́ to go away
учи́ть II	вы́учить II to teach, to learn
уезжа́ть I	уе́хать: уе́ду, уе́дешь to go away (by vehicle)
Ходи́ть: хожу́, хо́дишь	сходи́ть, *like* ходи́ть to walk
хоте́ть: хочу́, хо́чешь, хо́чет, хоти́м, хоти́те, хотя́т	захоте́ть, *like* хоте́ть to wish, want
храни́ться II	сохрани́ться II to be stored deposited, kept
Чи́стить: чи́щу, чи́стишь	почи́стить, *like* чи́стить to clean
чита́ть I	почита́ть I to read

Appendix VIII. Prepositions

Preposition	Genitive	Dative	Accusative	Instrumental	Prepositional
в, во			in, into (motion)		in (location)
вопреки́		against			
за			behind (motion) in the course of	for, behind (location)	
к, ко		to, toward			
ме́жду				between (location)	
на			on, onto (motion)		on (location)
над			above (motion)	over, above	
о, об, о́бо			against		concerning, about
пе́ред			before (motion)	before, in front of	
по		on, along, according to			
под			under (motion)	under (location)	
при					in the presence of
про			about		in the time of
с, со	from, off		about, approximately	with, by means of	
сквозь			through		
че́рез			through, across, within (time)		

Приложе́ние VIII

PREPOSITIONS GOVERNING THE GENITIVE

без without
близ near

вдоль along
вме́сто instead of
внутри́ inside of
во́зле near
вокру́г around
для for
из за from behind
из под from under
из out of
кро́ме except, besides
ми́мо past, by

о́коло near, about, at the side of
от from
по́дле beside
позади́ behind, in back of
по́сле after
посреди́ in the middle of
про́тив against
ра́ди for, for the sake of, on account of
с from (off), since
среди́ among
у at, near, belonging to, at house of

Glossary of Russian Words

For numerals see pp. 217–218; for irregular verbs not included in the Glosssary, see pp. 225–231.

а and, but, while
авиагоризо́нт, *m.* artificial horizon
авиацио́нный aviation
автома́тика, *f.* automation
азо́т, *m.* nitrogen, N
алкого́ль, *m.* alcohol
алхи́мия, *f.* alchemy
алюми́ний, *m.* aluminum, Al
амальга́ма, *f.* amalgam
ана́лиз, *m.* analysis
анало́г, *m.* analogue
анга́р, *m.* hangar
ангидри́д, *m.* anhydride
ано́д, *m.* anode
аппара́т, *m.* apparatus
арго́н, *m.* argon, A
астроно́м, *m.* astronomer
а́том, *m.* atom
аэродро́м, *m.* airdrome

бак, *m.* tank, storage bin
ба́рий, *m.* barium, Ba
бе́гать to run (*indeterminate*)
бежа́ть to run (*determinate*)
без (*gen.*) without
белково́й protein
бело́к, *m.* protein
бе́лый white
бензиме́р, *m.* gasoline gauge
бесцве́тный colorless
блеск, *m.* luster
блестя́щий shiny
бли́же nearer
близ (*gen.*) near
бли́зкий near
бо́льше more
бо́льшее greater
бомбардиро́вочный прице́л bombing sight
бомбово́з, *m.* bomber
бор, *m.* boron, B
бортмеха́ник, *m.* air mechanic
бортте́хник, *m.* air mechanic
бром, *m.* bromium, Br
бу́ква, *f.* letter
бума́га, *f.* paper
быва́ть to happen; to visit, be
бы́стро quickly
быстрота́, *f.* speed
быть to be, быва́ть to be often

в, во (*prep. or accus.*) in, into
ва́жный important
вал, *m.* roller; shaft, axle, spindle
вале́нтность, *f.* valence
вана́дий, *m.* vanadium, V
варио́метр, *m.* variometer, rate of climb indicator
вблизи́ (*gen.*) nearby
вводи́ть introduce, lead in
вдоль (*gen.*) along
везти́ to convey, cart, transport (*determinate*)
век, *m.* century, age
величина́, *f.* size
ве́рить to believe
вес, *m.* weight
вести́ to lead, conduct (*determinate*)
весьма́ exceedingly
ве́чер, *m.* evening;
вещество́, *n.* substance, matter
взаи́мный mutual
взаимоде́йствие, *n.* interaction
взрыв, *m.* explosion
взять to take
вид, *m.* aspect, appearance, sight
ви́деть to see
включа́ть to include
влия́ние, *n.* influence, effect
вме́сто (*gen.*) instead of
вне (*gen.*) outside of
вне́шний external
внутри́ (*gen.*) inside of
вода́, *f.* water

водить to lead, conduct (*indeterminate*)
водород, *m.* hydrogen, H
воздействие, *n.* action, effect upon
воздух, *m.* air
воздушный air
возить to convey, cart, transport (*indeterminate*)
возле (*gen.*) alongside, near
возможность, *f.* possibility
возможный possible
возникать to arise
вокруг (*gen.*) around
волокнистый fibrous
вольтова дуга, *f.* voltaic arc
вообще in general
вопрос, *m.* question
воронка, *f.* funnel
воспламенение, *n.* combustion
восстановление, *n.* reduction
восстановлять to reduce
вот here, here is
впрыскивать to inject, squirt in, spray in
вращательный rotary
вращение, *n.* rotation
всасывающий intake suction, intake manifold
все all, everybody
всё all, everything
всегда always
вследствие as a result of
вспомогательный auxiliary
встречаться to be met
всякий any, every; anyone, anybody, everyone, everybody
второй second
входить to enter
входной entrance, inlet
вы you
выгнутый bent, arched
выделение, *n.* emission, isolation (*chem.*); secretion, excretion, discharge (*phys.*)
выделяться to be deposited, separated off
выдерживание, *n.* maintenance
выдерживать to maintain
выплавка, *f.* smelting
выполнение execution, fulfillment
выполнять to fulfill

выразить to express
высокий high, tall
выходить to come out, emerge, exit
выше higher

газ, *m.* gas
газовая gas
газовоздушный gas-air
газометр, *m.* gasometer
газообразный gaseous, gas-bearing
где where? where is/are?
гелий, *m.* helium, He
гидрат, *m.* hydrate
гироскоп, *m.* gyroscope
гистология, *f.* histology
говорить (*imp.*) to say, to speak, to tell; (*Perf.*) сказать
горючий combustible
господин, *m.* mister, gentleman
грамм, *m.* gram
группа, *f.* group

да yes, and
давать (*imp.*) to give; (*perf.*) дать
давление, *n.* pressure
даже even
далеко far
данный given
два, две two
двигатель, *m.* engine, motor, motive power
движение, *n.* motion
двуокись, *f.* dioxide
двусторонний two-sided
действие, *n.* action
действительно actually
делать to do, make
делить to divide
день, *m.* day
днём in the daytime
дирижабль, *m.* dirigible
диск, *m.* disk, plate
дистиллировать to distill
длина, *f.* length
длительность, *f.* duration, -ный long
для (*gen.*) for
до (*gen.*) up to, until, before
дозировка, *f.* dosage, measuring out
доказывать to prove
допускать to permit
доска, *f.* panel, board

Glossary of Russian Words

достига́ть   to achieve
досту́пный   accessible
друго́й   other (one)

его́   his, its, him
едини́ца, *f.*   unit, еди́ный   common
единообра́зный   homogeneous
еди́нство, *n.*   unity
её   her, its, hers
е́здить   to go (in a conveyance), drive, travel (*indeterminate*)
е́сли   if
есте́ственный   natural
естествозна́ние, *n.*   natural science
е́хать   to ride, drive (*determinate*)
ещё   still, yet, more

жароупро́чность   heat resistance
желе́зо, *n.*   iron, Fe
живо́й   live
жи́дкость, *f.*   liquid
жизнедея́тельность, *f.*   activity, active life
жизнь, *f.*   life
жир, *m.*   fat

за (*accus. or instr.*)   behind, after
зави́сеть   to depend
зада́ча, *f.*   problem
за́кись, *f.*   suboxide
закономе́реность, *f.*   conformity with a law, regularity
заме́тный   noticeable
заострённый   sharpened
запа́с, *m.*   supply
за́пах   smell, odor
заполня́ть   to fill
за́пуск, *m.*   start
затвердева́ть   to solidify
зате́м   then
зато́   on the other hand, but then
затрудня́ть   to make difficult
звать   to call, name
здесь   here
зелёный   green
земно́й   earth
зерни́стый   granular
зерно́, *n.*   granule
зёрнышко, *n.*   granule
змееви́к, *m.*   coil, wire
знако́мство, *n.*   acquaintance

зна́ние, *n.*   knowledge
знать   to know
значе́ние, *n.*   significance
значи́тельный   considerable

и   and, also
и . . . и   both . . . and
идти́ (*also* итти́)   to go, walk
из (*gen.*)   from, out of
избега́ть   to avoid
изве́стный   known, famous
из за (*gen.*)   because of, on account of
излуча́ть   to emit, give off
измене́ние, *n.*   change
измени́ться   to change
изменя́ть   to change
измере́ние, *n.*   measurement
измери́тель, *m.*   gauge
из под (*gen.*)   from under
изуча́ть   to study
изуче́ние, *n.*   study
идти́   to go
и́ли   or
и́ли . . . и́ли   either . . . or
име́ть   to have
имя, *n.*   name
инду́стрия, *f.*   industry
иногда́   occasionally
инстру́кция, *f.*   instruction
иод, *m.*   iodine, I
исключи́тельно   exclusively
иску́сственно   artificially
иску́сственный   artificial
испо́льзование, *n.*   utilization
испо́льзовать   to use, utilize
иссле́дование, *n.*   investigation
иссле́довать   to investigate
истори́чески   historically
исто́чник, *m.*   source
итте́рбий, *m.*   ytterbium, Yb
итти́   to go
их   their

к, ко (*dat.*)   to
каби́на, *f.*   cabin
ка́ждый   each
как   how? what, as, like, how
как бу́дто   as if
како́й   which, what kind of, which sort of
ка́лий, *m.*   potassium, K

Glossary of Russian Words

ка́льций, *m.* calcium, Ca
ка́мера, *f.* chamber
като́д, *m.* cathode
ка́чество, *n.* quality
кве́рху upward
кислоро́д, *m.* oxygen, O
класть to lay, put, place, set, deposit
кле́тка, *f.* cell
кни́га, *f.* book
ко́бальт, *m.* cobalt, Co
ко́вкость, *f.* forgeability
когда́ when
ко́лба, *f.* flask, retort
коле́нчатый вал, *m.* crankshaft
коли́чество, *n.* quantity
кольцево́й ring-shaped, annular, circular, cyclic
ко́мната, *f.* room
компа́ктный compact, solid
коне́ц, *m.* end
кото́рый which
край edge, region, country
кра́ска, *f.* dye
кра́тер, *m.* crater
крахма́л, *m.* starch
кре́мний, *m.* silicon, Si
крено́метр, *m.* bank indicator
крите́рий, *m.* criterion
кровь, *f.* blood
кро́ме besides
кро́ме того́ besides
крыло́, *n.* wing
кто who
ку́бок, *m.* beaker
куда́ whereto, where
кури́ное яйцо́ chicken egg

лаборато́рия, *f.* laboratory
ла́мпочка, *f.* lamp
лёгкий light, easy
лежа́ть to lie
ле́кция, *f.* lecture
лета́ть to fly (*indeterminate*)
лете́ть to fly (*determinate*)
ли́бо or
ли́бо ... ли́бо either ... or
ли́ния, *f.* line
лить to pour
лицо́, *n.* face, person
лиша́ть to deprive
лишённый deprived of

лишь only
лопа́тки, *f. pl.* blades
любо́й any

магнети́зм, *m.* magnetism
магни́т, *m.* magnet
ма́ло, few, a little
ма́лый small
ма́рганец, *m.* manganese, Mn
масломе́р oil gauge
материа́л, *m.* material
ме́дленно slowly
медь, *m.* copper, Cu
ме́жду between
ме́нее less
мени́ск, *m.* meniscus
ме́ньше less
меня́ться to change
ме́ра, *f.* measure
мета́лл, *m.* metal
металло́ид, *m.* metalloid
ме́тод, *m.* method
меха́ник, *m.* mechanic
меша́ть to mix, disturb
микроско́п, *m.* microscope
ми́ля, *f.* mile
ми́мо (*gen.*) past, by
мирово́й world
мно́го (*gen.*) a great deal of, many, much
многокле́точный multicellular
мочь to be able
моде́ль, *f.* model, pattern
мо́жно possible, permitted; it is permissible; one can
моле́кула, *f.* molecule
молибде́н, *m.* molybdenum, Mo
мо́ре, *n.* sea
морфоло́гия, *f.* morphology
мото́р, *m.* motor, **мото́рный** motor
му́фта, *f.* coupling, connection; socket, joint
мы we
мышья́к, *m.* arsenic, As

на (*acc. or prep.*) on
набега́ть to run against; to accumulate
наблюда́ть to observe

Glossary of Russian Words

нагревáние, *n.*   heating
нагревáть   to heat
над (*instr.*)   above, over
наддýв, *m.*   pressurization
нáдо   it is necessary
назáд   back, backwards
назвáние, *n.*   name
назначéние, *n.*   purpose
назывáть   to call
назывáться   to be called
наибóльший   the greatest, the largest
наименовáние, *n.*   name, designation
найти́   to find
накáливание, *n.*   heating, incandescence, glowing
наконéц   finally
налúчие, *n.*   presence
наоборóт   on the contrary
напóр, *m.*   pressure
направлéние, *n.*   direction
направля́ть   to direct
напрóтив   opposite (*with gen.*); on the contrary (*adv.*)
напряжéние, *n.*   tension, voltage ; при ≈ нии   potential
нарýжный   outer
нарушéние, *n.*   breach, violation
настóлько   so, to such a degree
настоя́щий   real, actual, present
насчúтываться   to be counted, reckoned
насы́щенный   saturated
нáтрий, *m.*   sodium, Na
наýка, *f.*   science
наýчный   scientific
находúть   to find
начáло, *n.*   beginning
начинáться   to begin
не   not
невозмóжно   impossible
недéля, *f.*   week
неживóй   inanimate
нежизнеспосóбный   incapable of living, inviable
незавúсимо   independently
нéкоторый   some
нельзя́   it is forbidden, one cannot
необходúмо   (it is) necessary
необходúмость, *f.*   necessity
неóн, *m.*   neon, Ne
непосрéдственное   direct

непрерывно   constantly
неравномéрно   unevenly
нераствори́мый   insoluble
нéсколько   somewhat
нести́   to carry (*determinate*)
нет   no, there is not
ни ... ни   neither ... nor
нигдé   no place, nowhere, not ... anywhere
нúзкий   low
никакóй   none
нúкель, *m.*   nickel, Ni
никогдá   never, ever
никогó   none, no one (of them), not ... any (of them)
никтó   no one, nobody, not ... anybody
никудá   nowhere
нить, *f.*   fiber
ничегó   nothing, not ... anything
ничтó   nothing (*when the nominative case is required*)
ничтóжно   insignificantly
но   but
нóвый   new
нож, *m.*   knife
номенклатýра, *f.*   nomenclature
носи́ть   to carry, wear (*indeterminate*)
носи́ться   to be borne
ночь, *f.*   night
   нóчью   in the night
нýжно   it is necessary

о, об, óбо (*prep.*) about, concerning
óба, óбе   both
обжигáние, *n.*   firing, annealing; baking, burning, calcination
обеспéчивать   secure, make sure (of), guarantee, warrant, provide
обладáть   to possess
óблако, *n.*   cloud
óбласть, *f.*   field, realm
обложи́ть   to surround
обнарýживать   to uncover
óбод, *m.*   rim, hoop
обозначéние, *n.*   designation, symbol
оболóчка, *f.*   membrane
оборóт, *m.*   revolution
оборýдование, *n.*   equipment
óбраз, *m.*   image
   таки́м óбразом   in such a manner

образо́вывать, *imp.* to form
образова́ть, *perf.*
обра́тно back, inversely
обращённый inverted, turned
общеизве́стный generally known
общепри́нятый generally accepted
общеупотреби́тельный generally used
о́бщий general
обы́чно generally, customarily
объе́кт, *m.* objective
объём, *m.* volume
объёмный volume, volumetric
объясня́ть to explain
обяза́ться to become indebted
огнево́й fire; (*geol.*) pyrogenous
ограни́чивать to limit, confine
одина́ковый same
оди́н, одна́, одно́ one, alone
одна́ко however, nevertheless
односторо́нний one-sided
означа́ть to signify, mean
ока́зываться to be rendered, to turn out to be, to appear
о́кисел *m.* oxide, о́кисель *f.*
окисле́ние, *n.* oxidation
окисля́ть to oxidize
о́кись, *f.* oxide
окно́, *n.* window
о́коло (*gen.*) beside, about, next to, near
окра́шиваться to die
окружа́ть to surround
о́лово, *n.* tin, Sn
ом, *m.* ohm
омыва́ть to wash
он, она́, оно́ he, she, it
они́ they
определе́ние, *n.* determination
определя́ть, *imp.* to determine
определи́ть, *perf.*
опя́ть-таки́, опя́ть again, besides
о́рбита, *f.* orbit
органи́зм, *m.* organism
освеще́ние, *n.* lighting, illumination
оснаща́ть to rig, fit out
основа́ть to found, base
основно́й basic, fundamental
осо́бый, осо́бенный special, particular
остально́й remaining
осуществля́ться to be accomplished
от (*gen.*) from

отде́льный different, separate
отклоне́ние, *n.* deviation
отко́ванный forged
открыва́ть to open, discover
отку́да from where, whence
отлича́ться to differ
относи́тельный relative
относи́ться to be pertinent, to pertain
отпада́ть to fall away
о́трасль, *f.* branch
отсю́да from this, hence
отфильтро́ванный filtered
очеви́дно apparently, obviously
о́чень very
о́чередь, *f.* turn

пар, *m.* steam, vapor
па́ра, *f.* pair
парк, *m.* park
пе́рвый first
переводи́ть to change, transfer
пе́рекись, *f.* peroxide
перекре́щиваться to criss-cross
перехо́д, *m.* transfer
переходи́ть to go into, change, transfer
перифери́я, *f.* outside, edge
печь, *f.* furnace
пило́т, *m.* pilot
пита́ние, *n.* feeding
плавико́вый шпат *m.* fluorspar
пла́мя, *n.* flame, flare
пла́тина, *f.* platinum, Pt.
пло́тный dense, thick
пло́хо badly
плохо́й bad
пове́рх over
пове́рхность surface
поворо́т, *m.* turn
под (*accus.* or *instr.*) under
подвижно́й movable
подгру́ппа, *f.* subgroup
подде́рживать to maintain, support
по́дле (*gen.*) beside
подо́бие a kind of, likeness, similarity
подо́бный similar to
позади́ (*gen.*) behind
позволя́ть to permit
пока́ while, as long as
показа́ние, *n.* reading; indication; showing, exhibiting

Glossary of Russian Words

показывать to show, demonstrate
покрывать to cover
поле, *n.* field
полёт, *m.* flight
полный full, complete, stout
половина, *f.* half
положение, *n.* position
положительный positive
получаться to be obtained, turn out, come about, to be had

получение, *n.* obtaining, production
  для ≈ения in order to receive
получить to obtain, receive
поляризация, *f.* polarization
помимо besides
помощь, *f.* help
понимать to understand
понятие, *n.* concept, understanding, idea
поперёк across
порошок, *m.* powder
порция, *f.* portion
поршневой piston
после (*gen.*) after
последний last
посреди (*gen.*) in the middle of
постепенный gradual
постоянный constant
поступать act, deal, treat; enter, go in, be admitted
поступать to feed into, enter
потребитель, *m.* consumer
почему why, for which reason
поэтому therefore, for this reason
правда *f.*, truth, in truth
превосходить to surpass, exceed
превращение, *n.* transformation change
превышать to surpass
предназначать to designate for
представить себе to imagine,
представлять to present
представляться to seem, appear
предусмотреть to foresee
предшествовать to precede
прежде before
прежний former
прекращаться to cease
преобразование, *n.* transformation
прерываться to break

при (*prep.*) in, in the presence of, at
прибор, *m.* instrument, apparatus, device
привести to bring, lead to
приём, *m.* method, way; mode of treatment
применение, *n.* application
пример, *m.* example
примерно approximately
принцип, *m.* principle
приписывать to ascribe
природа, *f.* nature
природный natural
присоединить to add, join
причём whereupon
про (*accus.*) about
проблема, *f.* problem
провод wire
проводник, *m.* conductor
продукт, *m.* product
производная, *f.* derivative
происходить to derive from, proceed from; to take place
прокладка, *f.* plotting
промежуток, *m.* interval, space between
пропеллер, *m.* propeller
пропускать, *imp.* to send through, let through
пропустить, *perf.*
простейший simplest
протекать to take place
против (*gen.*) against, opposite
протоплазма, *f.* protoplasm
профессор, *m.* professor. (*This may also refer to a lady.*)
процесс, *m.* process.
проявление, *n.* manifestation
прямо straight, direct
пускай, пусть let
путаница, *f.* confusion, mix-up
путь, *m.* path, route, way

работа, *f.* work
работать to work
равно same, equal to
равномерно evenly
равный equal
ради (*gen.*) for the sake of
радий, *m.* radium
радиоактивность, *f.* radioactivity

Glossary of Russian Words

ра́диус, *m.* radius
раз, *m.* time; *adv.* once, one time
разви́тие, *n.* development
разгру́зка, *f.* unloading, freeing
раздви́нуть to set apart, separate
разде́л, *m.* division, section, class
разделя́ться to be divided
разлага́ться to be decomposed
разли́чный different, various, diverse
разме́р, *m.* size, dimension
размеща́ться to be mounted,
разногла́сица, *f.* discord, difference of opinion
разнообра́зие, *n.* diversity
ра́зность, *f.* difference
ра́зный different
разрежённый rarefied, thinned, discharged
раке́тный самолёт jet plane
ра́ньше earlier, formerly
раскаля́тьс to bring to red heat
распада́ться to fall into, separate into
распределе́ние, *n.* distribution
рассма́тривать to examine, consider
раста́лкивание the pushing apart
раство́р, *m.* solution
растворя́ть to dissolve
рассужда́ть to reason, deliberate
расти́тельный plant, vegetative
расхо́д, *m.* consumption, use, expenditure
расшире́ние, *n.* broadening, expansion
реа́кция, *f.* reaction
ре́дко rarely
режи́м, *m.* regimen, cycle, system, rate
рези́новый rubber
ре́зкий sharp
резона́нс, *m.* resonance
результа́т, *m.* result
рис., рису́нок, *m.* diagram, illustration
род, *m.* species; (*biol.*) genus; variety, sort, type, nature, kind
руда́, *f.* ore
руково́дствоваться to be guided
ряд, *m.* row, series
ря́дом alongside, next to

с, со (*instr.*) with; (*gen.*) off, from
самолёт, *m.* airplane
сближе́ние bringing together
свет, *m.* light
свече́ние, *n.* lighting, glow, luminescence, shining
своевре́менно in good time, opportunely
свой, своя́, своё, свои́ one's own (my own, your own, etc.)
сво́йство, *n.* property
связь, *f.* bond
сгора́ть to burn up, сгора́ние combustion
сгуща́ться to thicken
сде́лать вы́вод to deduce
сжижа́ть to liquify
сжима́ться to contract
се́вер, *m.* north
сейча́с now, just a minute
се́лен, *m.* selenium, Se
се́ра, *f.* sulfur, S
серебро́, *m.* silver, Ag
середи́на middle
се́тчатый netlike
сеть, *f.* net, network
си́льно strongly, sharply
си́мвол, *m.* symbol
систе́ма, *f.* system
сквозь (*accus.*) through
склад, *m.* storage
скольже́ние, *n.* bank, glide
ско́лько (*gen.*) how much? how many?
скопле́ние, *n.* deposits, accumulation
скоростно́й velocity, high speed
— самолёт high speed aircraft
ско́рость, *f.* velocity, speed
сле́довательно consequently
сле́дующий following
слова́рь, *m.* dictionary
сло́во, *n.* word
сло́жность, *f.* complexity
сло́жный complex, complicated
слой, *m.* layer
служи́ть to serve
слу́чай, *m.* instance, occurrence
сма́зка, *f.* lubrication
сма́зочный lubricating
смесь, *f.* mixture
смотре́ть to look, to look at

Glossary of Russian Words

снабжа́ть to provide, supply, feed
снача́ла at first, first
совреме́нный current, contemporary, modern
согла́сно in accord, in harmony with
содержа́ние, *n.* content
содержа́ть to contain
соедине́ние, *n.* compound
создава́ться, *imp.* to be created, formed; созда́ться, *perf.*
созда́тель, *m.* the creator
сок, *m.* juice
соль, *f.* salt
соображе́ние, *n.* consideration
соотве́тствовать to correspond
соотве́тственно correspondingly
соотноше́ние, *n.* correlation
соприкоснове́ние, *n.* contact
сопротивле́ние, *n.* resistance
соста́в, *m.* composition
составля́ть to constitute
составно́й component
состоя́ние *n.* state, condition
состоя́ть to consist of
сохрани́ться to be preserved
спи́чка, *f.* match
сплав, *m.* alloy
спосо́бность, *f.* ability, –ный -able
сравни́тельно comparatively
среда́, *f.* medium
среди́ (*gen.*) among, in the midst of
сро́дство, *n.* relationship, affinity
ста́вить to set, to place, station, put
стака́н, *m.* glass
станови́ться to become
сте́ржень, *m.* rod, bar, stem, stalk, shaft; spindle, pivot
стол, *m.* table
сторона́, *f.* side
стоя́ть to stand
страна́, *f.* country
стре́лка, *f.* arrow, needle
строе́ние, *n.* structure
структу́ра, *f.* structure
студе́нт, *m.* student
стяже́ние concretion, nodule
суди́ть to judge
сурьма́, *f.* antimony, stibium, Sb
суши́тельный drying
существова́ть to exist
схе́ма, *f.* scheme, pattern

схематизи́ровать schematize
счёт, *m.* expense, account
счисле́ние, *n.* computation
счита́ть to count, consider
сюда́ here

так thus, so
та́кже likewise, also
так . . . как as . . . as
тако́й such a one (*used for emphasis*)
там there, there is
та́нтал, *m.* tantalum, Ta
твёрдый hard, solid
те those
те́ло, *n.* body
тёмный dark
тео́рия, *f.* theory
тепло́, *n.* heat
теплота́, *f.* heat
те́хника, *f.* technique, procedure practice
ти́гель, *m.* crucible
тип, *m.* type
ткань, *f.* tissue
то then
тогда́ then
ток, *m.* current
то́лща, *f.* interstice
то́лще thicker
то́лько only
то́нкий thin
то́ньше thinner
то́пливо, *n.* fuel
тот, та, то, те that, those
то́чка point
тра́нспортный самолёт, *m.* transport plane
тре́тий third
трёхокись, *f.* trioxide
тру́дность, *f.* difficulty
тума́н, *m.* fog
турби́на, *f.* turbine
тут here
ты you (*familiar*)
тягу́честь, *m.* malleability

у (*gen.*) at
увеличе́ние, *n.* magnification
углево́д, *m.* carbohydrate
углеро́д, *m.* carbon, C
у́гол, *m.* corner

удаваться to succeed, turn out well
удобный convenient
уже already
узкий narrow уже narrower
узнавать, *imp.* to recognize, find out
  узнать, *perf.*
указатель gauge, indicator
указывать to indicate, show
уложить *perf. of* укладывать, to lay;
  to pack up; to stack, stow
уметь to be able to, know how
уплотнять to reinforce
управление, *n.* operation, control
управлять to guide, run
упругий elastic, resilient
уравнение, *n.* equation
уран, *m.* uranium, U
урок, *m.* lesson
усилие, *n.* effort
ускорение, *n.* acceleration
условие, *n.* condition
успех, *m.* success
установление, *n.* installation
установленный established, installed
устройство, *n.* arrangement, installation, layout, equipment
утро, *n.* morning
  утром in the morning
учение, *n.* teaching
учить to learn, teach
уяснять to make clear

физиология, *f.* physiology
фильтровать to filter
фонарь, *m.* lamp
форма, *f.* form
формула, *f.* formula
фосфат, *m.* phosphate
фосфор, *m.* phosphorus, P
фтор, *m.* fluorine, F.
функция, *f.* function
фюзеляж, *m.* fuselage

характер, *m.* character
характерный characteristic
хвост, *m.* tail
химик, *m.* chemist
химический chemical
химия, *f.* chemistry
хлор, *m.* chlorine, Cl
хлорид, *m.* chloride

хлороформ, *m.* chloroform
ходить to walk, go (on foot), attend
  (*indeterminate*)
хороший good
хорошо good, well
хотеть to wish, want
хоть though
хотя (бы) (even) though
хром, *m.* chromium, Cr.
хроматиновый chromatin

цветная окраска coloration
целиком as a whole
центробежный centrifugal
церий, *m.* cerium, Ce
цинк, *m.* zinc, Zn
цитология, *f.* cytology

час, *m.* hour
частица, *f.* particle
частность, *f.* detail
  в — и specifically, in particular
часто frequently, often
часть, *f.* part
часы, *m pl.* watch, clock
чаще more frequently
чей, чьё, чья whose
человек, *m.* human being, man, person
чем than
через (*accus.*) through, over, across
четвёртый fourth
четверть, *f.* quarter
число, *n.* number
чисто purely, cleanly
читать to read
что what, that
чтобы in order to

шаг, *n.* step
шасси, *m.* chassis
шире broader, wider
широкий broad, wide
школа, *f.* school
шлиц, *m.* slit, slot, groove
шнур, *m.* cord
штатив, *m.* stand

щёлочь, *f.* caustic

Glossary of Russian Words

экипа́ж, *m.* crew
эксика́тор, *m.* dessicator
экспериме́нт, *m.* experiment
электри́чество, *n.* electricity
электро́н, *m.* electron
электроско́п, *m.* electroscope
элеме́нт, *m.* element
эне́ргия, *f.* energy
э́тот, э́та, э́то this
э́ти these
эффе́кт, *m.* effect

юг, *m.* south

я I
явле́ние, *n.* phenomenon
явля́ться to appear, seem; to be
ядро́, *n.* nucleus
я́дрышко, *n.* nucleolus
язы́к, *m.* language
я́ркость brilliance
я́сный clear
ячеи́стый nuclear

Glossary of English Words

about около (*gen.*), о (*prep.*)
account of (on) из за (*gen.*)
across через (*accus.*)
after после (*gen.*)
afterwards после
against против (*gen.*)
air воздух
airdrome аэродром
airfield авиационное поле
air mechanic бортмеханик, бортехник
airplane самолёт
jet plane ракетный самолёт
alcohol алкоголь, спирт
all весь, вся, всё, все
along вдоль (*gen.*)
alongside возле (*gen.*)
also также
aluminum алюминий
amalgam амальгама
among среди (*gen.*)
ammonia аммиак
analysis анализ
and и, а
apparatus аппарат
appear выглядеть, казаться, показаться
application применение
around кругом
arrive приехать
artificial искусственный
as как
astronomer астроном
at у (*gen.*)
atom атом
atomic атомная
attract притягивать, *imp.*; притянуть, *perf.*
avoid избегать, *imp.*; избежать, *perf.*

barium барий
basic основной

be быть
beaker кубок
because of из за (*gen.*)
beginning начало
behind за (*instr.*), позади (*gen.*)
belong относиться
beside подле (*gen.*)
beyond за (*with gen. or accus.*)
bismuth висмут
blood кровь
blue синий
boil кипеть
bomb storage склад бомб
bomber бомбовоз
book книга
both оба, обе
both . . . and и . . . и
bring приводить, *imp.*; привести, *perf.*
bromium бром
build строить, *imp.*; построить, *perf.*
but а, но
burn гореть
burn up сгорать
buy купить
by мимо (*gen.*)
by the way впрочем, между прочим

calcium кальций
carbon углерод
carbon monoxide окись углерода
carefully осторожно
carry (on a person or by a person) носить, *imp.*; поносить, *perf.* (*indeterminate form*). нести, *imp.*; понести, *perf.* (*determinate form*).
cause причина
cell клетка
century век
characteristic характерный
chemist химик
chemistry химия

chloride хлори́д
chloroform хлорофо́рм
chromium хром
close закрыва́ть, *imp.*; закры́ть, *perf.*
cloud ту́ча
coarse гру́бый
come прие́хать (in conveyance); прийти́ (on foot)
compare сра́внивать, *imp.*; сравни́ть, *perf.*
complex компле́кс; *adj.* сло́жный
component составля́ющий
compose составля́ть
composed of состоя́ть из
composition соста́в
compound соедине́ние
concerning про
conductor проводни́к
conference съезд
construct стро́ить, *imp.*; постро́ить, *perf.*
contrary (on the) напро́тив
copper медь
create создава́ть, *imp.*; созда́ть *perf.*
crew экипа́ж
current ток
cycle режи́м
cylinder цили́ндр, бак

date число́
deal (a great deal of) мно́го
deformation деформа́ция
degree гра́дус
derive происходи́ть
determine определя́ть, *imp.*; определи́ть, *perf.*
development разви́тие
deviation отклоне́ние
device аппара́т, прибо́р
dictionary слова́рь
different разли́чный, отде́льный
dioxide двуо́кись
direction направле́ние
dirigible дирижа́бль
discover откры́ть
discuss обсужда́ть, *imp.*; обсуди́ть, *perf.*
dissociation диссоциа́ция
dissolve растворя́ть, *imp.*; раствори́ть, *perf.*

distill дистилли́ровать, *imp.*; продистилли́ровать, *perf.*
diverse разли́чный
divide дели́ть, *imp.*; подели́ть, *perf.*
do де́лать, *imp.*; сде́лать, *perf.*
doctor до́ктор
dollar до́ллар
dye окра́ска

earth земля́
effect эффе́кт
eight во́семь
either ... or и́ли ... и́ли
electric электри́ческий
electricity электри́чество
element элеме́нт
emanation эмана́ция
energy эне́ргия
end коне́ц
engine дви́гатель, мото́р
enter входи́ть, *imp.*; войти́, *perf.*
equal ра́вный
ether эфи́р
examine рассма́тривать, *imp.*; рассмотре́ть, *perf.*
exclusively исключи́тельно
exercise упражне́ние
exit выходи́ть, *imp.*; вы́йти, *perf.*
experiment экспериме́нт
explain объясня́ть, *imp.*; объясни́ть, *perf.*
explosion взрыв

famous изве́стный
few ма́ло
fifth пя́тый
filter фильтрова́ть, *imp.*; профильтрова́ть, *perf.*
 filter (*noun*) фи́льтр (*n.*)
finally наконе́ц
find находи́ть, *imp.*; найти́, *perf.*; (learn) узнава́ть, *imp.* узна́ть, *perf.*
finish конча́ть, *imp.*; ко́нчить, *perf.*
first пе́рвый
five пять
flask ко́лба
flow пото́к, ход
fly лета́ть, *imp.*; полета́ть, *perf.* (*indeterminate form*). лете́ть, *imp.*; полете́ть, *perf.* (*indeterminate form*)
following сле́дующий

Glossary of English Words

for для (*gen.*)
force сила
form вид, форма
form (*v.*) образовать
formula формула
four четыре
fourth четвёртый
Friday пятница
from из (*gen.*), от (*gen.*)
from under из под (*gen.*)
front (in front of) впереди (*gen.*), перед (*gen.*)
fuel горючее
function функция
funnel воронка
fuselage фюзеляж

gas газ
gasoline storage склад горючего
gasometer газометр
general общий
generally обычно, обыкновенно
geologist геолог
give давать, *imp.*; дать, *perf.*
glass стакан (*n.*), стеклянный (*adj.*)
go (on foot) ходить, *imp.*; сходить, *perf.* (*indeterminate form*). идти or итти, *imp.*; пойти, *perf.* (*determinate form*)
go (in a conveyance) ездить, *imp.*; съездить, *perf.* (*indeterminate form*). ехать, *imp.*; поехать, *perf.* (*determinate form*)
go уходить, *imp.*; уйти, *perf.*
gold золото
green зелёный
group группа
guarantee обеспечивать, *imp.*; обеспечить, *perf.*

half половина
hand рука
hangar ангар
have иметь
he он
heating нагревание
helium гелий
help помогать, *imp.*; помочь, *perf.*
her её
here вот, здесь, тут
his его

hour час
how? как
how much?, how many? сколько
however однако
hydrate гидрат
hydrogen водород

immediately немедленно
important важный
in, into в (*acc. or prep.*)
incandescence накаливание
include включать
increase увеличивать, *imp.*; увеличить, *perf.*
indicate указывать, *imp.*; указать, *perf.*
indication показание
inside of внутри (*gen.*)
instead of вместо (*gen.*)
institute институт
instruction инструкция
interesting интересный
iron железо
it оно
its его, её

join присоединить
judge судить

kilogram килограмм
kilometer километр
know знать
knowledge знание

laboratory лаборатория
large большой
larger больше
last последний
later позже
layer слой
lead (*element*) свинец
lead (*v.*) водить, *imp.*; поводить, *perf.* (*indeterminate form*). вести, *imp.*; повести, *perf.* (*determinate form*)
learn учиться, узнавать
lecture лекция
length длина
letter письмо
like как
limiting ограничивающий

Glossary of English Words

line ли́ния
live жить
longer длинне́е
look смотре́ть, *imp.*; посмотре́ть, *perf.*
low ни́зкий

machine маши́на
magnet магни́т
magnetic магни́тный
make де́лать, *imp.*; сде́лать, *perf.*
manganese ма́рганец
many мно́го
mean означа́ть, *imp.*; означить, *perf.*
mechanic меха́ник
meet встреча́ться, *imp.*; встре́титься, *perf.*
mercury ртуть
metal мета́лл
metalloid металло́ид
meter метр
microscope микроско́п
middle (in the) посреди́ (*gen.*)
mile ми́ля
mine мой, моя́, моё
mineral минера́л
minute мину́та
mister господи́н, *sing.*; господа́, *pl.*
mix меша́ть, *imp.*; помеша́ть, *perf.*
model моде́ль
molecule моле́кула
molybdenum моли́бден
Monday понеде́льник
month ме́сяц
most наибо́льшее
motor мото́р, дви́гатель

nature приро́да
natural есте́ственный
near близ (*gen.*), во́зле (*gen.*), о́коло (*gen.*)
necessary, it is ну́жно, на́до
needed ну́жен, нужна́, -о́, -ы́
neither ... nor ни ... ни
neon нео́н
never никогда́
new но́вый
nickel ни́кель
night ночь
nine де́вять
nitrogen азо́т

no нет
nobody никто́, никого́ (*gen. and accus. of* никто́)
nomenclature номенклату́ра
not не, нет
nothing ничто́, ничего́
notice замеча́ть, *imp.*; заме́тить, *perf.*
nowhere нигде́
nucleus ядро́
number число́

observation наблюде́ние
observatory обзерва́тория
obtain получа́ть, *imp.*; получи́ть, *perf.*
obtaining получе́ние
occur происходи́ть, *imp.*; произойти́, *perf.*
o'clock час
often ча́сто
on, onto на (*acc. or prep.*)
one оди́н, одна́, одно́
only то́лько
open открыва́ть, *imp.*; откры́ть, *perf.*
opposite про́тив (*gen.*)
or и́ли, ли́бо
other друго́й
otherwise ина́че
out of из (*gen.*)
outside of вне (*gen.*)
oxidation окисле́ние
oxide о́кись
oxidize окисля́ть

paper бума́га
park парк
part часть
past ми́мо (*gen.*)
pattern схе́ма
permanent постоя́нный
permissible, it is мо́жно
peroxide пе́рекись
phenomenon явле́ние
photograph фотогра́фия
pilot пило́т
place класть, ложи́ть
plasticity пласти́чность
platinum пла́тина
polarization поляриза́ция
position положе́ние

Glossary of English Words

positive положи́тельный
possess облада́ть
potassium ка́лий
pound фунт
pour лить
  pour in налива́ть, *imp.*; нали́ть, *perf.*
powder порошо́к (*loses last о in inflected forms*)
praise хвали́ть, *imp.*; похвали́ть, *perf.*
prepare приготавля́ть, *imp.*; пригото́вить, *perf.*
presence нали́чие
pressure давле́ние
procedure те́хника
production получе́ние
professor профе́ссор
prohibited, it is нельзя́
propeller пропе́ллер
property сво́йство
protein бело́к (о *is lost in inflected cases*)
prove дока́зывать, *imp.*; доказа́ть, *perf.*
pure чи́сто
put (in the sense of standing) ста́вить (*imp.*); поста́вить, *perf.*
put (in the sense of laying down) класть, *imp.*; положи́ть, *perf.*

quantity коли́чество
quarter че́тверть
quickly бы́стро

radioactivity радиоакти́вность
radium ра́дий
rapidly бы́стро, ско́ро
reach достига́ть, *imp.*; дости́гнуть, *perf.*
reaction реа́кция
read чита́ть, *imp.*; прочита́ть, *perf.*, *and* проче́сть
realized (to be) осуществля́ться
reason (for this) поэ́тому
reduce восстановля́ть, *imp.*; восстанови́ть, *perf.*
reduction восстановле́ние
refer относи́ться
regimen режи́м
residual оста́точный

resonance резона́нс
result результа́т
right (to have) име́ть пра́во
room ко́мната
run бе́гать, *imp.*; сбе́гать, *perf.* (*indeterminate form*). бежа́ть, *imp.*; пробежа́ть, *perf.* (*determinate form*)

sake (for the sake of) ра́ди (*gen.*)
Saturday суббо́та
scheme схе́ма
school шко́ла
science нау́ка
scientist учёный
sea мо́ре
second второ́й
see ви́деть, *imp.*; уви́деть, *perf.*
-self сам, сама́, само́, са́ми
separate отде́льный
serve служи́ть, *imp.*; послужи́ть, *perf.*
set ста́вить, *imp.*; поста́вить, *perf.*
set (lay down) класть, *imp.*; положи́ть, *perf.*
seven семь
seventh седмо́й
she она́
shorter коро́че
show пока́зывать, *imp.*; показа́ть, *perf.*
Siberia Сиби́рь
signify означа́ть
silver серебро́
situated (to be s.) находи́ться
six шесть
sixth шесто́й
size разме́р
slowly ме́дленно
so насто́лько
sodium на́трий
sodium chloride хлори́д на́трия
solution раство́р
sometimes иногда́
speak говори́ть; сказа́ть
special осо́бый
spectrum спектр
sphere шар
stand ста́вить, *imp.*; поста́вить, *perf.*
stand стоя́ть, *imp.*; постоя́ть, *perf.*
station ста́вить, *imp.*; поста́вить, *perf.*

steel сталь
strong си́льный
structure структу́ра, строе́ние
student студе́нт
study изуча́ть, учи́ть
suboxide за́кись
substance вещество́
sulfur се́ра
Sunday воскресе́нье
symbol си́мвол
system режи́м

table стол
tail хвост
take брать, *imp.*; взять, *perf.*
technique те́хника
technology те́хника
telescope телеско́п
tell сказа́ть
temperature температу́ра
ten де́сять
terbium те́рбий
that тот, та, то (*dem.*), что (*rel.*)
their их
theory тео́рия
there там, туда́
therefore поэ́тому
these э́ти
they они́
third тре́тий
this э́тот, э́та, э́то
those те
three три
through сквозь, че́рез (*accus.*)
Thursday четве́рг
tin о́лово
tissue ткань
tonight сего́дня ве́чером
top ве́рхний
transport (by vehicle) вози́ть, *imp.*; свози́ть, *perf.* (*indeterminate form*). везти́, *imp.*; повезти́, *perf.* (*determinate form*)
transport тра́нспортный
Tuesday вто́рник

tungsten во́льфрам
two два, две

under под (*accus. or instr.*)
understand понима́ть, *imp.*; поня́ть, *perf.*
university университе́т
up to до (*gen.*)
uranium ура́н

vacuum ва́куум
valence вале́нтность
vanadium вана́дий
velocity ско́рость
very о́чень
vitamin витами́н

water вода́
wait ждать
walk идти́, ходи́ть
weak сла́бый
wear носи́ть, *imp.*; поноси́ть, *perf.*
Wednesday среда́
week неде́ля
weight вес
well (*adv.*) хорошо́
what? что
what как
where где, куда́
which кото́рый, како́й
why почему́
window окно́
wing крыло́
within внутри́; че́рез (*time*)
without без (*gen.*)
word сло́во
work рабо́та
work (*v.*) рабо́тать, *imp.*; порабо́тать, *perf.*
write писа́ть, написа́ть

yesterday вчера́
ytterbium итте́рбий

zinc цинк

Index

Numerals refer to pages.

Accent (stress), 14
Accusative, in time expressions, 28
  of adjectives, 102–3
  of nouns, 27–8
Adjectives, 2, 100–103, 213
  attributive, 115
  comparative, 117
  compound, 202
  participles (verbal adjectives), 150–54
  possessive pronoun adjectives (pronominal adjectives), 33, 117–18
  predicative, 115–16
  shortened, 115–16
  suffixes for adjectives, 201–2
  superlative, 178
  tables, 213
  use of long and short forms, 115–16
  Also see Degrees of comparison.
Adverbs, 178–9
  comparison, 178
  gerunds (verbal adverbs), 179–81
  short neuter adjective as adverb, 178
Alphabet, cursive, 4
  printed, 9–10
  script, 4
Article, 21
Aspects of verbs, imperfective, 67–70
  perfective, 110–15

Be, to, 22, 48, 92, 175, 221–2

Cardinal numerals, 131–5, 165–7, 217–20
  agreement of, 133
  cases governed, 40–41
  declension of numbers, 133–5
  table, 217–20
Cases, *see* Accusative; Dative; Genitive; Instrumental; Nominative; Prepositional.

Chemical nomenclature, 49–50
Collective numerals, 166–8, 220
Command, 141–4
Comparative degree, *see* Degrees of comparison
Conditional, 126–8
Conditions, contrary to fact, 127–8
  of fact or real condition, 126
Conjugations, 47–8
  first, 128–9
  second, 130–31
  tables, 221–5
Conjunctions, 22–3, 34
Consonant mutation, *see* Mutation
Consonants, 9–11, 13

Dates (day, month, year), 187–9
Dative, 66–7
Days of the week, 187–8
Declension of adjectives, 213
  Also see Adjectives
Declension of nouns, irregular, 209–12
  feminine, 211
  masculine, 209–11
  neuter, 211–12
  regular, 207–8
Declension of pronoun adjective, 216
Declension of pronouns, 214–15
Degrees of comparison (adjectives),
  irregular comparison, 179
  regular comparative, 177
  positive, 100–103, 177
  superlative, 178
Degrees of comparison (adverbs), 178
Determinate and indeterminate forms of verbs, 78–81

Fractions, 168
Future tense, 91

Index

Genitive, of nouns, 31–3, 38–41, 46–7, 165–6
  of pronouns, 33
Gerund (verbal adverb), 179–81

Have to, 46, 69, 91

Imperative, 141–3
Imperfective aspect, 67–70
  Also see Aspects of verbs
Impersonal expressions, 28
  construction with dative, 67
Indeterminate forms of verbs, 78–81
Infinitive, 28, 47
Instrumental, 57–60, 175
  predicate instrumental, 59
Interrogative, 48, 91

"Let him," 144
"Let us," 143–4

Months, 187
  in dates, 187–8
  of the year, 188–9
Mood, conditional, 126–8
  hortatory, 143–4
  imperative, 141–3
  indicative, *see* Verbs
  subjunctive, 125–6
Mutation, 13–14, 90–91

Negation, 23, 32, 48, 49
  negative command, 143
Nomenclature, chemical, 49–50
Nominative, of adjectives, 101–2
  of nouns, 19–20, 26–27
Nouns, 19–20, 26–7, 89–91, 207–12
  compound nouns, 202
  noun suffixes, 16, 199
  verbal nouns, 200–201
  Also see specific case names
Numerals, 217–20
  Also see Cardinal numerals; Collective numerals; Fractions; Ordinal numerals

Ordinal numerals, 116–17, 131–2, 217–20

Participles, 150–56
  verbal adjectives, 150–54
  verbal adverbs (gerunds), 154–6

Past tense, imperfective, 67–70
  perfective, 110–15
Perfective aspect, 110–15; *also see* Aspects of verbs
Plural, adjectives, 213
  nouns, 207–12
Possessive pronoun adjective, 33, 117–18, 216
Possessive with **у**, to have, 32, 46, 69, 91
Predicate instrumental, 59
Prefixes, important prefixes, 196–8
  superlative prefixes, 178
Prepositional, 87–9
  in -у or -ю, 87–8
Prepositions, complete list with all cases, 232–3
  use of **на** and **через**, 28*n*
  with accusative, 28
  with dative, 67
  with genitive, 32–3, 39–40, 233
  with instrumental, 58–9
  with prepositional, 87–9
Present tense, negative, 32
  of first conjugation, 47
  of second conjugation, 48
  used for English present perfect, 28
Pronouns, collective **весь**
  complete table, 214–15
  demonstrative **это** and **то**, 21, 157, 215; **этот, тот**, 157, 215
  emphatic **сам**, 77, 215
  interrogative, 214
  что, 33, 144–5
  чей, 156
  personal, 21, 45–6, 93, 214
  possessive pronoun and possessive pronoun (pronominal) adjective, 216
  reciprocal **друг друга**, 78
  reflexive **себя**, 76–7
  relative, 144–5, 156, 159, 214
Pronunciation, 9–11
  of consonants, 13
  of vowels, 13–4
  of semivowels, 14

Questions, *see* Interrogative

Semivowel, 14
Sentence structure, 2–3

Index

Stress, 14
Subjunctive, 125–6
Superlative degree, *see* Degrees of comparison
Suffixes, 199–202
   superlative suffixes, 178
Syllabification, 14

Tenses, imperfective future, 92
   imperfective past, 67–70, 74, 76, 78–82
   past, 110–15
      used in subjunctive, 125–6
   perfective future, 110
   present, 47–8, 75
   present used for English present perfect, 28
Time, dates, 188
   days of the week, 187
   duration, 28
   instrumental case in time expressions, 59
   on or *per* (в + acc.), 188
   time of the day, 189
   use of на and через, 28*n*
Transliteration, 16–18

Verbs, compounds of ходить, 196–8
   determinate-indeterminate forms, 78–81, 110–11

Verbs (*contd.*)
   irregular, 226–31
   locomotion, 78–81, 110–11
   of carrying and conveying, 79–81, 110–11
   of learning учиться and учить, 67, 75–6
   of possession, 46, 69, 91
   passive:
      pure passive, 174–6
      reflexive, 75
      third person plural, 176
   reciprocal, 74
   reflexive, 74–5, 176; with instrumental, 60
   regular, 47
   special verbs, быть, 22, 48, 92, 175, 221–2; идти, итти, 60, 68; класть, 49; мочь, 60, 68; ставить, 49; хотеть, 60, 68
   to be, 22, 48, 68, 92, 175
   Also see Aspects of verbs; Conditional; Conjugations; Gerund; Imperative; Participles; Subjunctive; Tenses
Vowel mutation, 13–14, 90–91
Vowels, 13–14

Word-building, 196–200, 202